다크 소셜

가상 공간에서 드러나는 인간의 성격과 행동

소셜미디어의 영향이 개인과 기업에 미치는 위험을 예방하기 위해 알아야 할 지침서

다크 소셜

| 가상 공간에서 드러나는 인간의 성격과 행동 |

d@rk social

김동규 옮김
이안 맥레이 지음
Ian McRae

 in

 G+ t

비즈니스맵

브랜든 맥레이와 엘리자베스 맥레이에게 바친다.

이 책의 사례 연구에 등장하는 인물들은 프라이버시 보호를 위해, 신원과 임상 의학 관련 정보 중 꼭 필요하지 않은 내용은 바꿔서 표현했음을 밝힌다.

　이 책에 담은 사례 연구의 대상들은 실존 인물이지만, 그중 다수는 실명을 밝히지 않았다. 이 책의 사례들은 당사자 또는 동료와의 면담 결과를 바탕으로 연구한 실제 사례다. 그들의 행동, 접촉 방법, 근무 환경 등은 설명했으나 일부 사례 중에는 연구 주제의 내용을 밝히지 않은 것도 있다. 그러한 경우, 대상자의 신분을 보호하기 위해 일부 상세한 내용의 명칭을 바꿔 사용하기도 했다. 예를 들어, 성명이나 정확한 직책을 밝히지 않거나, 소속 단체의 명칭을 언급하지 않고 일반적인 역할과 직무 범위만 설명한 사례도 있다. 또 연구 주제의 내용이나 피면담자의 신원을 보호하기 위해 일부 상세 사항을 바꿔 사용하기도 했다.

감사의 글

자신이 경험한 이야기와 생생한 사례를 통해, 이 책이 세상에 나올 수 있게 도와주신 모든 분께 심심한 감사의 말씀을 드린다. 그분들의 성함을 일일이 다 소개해야 하지만, 민감하고 개인적인 비밀을 담아야 하는 이 책의 성격과 그분들의 신상 정보를 보호해 드려야 하는 사정 때문에 여기서 밝히지 못하는 것을 양해 바란다.

통찰과 경험, 그리고 직접 경험한 이야기를 이 책에 담을 수 있도록 허락해 주신 모든 분께 감사드린다. 다양한 배경과 경험을 가진 많은 분의 개인적인 배경과 지식은 이 책의 주제가 얼마나 중요한 것인지, 또 사람들이 다른 사람의 생활과 일, 그리고 정신 건강에 얼마나 큰 영향을 (긍정적이든 부정적이든) 미치는지를 잘 보여 주었다. 다시 한번 지원에 감사드린다.

"사람들을 이끄는 자리에 있는 리더는 마땅히 옳은 일을 추구하고, 최적의 인재를 선발하며, 사람들의 잠재력을 개발하는 데 힘써야 한다. 그러나 이 책은 우리가 우리 마음속의 '어두운 면'을 간과하고 있다고 지적한다. 이 책은 다채로운 사례와 철저한 증거를 중심으로 사람들의 행동에 감춰진 이유를 파헤친다. 일과 만남을 위해 가상 공간에서 보내는 시간이 점점 늘어나는 이 시대에, 이 책이 제시하는 지식과 통찰은 훌륭한 배움의 기회를 제공한다."

― 로베르타 사와츠키, 오카나간 경영 대학 교수

"지난 수십 년간 우리는 수많은 충격을 맞이했다. 따라서 지금은 그어느 때보다 우리의 두뇌와 정신, 그리고 행동을 이해하는 것이 중요해졌다. 나아가 우리는 분석적인 사고와 사회적, 감정적 기법을 두루 사용하여 두뇌 활동을 최적화할 때가 되었다. 이 책은 바로 그 중요한 과제를 어떻게 효과적으로 달성할 수 있는지를 보여 준다."

― 해리스 에어, 윌리엄 하인스, OECD 신경과학 정책연구소 공동 대표

"이 책은 인간 성격의 밝고 어두운 면과 21세기의 일터나 가상 공간에 숨어 있는 천사와 악마를 모두 보여 주는 매혹적인 종합 안내서이자, 필수 지침서다. 이 책은 인간의 정신과 기계가 섞이면서 드러나는 실상을 가짜 뉴스부터 온라인 괴롭힘까지 모두 보여 주지만, 그 끝에는 밝은 희망이 있다는 사실도 잊지 않는다. 가상 공간의 삶은 권모술수가 펼쳐지는 현실이기도 하지만, 동시에 행복과 성장, 선행의 바탕이 될 수도 있다. 가상 세계의 가장 어두운 구석을 파헤친 이 책은, 우중충한 이 가상 세계를 대담한 마음으로 새롭게 헤쳐 가야 하는 우리 모두에게 등대가 될 것이다."

— 제시카 카슨, 미국 심리학회 혁신책임자

"현실 세계와 가상 공간에서 보이는 인간의 행동을 날카로운 눈으로 파헤친 책이다. 이 책은 모든 성격 특징의 미묘한 차이와 장단점을 세밀하게 탐구하여, 우리 자신과 타인에게 적용할 수 있는 실제적인 전략을 제공한다. 나로서도 깨달음을 너무나 많이 얻었다. 직장에서의 인간관계를 개선하고, 온라인에서 새로운 사람으로 거듭나기를 희망하는 모든 사람에게 강력히 추천한다."

— 데이비드 롭슨, 『지능의 함정』 저자

이 책을 향한 찬사

"끊임없이 다른 사람과 연결된 오늘날의 문화로 인해 우리 마음이 어떤 대가를 치러야 하는지 알려 주는 책이다. 특히 직장 환경에 초점을 맞춘 이 책은, '항상 깨어 있는' 현대인의 현실이 사람과 조직, 나아가 인간 사회에 무엇을 의미하는지 고민할 기회를 던져 준다."

— 다미타 프레슬, 〈크로넨 차이퉁〉 뉴스 아나운서

d@rk social

소셜 미디어 기술은 전 세계 어디에서나 가장 자연스러운 의사소통 수단으로 확고하게 자리 잡았다. 페이스북Facebook이나 인스타그램 Instagram, 트위터Twitter, 위챗WeChat, 유튜브YouTube, 또는 링크드인LinkedIn 등 유명 플랫폼은 개인용을 넘어 업무용으로도 사용되고 있다. 그리고 소셜 미디어를 매일, 매주, 심지어 매시간 사용하는 사람도 있으며, 우리 아이들, 손자 손녀, 동료, 고객, 잠재 고객, 직원, 직원이 될 사람, 나아가 투자자까지도, 이 광범위하고 촘촘하게 연결된 기술을 사용하며 살아간다. 물론 특정 범위에 한정된 내부용 소셜 미디어 채널이 존재한다. 위챗, 텔레그램Telegram, 슬랙Slack 등 범용 기술이든, 일부 맞춤형 소셜 인트라넷이든, 연결 기술은 우리 존재의 핵심 요소가 되었다.

지구상 모든 이를 서로 연결해 주는 소셜 미디어 기술 덕분에, 누구나 자기 목소리를 낼 수 있게 되었다. 그 목소리가 기후 변화의 시급성을 전 세계에 호소하는 10대 청소년의 격분에 찬 목소리든, 더 나은 서비스를 요구하는 고객의 억울한 목소리든, 자신의 이야기를 전하려는 소박한 목소리든, 이러한 채널을 이용하여 영향력과 캠페인을 펼치려는 국제적 리더의 것이든, 소셜 미디어는 개인과 조직, 정부, 글로벌 리더 등 누구에게나 연결과 의사소통, 공동체 건설, 봉사, 나눔, 학습, 조언, 임대, 교육, 인식 고양, 자금 모집 등의 활동을 위한 세계적 무대를 제공한다. 물론 영향력의 대상으로 선택된 사람들에게 직접 전달되는 광고와 표적 메시지도 있다. 좋아하든, 싫어하든, 그런 대량 연결의 기회는 무궁무진하다.

지난 수십 년 동안 이런 플랫폼들이 성장하여 삶의 구석구석에 스며들기까지 우리는 뉴스를 통해 소셜 미디어의 긍정적인 면과 부정적인 면을 모두 지켜봤다. 여러 가지 긍정적인 사례도 많았다. 커다란 범죄의 증거를 수집하고, 중요한 캠페인에 대중의 지원을 끌어내며, 공동체의 변화를 이뤄 내는 것 등 이루 셀 수조차 없다. 그러나 아무리 좋은 것에도 어둡고 그늘진 구석이 있다. 가짜 뉴스, 사이버 공격, 조작된 알고리즘, 음모론, 나쁜 리더십 등 끝도 없을 정도다.

마케터로서 나는 이러한 플랫폼이 인간의 진정한 만남의 수단으로 등장했을 때 흥분을 감추지 못했다. 컨설팅이든, 교육이든, 멘토링이든, 소셜 미디어에 관해 글을 쓸 때든, 언제나 진정한 '만남'이라는 화두에 집중해 왔다. 우리는 온라인에서든 오프라인에서든 다른 사람과의 만남에서는 우리의 고유한 성격 특징이 핵심적인 역할을 할 수밖에 없다. 실제로 기술은 인간의 연결 본능을 실현해 주는 수단에 불과하다. 따라서 우리가 온라인에서 무슨 일을 어떤 방식으로 하든 그것은 우리 자신을 드러내는 거울에 불과하다.

이 책은 가상 사회 환경이 실제 사회 환경과 다르지 않다는, 일견 평범해 보이는 진리를 시대에 맞게 재조명한 책이다. 소셜 환경에는 인간이라는 놀라운 존재가 안고 있는 다양하고 복잡한 성격과 특징, 장애 등이 그대로 반영된다.

연결된 소셜 기술에 대한 의존도가 점점 높아 가고, 특히 직장 환경의 변화가 눈에 띄는 요즘, 조직과 개인, 특히 직장에서 사람들을 만날 수밖에 없는 사람들에게 소셜 미디어 기술과 성격 사이 불가분의 관계를 이해하는 것은 너무나 중요한 일이다.

온라인이든 오프라인이든 우리의 고유한 성격과 행동은 다르지 않다. 그러나 소셜 기술은 그것들을 펼칠 수 있는 광범위한 무대를 제공한다. 따라서 자신의 성격과 행동을 온라인에서 확대하고자 하는 사람에게 그것은 크나큰 기회를 제공한다.

저자가 인간의 심리와 사회성의 관계를 탁월한 안목으로 규명하고, 그것이 디지털 환경의 행동에 어떤 의미를 띠는지 밝힌 수고와 노력에 찬사를 보낸다. 그런 통찰은 특히 업무 현장과 리더십과 관련한 진지한 탐구에 녹아 있다.

인간은 사회적 동물이며, 사회적 동물은 만남에 관한 열망을 본능으로 간직하고 있다. 이 책은 그 본능이 기술과 인간에게 던지는 의미를 추구한다. 그리고 우리의 심리와 기술이 서로 주고받는 영향을 살펴본다.

인간의 '연결된' 행동은 소셜 기술이 진화하는 중요한 다음 단계다. 이 책에서 그 단계를 미리 내다보고 훨씬 더 큰 통찰을 추구해보자.

— 미셸 카빌, 『마케터의 SNS 생각법』 저자, 카빌 크리에이티브 창립자

차례

1부

온라인에서의
어두운 성격과 행동

사이버 공간에서 드러나는
성격의 어두운 면

인간은 사회적 동물이다. 인간은 태어나자마자 사람과의 관계를 가장 먼저 경험하고, 이는 이후 성장 과정에도 결정적인 영향을 미친다. 사람은 다른 사람들과 어울리고 상호 작용하는 과정을 통해 자신이 누구인지 알아 간다. 물론 성격과 심리적 특징은 타고나지만, 그것 역시 주변 환경과 끊임없이 상호 작용하며 발전한다. 이때 주변 환경이란, 당연히 사람들과의 교류를 뜻한다.

사회적 관계가 점점 더 온라인 세상으로 옮겨 가고 있다. 이런 추세는 21세기 들어 부쩍 빨라졌지만, 특히 2020년은 이런 추세가 가속화되는 결정적인 계기가 발생한 해였다. 코로나19COVID-19 위기가 전 세계를 덮치면서, 사람들은 바이러스의 확산을 늦추기 위해 친구와 가족, 동료 그리고 낯선 사람들과 거리를 둘 수밖에 없었다.

따라서 남은 해결책이라고는 모든 수단과 방법을 동원해 온라인에서 소통하는 것뿐이었다. 수단은 분명히 있었다. 디지털 통신수단은 이미 오래전부터 존재했지만, 이를 자유자재로 활용하는 사람은 항상 소수에 불과했다.

그동안 밑바닥에서 부글부글 끓어오르던 주제들, 예컨대 소셜 미디어가 의사소통에서 차지하는 역할, 의견 분열, 가짜 뉴스, 필터 버블Filter Bubble 등이 갑자기 매우 현실적인 문제로 다가오기 시작했다. 한 장소에 있지도 않은 사람들끼리 어떻게 서로 동기를 부여하고 참여를 끌어내며, 행동을 평가하느냐가 절실한 문제로 떠올랐다. 과연 물리적인 공간을 공유하지 않은 사람들과 팀을 구성하고 협력하며 연대 의식을 발동할 수 있느냐가 가장 중요한 문제가 되었다.

> **필터 버블:** 개인이나 집단이 자신의 기존 관념에 부합하는 정보만 접하는 상황(카빌Carvill, 맥레이MacRae, 2020년)

그러나 디지털 통신 수단이 사회적 관계와 의사소통, 나아가 각자의 정체성에 미치는 영향을 연구하는 노력은 이제 막 싹을 틔우는 단계에 머물러 있다. 사회적 상호 작용이 오로지 온라인 공간에만 한정된다면, 과연 그 결과는 어떻게 될까?

어떤 수단을 사용하든, 다른 사람과 소통하는 것에는 분명 이점이 있다. 그러나 모든 수단과 기술에는 비용과 결과가 따르기 마련이다. 의사소통을 통해 자신과 타인, 그리고 사회적 관계에 대한 이해를 증진하기 위해서는 수단이 필요하다. 그리고 그 수단은 대상의 성격을 규정한다. 동전의 양면과 같다. 기회도 있지만, 부정적인 측면도 있다.

이 책의 제목을 '다크 소셜Dark Social'로 정한 이유도 바로 그 때문이다. 이 말은 원래 조회 수나 클릭 수, 또는 '참여도' 등과 같은 전통적인 통계 수치에 드러나지 않는 소셜 미디어의 온갖 '어두운' 측면을 지칭하는 마케팅 용어다. 즉, 페이스북이나 트위터처럼 극심한 감시가 횡행하는 영역 밖에서 일어나는 모든 의사소통이자, 광고주와 시장 연구자들이 좀처럼 접근하기 힘든 정보를 말한다.

이 책에서는 '다크 소셜'의 개념을 좀 더 넓게 확장하여, 즉각 눈에 띄지 않거나 측정할 수 없는 모든 심리적 현상과 그 과정으로 정의하고자 한다. 이것은 온라인상에서 눈에 보이지 않는 알고리즘을 통해 우리의 행동을 형성하는 의식적, 무의식적 심리 요인이다. 우리는 사람들이 온라인 소셜 기술을 통해 말하는 내용과 게시물을 모두 볼 수 있지만, 그들의 머릿속에 든 생각까지 속속들이 알지는 못한다. 어떻게 보면 인터넷에는 거대한 무의식이 존재한다고 표현할 수 있다. 인터넷이 작동하는 저변에는 모종의 알고리즘이 있지만, 모든 이가 뚜렷이 볼 수 있는 것은 아니다. 알고리즘은 개인의 행동에 따라 다양한 방식으로 콘텐츠를 선택하고 걸러내어 사람들

1장 사이버 공간에서 드러나는 성격의 어두운 면

에게 제시하거나, 심지어 다른 사람과 소통하게 만든다.

눈에 보이지 않는 이 거대한 피드백 시스템은 어떤 사람끼리 서로 연결할지, 혹은 못 만나게 할지, 누구에게 어떤 콘텐츠를 보여 주고, 어떤 사람의 콘텐츠를 다른 사람에게 보여 줄지를 결정한다. 인터넷을 사용하는 모든 사람은 자신에게 보이는 콘텐츠의 성격에 영향을 미치는 정보를 입력하는 셈이다. 그 누구도 전체 과정을 볼 수는 없지만 말이다.

'다크 소셜'이란 어떤 면에서, 융 심리학에서 말하는 '그림자'와도 같다. 여기서 그림자란, 의식의 표면 아래에서 일어나는 보이지 않는 흐름이자, 우리가 쉽게 접근하기 힘든 실체를 말한다. 한편, '다크 소셜'은 성격 심리학에 등장하는 '어두운 면', 즉 인격 장애를 뜻하기도 한다. 겉으로 드러나는 파괴적이고 악의적인 행동뿐만 아니라, 언뜻 긍정적으로 보이는 성격에 숨은 어두운 측면까지 포괄하는 의미다. 이 책은 다양한 성격 유형별로 밝은 면과 어두운 면을 심층 분석하였고, 특히 7장과 8장, 그리고 12장부터 14장까지 이 점을 자세히 다루었다. 다른 장에서는 성격 심리와 관련된 요소를 고찰한다. 그중에서도 업무나 사회적 관계 형성과 같은 특정 환경에는 유용하거나 적합하지만, 또 다른 환경에서는 어둡고 파괴적인 성격 유형들을 다양하게 살펴볼 것이다.

이 책은 온라인 환경과 사회적 관계가 개인에게 미치는 영향, 나아가 개인과 그룹에 그보다 훨씬 더 큰 영향력을 미치는 요인을 소개한다. 오늘날 사회적 상호 작용에서 온라인이 차지하는 비중이

워낙 크고, 사회적 상호 작용 자체가 우리의 정체성과 다른 사람과의 관계를 규정하는 데 너무나 근본적인 역할을 하므로, 온라인을 도외시하고는 사회적 상호 작용과 의사소통의 실체를 도저히 파악할 수 없다.

| 핵심 주제 |

이 책에서 전반적으로 언급하고 설명할 세 가지 핵심 주제는 다음과 같다.

1. **온라인에서 하는 행동은 오프라인에서 보이는 성격의 연장이다.** 사람은 환경에 따라(온라인 환경을 포함한다) 다른 반응을 보이지만, 그 바탕에 흐르는 심리 작용은 놀랍도록 유사하다. 온라인 행동은 전반적인 행동의 연장이다. 한 사람이 온라인에서 하는 행동은 현실에서 보이는 행동과 근본적으로 다르지 않다.

2. **사람은 나아질 수 있다.** 내면의 힘(성격 등)과 외부의 힘(사회적 환경 등)을 이해하면, 행동의 변화와 인격의 성장, 그리고 주변에 긍정적인 영향을 미치는 데 모두 도움이 된다.

1장 사이버 공간에서 드러나는 성격의 어두운 면

3. 일하는 능력은 개선될 수 있다. 사회적 환경은 사람과 일, 생산성, 안녕에 지대한 영향을 미친다. 이런 환경을 개선하려는 적극적인 노력은 사람에게도, 그리고 그들로부터 최선의 성과를 끌어내는 데에도 매우 유용한 역할을 한다.

　이 책이 새로운 문제를 제기하는 것으로 보일 수도 있겠지만, 알고 보면 지난 수십 년이나 수 세기, 아니 그보다 훨씬 더 오래전부터 존재해 온 걱정과 우려를 새롭게 조명하는 것뿐이다. 가짜 뉴스와 흑색선전에 대한 우려는 수백 년 전부터 존재했다. 소셜 미디어와 디지털 기술이 등장했을 때부터 꾸준히 제기되어 온 우려 중 하나는 사생활 침해에 관한 것이었다. 이것은 세월이 흘러도 변치 않는 문제다. 19세기에 오스트리아 제국이 인구 조사를 위해 가옥마다 번지를 매기는 제도를 도입했을 때도 정부가 개인의 사생활에 지나치게 간섭한다는 반응이 격렬하게 터져 나왔다. 그렇게 되면, 정부의 새로운 과세와 징병이 훨씬 더 쉬워지리라는 것이 사람들의 우려였다(레이디Rady, 2020년). 그렇다고 신기술에 관한 여러 걱정이 아무 근거가 없다고 말하는 것은 아니다. 오히려 신기술의 심리적, 역사적 맥락을 이해하면, 그런 걱정을 더 정확하고 폭넓게 다룰 무기를 갖출 수 있다는 뜻이다.

　소셜 미디어에 존재하는 거품과 가짜 뉴스, 잘못된 정보, 음모론

등의 개념을 논하는 것은 전혀 새로운 일이 아니다. 이런 것들이 애초에 어떻게 생겨났고, 왜 존재하며, 심지어 어떻게 대항할 수 있는지까지 이미 상당 부분 다 파악되었다. 오늘날 기술과 사회가 변화하는 속도만 보면 그야말로 압도될 것 같지만, 심리학과 역사학의 과거 연구 성과를 중심으로 이해하고 찾아본다면 이런 문제를 이해하고 소화하기가 훨씬 쉬워질 것이다.

이 책의 구성

—

이 책은 일반적인 주제별로 크게 4부로 구성되며, 각 부는 구체적인 내용별로 총 23개의 장으로 나뉜다.

1부(1장부터 5장까지)에서는 심리학의 핵심 원칙, 특히 성격이나 성격 장애의 개인별 차이에 관해 알아본다. 먼저 심리학의 핵심 연구 성과를 개관한 후, 이런 원리를 바탕으로 사람들이 물리적 세계뿐만 아니라 사이버 공간에서 보이는 성격과 행동에 어떻게 적용되는지를 살펴본다.

2부(6장에서 11장까지)에서는 개인별 차이를 다룬다. 특히 개인별 성격 심리, 그중에서도 직장에서 경험하는 심리를 집중적으로 다룬다. 이 분야의 지식을 바탕으로 직장 및 가상 업무 환경에서 드러나는 성격과 성격 장애를 이해해 본다.

3부(12장에서 16장까지)에서는 다양한 유형의 성격 장애를 더욱 깊이 살펴본다. 이로 인해 발생하는 매우 특수한 행동 패턴을 살펴보고, 그것이 일반적인 직장이나 특정 업무 유형에 어떻게 적응하거나 이상 반응을 일으키는지, 또 온라인 환경에서는 어떤 모습으로 드러나는지 등을 알아본다.

마지막 4부(17장에서 23장까지)에서는 온라인에서 퍼지기 쉬운 좀 더 거시적인 차원의 트렌드와 파괴적인 경향을 중심으로 살펴본다. 이런 트렌드의 이면에는 일종의 심리적 과정이 존재한다. 예컨대, 음모론은 두려움과 고립으로 시작해서 봇_{Bot}(특정 작업을 반복 수행하는 컴퓨터 프로그램 - 옮긴이)들의 작업으로 증폭된 다음, 사람들의 감정을 타고 전염되면서 급속히 확산해 간다.

이 책은 각 개인이 경험하는 사실과 발전 과정으로 시작해서 이를 팀과 집단으로 확대하고, 다음에는 조직 차원의 사실들로, 마침내 모든 사람에게 영향을 미치는 폭넓은 환경과 기술, 트렌드 등으로 넓혀 가는 구조를 취한다. 이 책의 각 장에 등장하는 개별 사례들은 다양한 학문적 개념들이 실제로 사람들의 일상과 직장에서 어떤 모습으로 드러나는지를 보여 준다.

썩은 사과냐, 나쁜 통이냐

인간의 어두운 성격과 그 어둡고도 파괴적인 행동에 관해 늘 따라다니는 질문은, 도대체 그것이 어디서 왔느냐는 것이다. 그것은 누구의 잘못일까? 어떤 집단이나 조직에서든, 사람들에게는 뭔가 잘못된 일이 벌어지면 맨 먼저 희생양을 찾아 나서는 본능이 있다. 그리고 한 개인이나 일부 집단에서 부도덕이나 불법, 혹은 파괴적인 행동이 눈에 띄면, 조직 전체가 나서서 그 소수를 비난하고 책임을 덮어씌운다. 그리고 그들을 쫓아낸 뒤, 그것은 일부 나쁜 사람들의 소행일 뿐 집단이나 조직 전체를 대변하지는 않는다는 식으로 설명한다. 소위 '썩은 사과Bad Apple' 이론이다.

당연히 모든 일을 '썩은 사과'의 탓으로만 설명할 수는 없다. 이 책은 전반적으로 성격 장애의 독특한 특성들을 살펴본다. 그리고 왜 각 특성들이 어떤 환경에서는 매우 뛰어난 적응력을 보여 주고, 또 다른 어떤 환경에서는 믿을 수 없을 정도로 파괴적인 결과를 낳을 수 있는지 설명한다. 그러나 심리적으로 매우 건강하고 정상적인 사람조차 해로운 환경과 인간관계, 집단 등의 영향으로 부도덕한 행동을 저지를 수 있다는 사실에 유념해야 한다.

　도대체 어떻게 경찰과 군대 같은 조직에서 몇 개의 썩은 사과 때문에 폭력이나 심지어 살인 사건 같은 일이 일어날 수 있을까? 이 장에서는 일부 제도적 요소가 해로운 환경의 원인이 될 수 있음을 살펴보고, 이를 미국 군대가 아부 그라이브Abu Ghraib 교도소에서 저지른 가혹 행위 사건에 적용해서 설명해 본다. 한 집단이나 조직에서 발생한 나쁜 행동이 극히 드물거나 일반적이지 않은 모습이라면, 그것은 충분히 썩은 사과의 탓으로 설명할 수 있을 것이다. 그러나 그런 썩은 사과를 찾아낼 수 없는 경우가 대부분이라는 사실은, 한 집단이나 조직이 더 큰 문제를 안고 있음을 보여 주는 징조라고 할 수 있다. 나쁜 행동을 저지르는 사람이 평소 아무런 감시나 조치를 당하지도 않고 그런 행동을 계속할 수 있다는 사실은 제도에 문제가 있다는 것을 보여 준다. 단지 사과만 썩은 것이 아니라 통에도 문제가 있다는 것이다.

유전이냐, 환경이냐

—

심리학에서 성격 장애는 지금도 매우 빠르게 발전하는 연구 분야 중 하나로서, 성격 장애와 관련된 두뇌의 구조와 기능에 관해서는 이미 상당히 많은 내용이 알려져 있다. 따라서 성격 장애의 주요 원인과 그것을 사람들의 일생이나 경력의 초기에 파악하는 방법도 상당 부분 알려져 있다(5장 참조). 악한 사람은 날 때부터 정해져 있는 것일까? 꼭 그렇지는 않다. 그러나 날 때부터 잘못된 통에 오염될 '위험'이 훨씬 더 큰 사람은 분명히 존재한다.

더 나아가 성격 장애의 다양한 유형들이 유전된다는 사실도 이미 알려져 있다. 이런 변형 중 55에서 75퍼센트 정도는 유전적 소인을 안고 있다고 하나(트레드웨이Treadway, 2015년), 그것을 반드시 유전적 영향만으로 설명할 수는 없다(5장에서 상세히 다룬다). 파괴적 행동을 유발하거나 악화하는 데는 특정한 상황과 위험 요소, 그리고 스트레스 요인 등이 함께 작용한다.

그러나 개인별 성격 차이를 나쁜 행동이나 심지어 불법 행위의 면죄부로 삼아서는 안 된다. 이 문제는 나중에 더 자세히 다룰 것이지만, 우선 이 장에서는 사람들의 악한 행동에 미치는 상황적, 환경적 요소에 관해서만 집중적으로 다루기로 한다. 이 문제는 직장에서 특히 중요하다. 직장 환경에서 필요한 바람직한 태도가 무엇인지를 결정하는 사람은, 결국 동료와 상사들이기 때문이다.

평소 정상적이고 심리적으로도 건강한 사람들이 파괴적인 모습을 보이는 이유를 사회적·환경적 요인으로 설명한 심리학 분야의 가장 대표적인 연구로, 다음의 두 건을 들 수 있다.

1. 밀그램 실험 — 권위에 대한 복종

1960년대에 스탠리 밀그램Stanley Milgram은 2차 세계대전 당시 나치가 대량 학살을 저지른 이유에 관심을 기울였다. 뉘른베르크 재판 기간에 나치 전범들이 내세운 변호 논리는 주로 '나는 그저 명령에 따랐을 뿐이다'라는 태도의 여러 가지 변형에 불과했다. 밀그램의 연구는 이런 주장이 과연 타당한 것인지를 시험하는 것이었다. "과연 아이히만과 수백만에 달하는 홀로코스트의 공범들은 그저 명령에 따랐던 것뿐일까? 우리는 그들을 모두 공범이라고 부를 수 있을까?"(밀그램, 1974년)

밀그램의 이 기념비적인 연구는 피험자들이 권위적인 인물의 명령을 얼마나 그대로 따르는지를 시험해 보는 내용이었다. 그러나 피험자들에게는 실험의 진짜 목적을 이야기해 주지 않았다. 대신 그들에게는 '기억을 학습하는 과정을 과학적으로 연구'하는 실험이라고 말해 주었다. 실험자(권위적 인물)가 이 실험을 주도했다. 실험에 참여하는 피험자는 두 사람이었다. 한 사람은 실험의 진짜 목적을 모르는 실제 피험자였고, 또 한 사람은 실제로는 연구진의 일원이면서 학습자 행세를 하는 사람이었다.

❘ 밀그램 실험에 참여한 핵심 인물들 ❘

실험자: 실험과 연구를 주도하는 권위적 인물.

교수자: 학습자가 오류를 범할 때마다 전기 충격으로 벌주는 역할
을 맡은 피험자.

학습자: 오류를 범할 때마다 전기 충격의 벌을 받는 척하는 연기자
이자, 실제로는 연구진의 일원.

실험 내용은 교수자들에게 그들 주변에 존재하는 권위의 중요성
과 전기 충격이라는 벌의 가혹성을 알려 준다는 개념이었다. 이 실험
은 1960년대에 고안된 것으로, 오늘날의 희고 깨끗한 외견과 전자
장비 불빛이 반짝이는 환경과는 사뭇 달랐다. 피험자가 선 자리는 커
다란 전기 충격기 앞이었다. 그 장치에는 15볼트부터 450볼트까지
의 범위에 해당하는 스위치가 30개 달려 있었다. 15볼트에는 '약한
충격', 375볼트까지에는 '위험 – 강한 충격'이라고 표시되어 있었다.
420볼트 이상에는 그저 'XXX'라고 표시되어 있었다.

교수자는 실험의 실제 목적을 모르는 피험자였고, 학습자는 충
격의 정도를 달리해 가며 벌을 받는 척하는 연기자였다. 학습자가
이 실험에서 실제 신체적으로 피해를 볼 일은 전혀 없었지만, 교수
자는 자신이 학습자에게 정말 전기 충격을 가하는 줄 알고 있었다.

학습자가 실수를 범하는 횟수가 많을수록 전기 충격의 강도도 커진다. 그에 따라 발생한 불편함을 밀그램(1979년 연구)은 여러 단계로 기술해 놓았다.

75볼트: 학습자가 앓는 소리로 불편함을 표현한다.
120볼트: 학습자가 불만을 말로 표현한다.
150볼트: 학습자가 실험을 그만두게 해 달라고 호소한다.
285볼트: 학습자의 반응을 설명할 말은 오로지 '고통스러운 비명'뿐이다.
315볼트: 학습자는 말을 잃은 채 일체 무반응 상태에 빠진다.

밀그램의 첫 실험에서, 피험자의 100퍼센트가 300볼트까지 실험을 진행했고, 450볼트까지 계속한 사람도 65퍼센트에 달했다. 밀그램은 1974년에 출간된 『권위에 대한 복종Obedience to Authority』이라는 책에서 그 광경을 실제로 보지 않고는 이 실험의 강도와 그것이 피험자들에게 유발한 감정을 제대로 전달할 수 없을 정도라고 썼다. "피험자들에게 그 상황은 절대로 만만한 것이 아니었다. 그들이 겪는 갈등은 강렬하고도 분명했다."(4쪽) 그들은 권위적인 인물로부터 받은 명령과 다른 사람에게 고통을 가하는 데서 오는 강렬한 불편함 사이에서 엄청난 갈등을 겪었다. 더구나 윗사람이 내리는 명령은 달리 해석할 여지나 복잡한 부분도 전혀 없었다. 피험자가 실험을 중단해 달라고 요청할 때, 실험자가 보인 반응은 다음 네 가지 중 하나였다.

1. 계속해 주십시오.
2. 실험을 위해 계속하셔야 합니다.
3. 절대로 계속하셔야만 합니다.
4. 다른 선택권은 없습니다. 계속해야 합니다.

피험자들이 더 이상 못 하겠다는 말을 다섯 번째로 하면, 실험은 중단될 것이었다. 그러나 학습자의 고통이 너무나 심해서 거의 죽을 것 같은 모습이 뻔히 보이는 와중에도 그들은 대부분 실험을 끝까지 완료했다. 심지어 끝까지 완료하지 못한 35퍼센트의 피험자들도 이미 극심한 고통에 도달한 상태였다. 다음 장으로 넘어가기 전에 여기에서 주목해야 할 교훈이 몇 가지 있다.

1. 적절한 환경과 적절한(혹은 잘못된) 권위적 인물이 존재할 경우, 사람들 대부분은 명령에 따라 파괴적인 행동을 하게 된다.
2. 나쁜 행동은 외부의 환경적 요소가 그 원인이 될 수 있다.
3. 파괴적 행동이 외부의 압력에 따른 결과라고 설명할 수는 있겠지만, 권위에 대한 복종심과 같은 요소가 그들의 그런 행동에 대한 면죄부가 될 수는 없다.

여기서 또 하나 주목해야 할 사실은 이 실험이 인간을 대상으로 삼는 실험의 도덕적 요건이 바뀌는 계기가 된, 기념비적인 실험이었다는 것이다. 그것은 다음에 설명하는 실험도 마찬가지다.

2. 스탠퍼드 감옥 실험 ─ 인지된 권력

두 번째 기념비적 실험은 1971년에 있었던 필립 짐바르도_{Philip Zimbardo}의 악명 높은 스탠퍼드 감옥 실험이다. 짐바르도의 연구 주제는 실제 권력과 사람들이 인식하는 권력이 나쁜 행동에 미치는 영향에 관한 것이었다. 밀그램의 연구와 달리 짐바르도의 연구에서는 권위적 인물의 영향이 배제되어 있었다. 짐바르도는 스탠퍼드 대학교 지하실에 모의 감옥을 꾸며 놓은 다음 피험자들에게 간수와 죄수 중 임의로 역할을 선택하도록 했다.

이 실험에는 스물네 명의 심리적으로 건강하고 차분한 대학생들이 피험자로 참여했다. 피험자들은 이미 일련의 심리 테스트를 통해 신체적, 심리적 건강에 아무 문제가 없다는 것이 확인된 사람들이었다. 그들은 심리적 장애를 겪은 이력도 전혀 없었으며, 심리 테스트에서도 어떠한 성격 장애나, 어떤 종류의 이상 행동을 보일 가능성조차 전혀 발견되지 않았다.

이후 학생들은 조별로 흩어져 각자의 역할을 맡았다. 실험 초기부터 극심한 권력 불균형을 조성함으로써 피험자들에게 권력에 억눌리는 심리적 경험을 안겨 주었다. 첫 심리 테스트와 동의 절차를 거친 후, 죄수 역할을 맡은 학생들은 각자 집에서 간수의 감시를 받는 것부터 모의 감옥으로 이송되는 상황까지 경험했다.

간수 역을 맡은 사람들은 그에 맞는 제복과 장비를 지급받은 다음, 죄수를 관리, 훈련, 감시하는 역할을 맡았다. 간수들은 죄수 관리 방법에 관한 안내를 거의 듣지 못했고, 어떻게 행동해야 한다는 지침도 거의 없었으며, 죄수 관리에 관한 경험이나 지식은 더더욱 있을 리가 없었다. 이후 며칠 사이에 간수들은 공격적이고 권위적인 포획자로 돌변해서 실제로 아무 죄가 없는 죄수들에게 신체적, 심리적 가혹 행위를 일삼았다. 짐바르도의 책(39쪽)에 따르면, 불과 며칠 만에 이 감옥은 '지옥으로 변했다.'

이 실험에서 드러난 가장 놀랍고도 우려스러운 사실은, 심리적으로 건강했던 매우 평범한 간수들이 죄수들의 관리와 처벌에 필요한 정교하고 억압적인 기법을 그토록 짧은 시간 안에 익혔다는 점이었다. 그들은 놀랄 정도로 비정상적이고 가혹한 기법들을 휘둘러 댔다. 이 젊은이들에게서 폭력이나 공격성, 잔혹성과 관련된 독특한 심리적 성향은 전혀 찾아볼 수 없었음에도 말이다.

스탠퍼드 감옥 실험은 모의 감옥이라는 '잘못된 통'에 해당하는 환경이 사람들의 행동에 얼마나 빨리 영향을 미치는지를 보여 준 가장 대표적인 사례라고 할 수 있다. 이 실험에서 얻은 또 다른 교훈은 바로 권위의 역할에 관한 것이다. 나중에 짐바르도는 이 실험에서 자신은 연구자이기도 했지만, 동시에 교도소장 역할도 맡았다고 밝혔다. 그가 자신이 맡은 역할과 책임 사이에서 갈등을 겪었다는 사실은, 그도 연구를 지속해야 한다는 마음 때문에 죄수들이 겪는 고초를 외면했다는 것을 뜻한다.

짐바르도는 당시를 회고하면서 간수 역을 맡았던 학생들의 가혹 행위가 견제나 처벌도 없이 지나갈 수 있었던 데에는 자신도 공범으로서의 책임이 분명히 있다고 고백한다. 그는 이 점에 관해 더욱 자세하게 설명한다. 즉, 파괴적인 행동을 '잘못된 통'의 탓으로 이해하는 이론의 가장 중요한 요소 중 하나가 바로 이런 감시 태만이라는 것이다. 짐바르도는 자신이 연구자와 교도소장이라는 두 가지 역할을 맡아 수행하는 과정에서, 그도 역시 실험의 세부 사항에 얽매어 버린 셈이라고 말했다. 즉, 그는 연구가 지속되어야 한다는 목적에만 사로잡혀 실험 내용을 그대로 지키고 고집했다는 것이다. 그러나 그는 실험을 진작에 중단했어야 한다는 것을 나중에야 깨달았다.

그러나 짐바르도는 경험을 통한 학습의 중요성을 매우 강력하게 지지하는 사람이며, 심리학 연구에서 도덕적 감시와 통제의 필요성을 한 번도 외면해 본 적이 없는 사람이기도 하다. 상세한 내용이 궁금한 사람은 2007년에 출간된 짐바르도의 책 『루시퍼 이펙트 Lucifer Effect』를 읽어 보기를 강력히 추천한다. 2015년에는 이 연구가 〈스탠포드 프리즌 엑스페리먼트 The Stanford Prison Experiment〉라는 유익한 작품으로 영화화되기도 했다.

스탠퍼드 감옥 실험의 재현: 아부 그라이브 교도소의 악몽
—

2004년에, 본래보다 훨씬 더 위험하고 위협적이며 엄중한 환경에서 스탠퍼드 감옥 실험을 재현한 사건이 벌어졌다. 미국 군인들이 아부 그라이브 감옥에서 이라크 죄수들을 고문하는 사진(폴라트 Follath 외, 2006년)은 전 세계인의 뇌리에 미국과 이라크의 2차 전쟁에 관한 가장 뚜렷한 이미지로 각인되었을 것이다.

아부 그라이브 교도소에서 근무했던 군인들은 교도관 훈련을 받은 적이 전혀 없는 사람들이었다. 그들은 거의 쉬지 못하고 하루 평균 12시간씩 일주일 내내 교대로 근무했다. 그들의 체력은 대개 양호했지만, 운동할 시간도 별로 없고 식사 시간도 불규칙했다. 그들은 죄수들과 이라크 측 교도관, 나아가 외부의 공격을 늘 두려워하며 지내는 바람에 피곤이 극에 달했던 데다, 제대로 된 지도 감독이나 훈련도 턱없이 부족했다.

필립 짐바르도는 아부 그라이브 교도소에서 고문 장면을 자랑하는 모습이 사진에 찍힌 미국 군인들을 위해 전문가 증인 자격으로 변호를 자청했다. 그는 사악하고 가학적인 고문을 저지른 미국 군인들을 대신해 진상을 수사한 후 증언에 나섰다. 그가 변호에 나서서 내세운 중요한 논점 중 하나는, 비록 사람의 행동에 대한 궁극적인 책임은 그 자신에게 있다는 점은 분명하지만, 아부 그라이브의 상황은 마치 스탠퍼드 감옥 실험과 유사해서 학대 행위를 방조하는 문화와 환경을 유발하는 제도적인 요소가 분명히 존재했던 데다, 그런 행위를 예방할 만한 통제나 감시도 전혀 없었다는 것이었다.

짐바르도는 감시와 훈련이 부족한 상황과 내외적으로 심각한 위협이 더해지면, 매우 정상적이고 건강하며 심리적으로 균형 잡힌 사람도 파괴적인 행동을 일삼을 가능성이 충분하다고 증언했다.

사실 이라크 죄수들을 모욕하고 고문한 군인들의 행동은 그 어떤 말로도 변명할 수 없는 것이었다. 각 개인은 그런 악한 행동에 대한 책임을 결코 모면할 수 없었다. 그러나 그런 잔혹 행위의 책임은 그곳 시설을 운영한 상층부에도 반드시 같이 물어야 했다. 그들은 그런 잔혹 행위가 발생하고 점점 커져 곪아 터지도록 방조했을 뿐만 아니라, 예방에 필요한 적절한 감시 활동을 하지 않았다는 책임이 분명히 있었다.

이라크 감옥 사례는 물론 극단적인 경우지만, 21세기의 조직에서도 시스템적인 요소와 환경적 영향은 권력 남용의 원인이 충분히될 수 있음을 보여 주는 유용한 사례다. 권력 남용이라고 하여, 모두 군대 교도소에서 군인들이 보여 준 행동과 같은 모습을 보이지는 않겠지만, 오늘날에도 분명히 다양한 형태로 존재한다.

인터넷에 다시 등장한 밀그램

—

스탠리 밀그램과 필립 짐바르도가 각각 1960년대와 70년대에 행한 실험은 우리가 살아가는 현실과는 거리가 먼 아득한 옛날의 심리학 연구에 불과한 것으로 보일 수도 있다. 어쩌면, 당시 사람들은 지금과 달랐을지도 모른다. 하지만 혹시 21세기를 살아가는 지금의 신세대도 권위에 대한 복종이라는 면에서 20세기 사람들과 비슷한 태도를 보이는 것은 아닐까? 환경의 차이는 어떨까? 생활과 의사소통의 상당 부분을 컴퓨터와 스마트폰에 의존하고 있는 지금의 환경이, 혹시 권위와 권력으로부터의 영향이나 그들과의 상호 작용 방식을 바꾼 것은 아닐까?

물론 그렇지 않을 수도 있다. 어쨌든 밀그램의 실험은 21세기에도 여러 장소에서 여러 방식으로 재현되고 있다. 그리고 현대의 심리학자들 역시 1960년대에 밀그램이 관찰했던 것과 거의 유사한 결과를 도출해 내고 있다. 물론 밀그램이 했던 연구를 오늘날 미국이나 영국에서 그대로 재현하는 것은 거의 불가능하겠지만, 실제로 2015년에 폴란드에서 똑같은 실험이 그대로 재현된 적이 있다(돌린스키Dolinski 외, 2017년). 폴란드 실험에서는 피험자의 90퍼센트가 모의 전기 충격의 모든 단계를 거쳤다.

2010년에 프랑스의 한 다큐멘터리 방송에서 게임 쇼를 가장해 밀그램 실험을 재현한 적이 있다(그린우드Greenwood, 2018년). 이 프로그램의 기획 의도는 TV가 시청자들에 대해 가지고 있는 잠재적인 권위의 효과를 조사해서, TV에서 방영되는 리얼리티 쇼가 시청률을 확보하기 위해 주로 잔혹성과 굴욕의 정도를 점점 높여 가는 방식에 의존하고 있는 현실을 고발하겠다는 것이었다(비어즐리Beardsley, 2010년). 이 연구 역시 밀그램의 원래 연구에서 도출한 결과를 거의 그대로 재현해 냈다. 이 실험에 참여한 사람 중 80퍼센트는 상대방이 극심한 고통을 겪는 모습을 눈으로 보면서도, 모의 전기 충격의 강도를 계속 높여 갔다.

사람들이 기꺼이 전기 충격을 가하는 실험을 여러 가지 다른 방식으로 해 보는 장면도 쉽게 상상해 볼 수 있다. 만약 TV 게임 프로그램이나 리얼리티 쇼에서 사람들이 정치적 견해가 다른 사람들에게 전기 충격을 마음대로 가할 수 있는 상황이 연출된다면 어떻겠는가? 전기 충격을 일종의 장난이나 골려 주기 정도로 설정했다가 점점 일이 크게 번지는 장면이 생방송에 그대로 노출되는 것도 충분히 가능한 현실이다. 이런 해로운 행동이 실험자의 권위나 환경 인자만 바꿔가면서 인터넷상에 얼마든지 노출될 수 있는 것이 오늘날의 상황이다.

● **가상 인물 고문하기**

2006년에 밀그램 실험이 또 한 번 재현된 일이 있었다. 유니버시티 칼리지 런던의 멜 슬레이터Mel Slater 교수 연구 팀은 전기 충격을 받는 주체를 실제 사람 대신 인터넷상의 가상 인물로 설정했다. 이 연구의 목적은 권위에 대한 복종을 시험하는 것이 아니라, 피험자들이 해를 입힐 대상이 실제 사람이 아니고 실제로 고통을 겪지도 않는다는 것을 알고 있더라도 과연 비슷한 심리적 반응을 보이는지 알아보는 것이었다. 실험 결과, 피험자의 대다수(85퍼센트)는 가상 '인물'에게 전기 충격을 가하라는 지시를 순순히 따랐다. 이것 자체는 그리 놀라운 일이 아니었다. 그러나 15퍼센트는 지시를 거부했다. 이것 역시 폴란드와 프랑스에서 재현되었던 실험과 일치하는 결과였다. 이 연구에서 드러난 중요한 사실은 사람들은 엉성하게 만들어 낸 가상의 인물이라 할지라도 그에게 직접 해를 미치는 행동을 매우 불편해한다는 사실이었다. 이런 결과로부터, 사람들이 실제 사람을 상대할 때와 가상의 인물을 대할 때 작용하는 심리적 요인이나 그 결과는 별 차이가 없다는 결론을 얻을 수 있다.

이 연구의 중요성은 사람들이 가상의 인물과 실제 사람을 대하는 태도가 놀랍도록 유사하다는 사실을 슬레이터 연구 팀이 밝혀냈다는 데 있다. 고문과 학대, 사이버 폭력, 악플 등의 행동은 피해자 못지않게 가해자의 심리에도 큰 영향을 남긴다. 이런 결과는 사회적 상호 작용을 모사한 여러 연구 결과에서도 반복적으로 관찰된 사실이다(예: 치덤Cheetham 외, 2009년; 곤잘레스 프랑코Gonzales-Franco 외, 2018년 등).

컴퓨터 기술과 두뇌 영상 기술의 발전으로 밀그램 실험을 컴퓨터 시뮬레이션 기술을 이용해 재고할 수 있는 시대가 되었다. 2009년에 한 연구진은 밀그램 실험을 재현하면서 피험자가 가상의 인물에 전기 충격을 주는 동안 그의 두뇌 활동을 관찰해 보기로 했다. 그 결과 피험자의 두뇌 활동에서 불편한 감정을 느낄 때와 똑같은 패턴이 관찰되었지만, 다른 사람에게 공감할 때 보이는 특징은 전혀 보이지 않았다. 즉, 사람들은 가상의 인물에게 전기 충격을 가할 때 불편한 감정을 느끼면서도, 실제 사람과 주고받는 공감의 감정은 느끼지 못한다는 것을 알 수 있었다.

이러한 주제는 지금도 계속 발전하고 있는 학문 분야에 속하지

2장 썩은 사과냐, 나쁜 통이냐

만, 우리가 인터넷상에서 상호 작용하는 방식, 나아가 우리가 인터넷에서 인간이 아닌 존재와 상호 작용하는 방식에 중요한 시사점을 제공하고 있다. 특히 후자는 오늘날 많은 사람의 삶에서 점점 중요한 역할을 차지하고 있다(예: 시리Siri, 알렉사Alexa, 구글 홈Google Home 등). 이런 결론은 매우 흥미로운 주제로 이어진다. 다음 장에서는 온라인상의 다양한 의사소통 환경과 그것이 사람들의 행동에 미치는 영향에 관해 살펴보기로 한다.

3장

필터 버블의 영향

환경과 그 속에서 살아가는 사람들은 인간의 행동에 막대한 영향을 미친다. 이것은 현실 세계뿐만 아니라 디지털 공간에서도 마찬가지다. 다시 말해, 우리는 디지털 공간을 소셜 미디어 플랫폼으로뿐만 아니라 일종의 사회적 환경으로 인식해야 한다는 뜻이다. 디지털 공간에도 특정한 행동을 조장, 강화, 유인하는 사회적, 환경적 신호가 존재한다. 실제로 디지털 공간을 구성하는 요소는 특정 행동을 유인하고 부추길 목적으로 고안된 수많은 데이터다. 그 데이터의 주요 목적은 우리의 관심을 포착하고 유지하는 것이며, 그 결과 여러 가지 현상이 벌어지고 있다.

이런 플랫폼을 사회적 환경으로 인식하는 것이 중요한 이유는,

이것이 애초에 동기 부여, 관심, 보상 추구, 강화, 대인 관계 등과 같은 주요 심리 작용을 이용하기 위해 고안된 것이기 때문이다. 소셜 미디어 플랫폼은 사람들이 자신의 존재를 인정받고, 소속감을 누리며, 사회적 확인을 얻고자 하는 욕망을 이용해 돈을 번다. 그들은 사람들이 관심을 기울이고 감정을 발산하는 과정도 이용한다. 즉, 그들은 사용자들의 관심을 불러일으키고 유지하기 위해 두려움과 분노를 비롯한 수많은 감정의 표출 과정을 모두 활용한다.

그렇다고 이런 플랫폼이 그 자체로 선악의 성격을 지니고 있다고 말할 수는 없지만, 그런 성격이 애초에 의도한 설계의 결과이며, 거기에는 긍정적인 면과 부정적인 면이 모두 포함되어 있다는 것도 분명한 사실이다. 우리가 트위터나 인스타그램, 페이스북 같은 개인 소셜 미디어나 링크드인, 슬랙, 팀즈Teams 같은 업무용 소셜 미디어 플랫폼에 상당한 시간을 소비하는 동안, 이런 플랫폼들은 우리의 인간관계, 그리고 자신과 타인을 바라보는 우리의 관점에 영향을 미칠 뿐만 아니라 심지어 그 모든 것을 형성하기까지 한다.

언뜻 무한한 것처럼 보이는 정보와 인간관계에 손쉽게 접근함으로써 얻는 가장 큰 이점은 잠재적으로 접속 범위를 넓힐 수 있는 것과 시간 절약이라고 할 수 있다. 과거 도서관에서 며칠을 보내야만 할 수 있었던 일을 지금은 몇 시간, 아니 단 몇 분 만에도 해낼 수 있다. 사람들은 실제로 다른 곳에 가지 않아도, 회의와 토론, 여가, 학술 모임 또는 다른 어떤 목적으로든 전 세계 모든 이와 접촉할 수 있다.

필터 버블이란 무엇인가?

—

이렇게 정보를 쉽게 습득하고 전파할 수 있게 된 현실은 얼핏 매우 유용하고 긍정적으로 보일 수 있다. 그러나 세계 어느 곳에 있는 사람과도 만날 수 있는 이러한 기회에는 다른 사람과의 만남에 늘 따라다니는 위험이 고스란히 숨어 있다. 즉, 이러한 기회는 좋은 의도를 가지고 다른 사람을 만나려는 사람도 쉽게 누릴 수 있지만, 나쁜 의도를 지닌 사람이 그 대상자를 찾는 데에도 그만큼 쉽게 이용될 수 있다는 것이다. 이제는 그 의도의 선악에 상관없이 엄청난 양의 정보를 생산해 내고 퍼뜨리기가 더욱 쉬운 시대가 되었다. 어떤 종류의 정보든 거기에 열광하는 청중은 얼마든지 있고, 그 폭도 훨씬 넓어졌다.

지난 수십 년에 걸쳐 발전해 온 정보 기술의 가장 큰 특징은 정보를 걸러내는 능력이 놀랍도록 크게 신장했다는 점이다. 엄청난 정보의 바다와 그보다 더 어마어마한 양의 선전물과 스팸, 포르노물, 자동 알고리즘, 그리고 인터넷의 넘쳐 나는 쓰레기들 속에서도 단 몇 번의 클릭과 키워드만으로 내가 원하는 정보를 정확하게 찾아낼 수 있는 시대가 되었다. 다양한 검색 엔진들은 엄청난 양의 콘텐츠 중에서도 우리가 원하는 정보를 정확하게 걸러 내는 놀라운 능력을 갖추고 있다. 그러나 우리가 원하는 내용을 정확하게 찾아내는 일에는 언제나 부정적인 측면이 존재한다. 그 부작용은 역설적으로 '우리가 원하는 것을 얻는다'라는 바로 그 말에 숨어 있다.

필터 버블이란, 개인이나 '집단이 매우 협소한 시각의 정보와 견해만 보게 되는 현상'을 말한다. 이런 현상은 검색 엔진과 소셜 미디어 플랫폼이 작동하여 저절로 빚어지는 일이다. 이들은 나의 과거 활동을 근거로 내가 원하지 '않는다고' 판단되는 콘텐츠를 자동으로 걸러 버린다. 나와 아무리 가까운 친구 사이나 가족이라 하더라도 평소 인터넷에서 자주 소통하지 않는 사람은 우선순위에서 밀려나게 된다. 뉴스 기사나 광고도 내 관심사가 아니면 거의, 혹은 아예 눈에 보이지 않는다. 이로 인해 일종의 '메아리 상자'가 형성될 가능성이 있다 (아헹가Iyengar, 한Hahn, 2009년). 알고리즘은 내가 관심을 보일 것으로 판단되는 상품과 서비스, 콘텐츠 등을 화면 맨 앞에 배치한다. 검색 창에 유아용 의류나 휴가 등의 키워드를 넣어 검색한 후, 그다음에 인터넷 화면에 어떤 콘텐츠가 나타나는지 한번 살펴보라.

필터 버블은 새로운 것이 아니다

—

필터 버블에 관한 연구는 새로운 일이 아니며, 그 기원은 최소 70년 전으로 거슬러 올라간다. 초기에는 뉴스 기사에 드러난 종교적, 정치적 편향이 주요 주제였고, 특히 유럽을 중심으로 활발한 연구가 진행되었던 것을 알 수 있다(뮐러Müller 외, 2020년). 과거 유럽 국가에서 발행되었던 신문들은 가톨릭이나 기독교 신자인 독자들의 입맛에 맞는 기사를 주로 쓰는 관행이 있었다(보르헤시우스Borgesius 외, 2016년). 미국 선거가 필터 버블의 영향에 노출된 정치적 양극화와 언론의 분열상을 보여 주는 대표적인 사례로 손꼽히는 일이 많지만, 사실 이 주제에 관한 연구는 1944년에 라자스펠트Lazasfeld와 그의 연구 팀이 쓴 『국민의 선택The People's Choice』이라는 책에서 이미 선보인 적이 있다. 이 책에 담긴 내용은 선거 심리에 미치는 언론의 영향을 연구한 최초의 엄밀한 사회 과학 연구로 손꼽힌다.

사람들은 자기 생각과 일치하는 정보를 찾아보는 경향이 있다. 소셜 미디어 알고리즘 역시 그들이 과거에 본 콘텐츠와 유사한 정보를 그들에게 보여 주게 된다. 그러나 유명세와 사회적 보증, 다른 사람의 추천 등이 정치적, 이념적 선호보다 콘텐츠의 우선순위에 더 큰 영향을 미친다는 연구 결과도 있다(메싱Messing, 웨스트우드 Westwood, 2012년). 큰 인기를 누리는 것이라면 어떤 것이든 버블로 탈바꿈할 수 있다. 이것은 극단적인 견해를 취하는 사람을 제외하면, 거의 모든 사람에게 적용되는 원리다. 플랙스먼Flaxman과 그 동료들이 미국인 120만 명의 온라인 행동을 분석한 적이 있다. 평소 인터넷 뉴스를 꾸준히 읽는 5만 명 중에서 실제로 자신의 정치적 신념에 부합하는 뉴스 매체를 선호하는 편이라고 대답한 사람도 있었지만, 대다수는 뉴스 매체나 정보를 선택할 때 꽤 균형 잡힌 선호도를 보이는 편이었다.

일부 정보 편향 현상이 존재하는 것은 사실이지만, 정도가 그리 심하지는 않았다. 온라인 사용자 대부분은 버블에 갇히는 모습을 조금씩 다 보여 주지만, 대체로는 다양한 시각의 뉴스를 골고루 접하는 편이다. 버블 때문에 다른 정보와 차단되는 현상은 주로 극단주의자들에게서 많이 관찰된다. 그러나 사회적으로 고립되고 디지털 정보를 많이 접할수록, 사람들은 그런 토끼 굴에 더욱 쉽게 빠지게 된다.

버블은 어떻게 만들어지는가?

—

모든 필터 버블이 사람들에게 영향을 미치는 것은 아니다. 사람들은 일반적으로 자신의 세계관에 부합하는 정보를 취사선택하는 경향이 있다(이를 확증편향이라고 한다). 필터 버블을 형성하는 주요 요인은 두 가지이며, 이 둘은 서로 긴밀하게 얽혀 있다(보르헤시우스 외, 2016년).

자기 선택적 개인화 Self-selecting Personalization란, 사람들이 자신의 세계관과 부합하는 콘텐츠를 선택하는 것을 말한다. 여기서 확증편향이 작동한다. 예컨대, 정치 이념이 확고한 사람은 자신이 듣고 싶은 내용에 부합하는 정보와 기사를 읽거나, 여러 이슈에 대해서도 자신이 해석하는 대로 바라볼 가능성이 크다. 음모론에 휘말리는 사람들은 기존의 신념이나 믿고 싶은 내용과 일치하는 정보를 찾는다.

지정된 개인화 Pre-selected Personalization란, 어떤 사람의 결정이나 그 사람에게 노출할 콘텐츠를 선별하는 알고리즘을 기반으로 정보가 필터링되는 것을 말한다. 대표적인 예로, 독자들이 볼 콘텐츠를 미리 선택하는 뉴스 편집자를 들 수 있다. 그러나 온라인 개인화 알고리즘은 이런 현상을 새로운 차원으로 올려놓았다. 이로 인해 각 개인은 과거 자신의 활동을 근거로, 다른 누구와도 다른 자신만의 콘텐츠 조합을 보게 되었다. 이러한 과정은 '사용자의 의도적인 선택이나 입력, 지식, 동의'와 전혀 상관없이 발생한다.

버블을 만들어 내는 이 두 작용은 또 서로 영향을 주고받기도 한다. 자기 선택적 개인화는 지정된 개인화를 촉발한다. 예를 들어, 내가 '평평 지구' 음모론을 검색한 적이 있다면 내 소셜 미디어 계정에는 그것과 관련된 페이지와 광고가 좀 더 많이 보이게 될 것이다. 유튜브는 음모론을 다루는 영상을 추천할 것이고, 계속해서 관련 키워드를 검색하다 보면 아마존도 모자 만들기에 적당한 은박지 재료를 재빨리 광고할 것이다(은박지 모자: 은박지로 만든 모자를 쓰면 정부나 외계인의 정신 통제를 피할 수 있다고 믿는 사람들이 있다고 한다. - 옮긴이). 이런 알고리즘은 비슷한 관심사를 공유한 사람들이 온라인에서 어떤 콘텐츠를 찾고 있는지 이미 아는 것이다.

자기 선택이든 지정된 것이든 개인화는 이미 우리 주변에 존재하고 있었지만, 최근 들어 개인화 알고리즘과 데이터 접근성이 더해지면서 이런 현상이 더욱 널리 퍼지게 되었다. 많은 사람이 이 기술을 사용하는 이유는 무엇보다 유용하기 때문이다. 프라이버시 보호와 개인화 기술 제한에 중점을 둔 덕덕고DuckDuckGo 같은 검색 엔진을 사용해 보면, 그것 역시 훌륭한 성능을 보여 주는 것은 틀림없지만, 개인화 기술이 왜 이렇게 큰 성공을 거두었는지 금방 알게 된다. 유용하기 때문이다. 가장 큰 문제는 알고리즘이 이런 개인화를 어느 정도나 무비판적으로 제공하고 있는가 하는 점이다(다음 장에서는 다소 편향된 주류 콘텐츠를 보던 사람들이 소셜 미디어 알고리즘에 의해 얼마나 빨리 매우 급진적이거나 괴상한 콘텐츠에 빠져들 수 있는지를 설명한다). 물론 지정된 개인화 현상은 신문이나 TV 채널, 매거진 등에서도 제한적으로 일어나는 현상이었지만, 그것은 소셜 미디어 플랫폼에 구축된 개인화와는 도저히 비교할 수준조차 못 된다. 과거에도 사람들은 자신의 관점에 부합하는 신문이나 매거진 및 기타 정보원을 선택했지만, 그 속에 담겼던 콘텐츠는 해당 제품의 모든 구독자나 소비자에게 같은 내용을 보여 줄 목적으로 제작된 콘텐츠였다.

그런데 지금은 사람마다 자신에게 특화된 콘텐츠만 보고 사는 세상이 되었다. 혹시 여러분은 아주 극단적인 내용의 정치적 콘텐츠를 많이 시청하는 편인가? 아니면 폭력물을 찾아보는 데 시간을 많이 쓰는가? 그렇다면, 앞으로도 그것과 같거나 혹은 더 극단적인 성격의 콘텐츠가 눈에 많이 띄게 될 것이다. 심지어 그런 것을 굳이 클릭하지 않아도 소셜 미디어 알고리즘은 지금까지 내가 어떤 콘텐츠를 주로 봤는지 이미 다 알고 있다.

이런 과정을 거치면서, 사람들은 더욱 사회와 분열된 일종의 토끼 굴에 갇힌 신세가 된다. 즉, 정보를 공유하고 처리해 줄 정상적인 완충 장치가 작동하지 않는 자신만의 사회적 버블에 갇히게 되는 것이다(이 내용은 코로나19와 음모론, 사회적 고립 등을 다루는 22장에서 더 자세히 설명한다).

소셜 미디어 버블과 관련한 문제

—

소셜 미디어에 등장하는 필터 버블에 관해서는 여러 가지 문제와 기회, 위험 등이 존재하지만, 그중에서도 가장 중요한 문제는 다음의 다섯 가지로 꼽을 수 있다(보르헤시우스 외, 2016년).

1. **분극화:** 사람들이 진영별로 나뉘고 그들의 선호와 편향에 기반한 개인화 콘텐츠가 등장하는 데 따르는 분명한 문제점은, 이로 인해 사람들이 점점 더 멀어진다는 것이다. 사람들은 이제 다른 사람과 비슷한 경험을 공유하는 일이 점점 줄어든다. 왜냐하면, 온라인에서는 비슷한 경험을 공유할 수 없기 때문이다. 이제는 사람마다 보는 콘텐츠와 광고, 정보원이 다 다르고, 인터넷에서 찾아보는 일자리 정보, 사회적 교류, 상품 등도 모두 달라졌다. 지금까지의 연구에 따르면, 이런 분극화 현상은 중앙부에서는 약하게 일어나고 변두리로 나

갈수록 뚜렷하다는 것이 정설이지만, 이로 인해 사람들이 중앙부에서 밀려나는 것은 분명해 보인다.

2. **새로운 문지기의 출현과 그 영향:** 전통적으로 정보와 여론의 문지기 노릇을 했던 주체는 유력 신문이나, 대중 검열과 규제를 담당하는 정부 당국 등이었다. 과연 정보를 관리하는 문지기는 누구이며 그 동기는 무엇이 되어야 하느냐는 합리적인 의문은 언제나 존재해 왔다. 이제 앱 스토어나 소셜 미디어 플랫폼, 검색 엔진 등과 같은 콘텐츠 제공자들이 바로 그 문지기가 되었다. 그들이 만든 알고리즘이 가장 큰 영향력을 발휘하기 때문이다. 그들은 선호도와 조회 수를 마음대로 올릴 수도 있고 어느새 감쪽같이 사라지게 할 수도 있다. 예컨대, 2018년에 페이스북은 극우 음모론자 알렉스 존스Alex Jones 의 포스팅을 사용자들에게 무려 150억 회나 추천했다가, 또 어느새 그를 플랫폼에서 제거해 버렸다(12장 참조).

3. **자율권의 제한:** 필터 버블은 개인의 자율권과 독립을 증진하거나 감퇴할 힘을 동시에 지닌다. 사람들은 이제 인터넷에서 평생 다 볼 수도 없을 정도로 무한한 콘텐츠를 누릴 선택권을 얻게 된 것처럼 보인다. 그러나 알고리즘은 사람들에게 의사 결정을 쉽게 내리도록 한다는 명목하에 콘텐츠 대부분을 각 개인에 맞게 걸러 낸 매우 협소한 창을 제공할 뿐이다. 사람들은 알고리즘이 제시한 내용에 크게 영향을 받아 선택하게 되고, 따라서 끝임없는 피드백 고리에 저절로 빠

져들 수밖에 없게 된다. 지정된 개인화는 개인의 자율권을 축소하는 결과를 낳는다. 사람들이 인터넷에서 선택하는 내용은 알고리즘이 선택한 매우 한정된 범위의 콘텐츠에 국한될 수밖에 없기 때문이다.

4. **투명성 부족:** 지정된 필터 버블을 비판하는 또 하나의 중요한 이유는, 알고리즘이 어떻게 작동하는지 알려진 바가 별로 없다는 사실 때문이다. 알고리즘은 수시로 바뀌고 있으며, 그나마 우리가 아는 내용은 역설계 방식으로 그 효과를 사후 검증하는 일부 전문가들의 한정된 시각에 의존한 것들뿐이다. 우리는 사람들이 알고리즘의 영향을 받는다는 것과 작동 방식의 일부 내용만 알 뿐, 전체 그림은 여전히 베일에 가려진 실정이다.

5. **사회적 분류:** 시장 세분화라는 이름으로 더 잘 알려진 사회적 분류 작업은 비즈니스 업계에서 늘 진행되어 오던 관행이다. 이런 활동을 통해 특정 그룹을 파악하고, 그 그룹을 겨냥한 의사소통 수단을 동원하는 일이 가능하다. 물론 이런 활동을 법과 도덕의 테두리 안에서 진행하는 방법도 많지만, 이 과정에서 특정 그룹에 차별이나 불이익이 돌아간다면 많은 문제가 발생할 수 있다(예를 들어, 특정 인구 집단을 겨냥한 직업 광고 등). 최근 연구에 따르면, 소셜 미디어 알고리즘은 광고주의 의도와 상관없이 표적 마케팅 활동에 심각한 인종적 편향 요소를 불러올 가능성이 있다고 한다.

필터 버블은 분명히 사람들의 정보 환경에 영향을 미치고, 집단의 구성원들에게 핵심적인 역할을 할 수 있다. 불안과 외로움에 시달리는 사람은 인터넷 환경을 통해 집단에 소속감을 느낄 수 있다면, 그것이 비록 유해한 집단이라고 해도 얼마든지 매력을 느낄 수 있다. 사교 집단이 가짜 정보와 교리를 이용하듯이, 큐어넌QAnon(이와 관련한 내용은 21장에서 더 자세히 다룬다)을 비롯한 온라인 사교 집단들 역시 가짜 뉴스와 가짜 정보를 집단의 소속감을 유지하는 중요한 요소로 활용하고 있다. 여기서 가짜 뉴스의 내용 그 자체보다는 집단에 대한 소속감이 더 중요하다.

필터 버블은 엄청난 마케팅 기회를 제공해 주기도 한다. 소셜 미디어 회사는 본질적으로 미디어 혹은 마케팅 회사이므로, 이들이 시장 세분화 활동을 한다는 것은 당연한 귀결이다. 소비자들이 기꺼이 '살' 용의가 있는 상품이나 정보가 무엇인가를 근거로 그들을 구분하고, 소셜 링크를 활용하여 사용자들을 다양한 범주로 세분화하는 능력은 이런 플랫폼이 추구하는 자연스러운 모습이다. 소셜 미디어 문제를 썩은 사과와 나쁜 통 중 어느 것이 문제인가라는 구도로 다시 조망한다면, 우리가 던져야 할 질문은 과연 누가 통을 만들고 있는가가 될 것이다.

누가 통을 만드는가?: 소셜 미디어가 행동을 일으키는 방법

환경은 어떤 식으로든 사람의 행동에 영향을 미친다. 그리고 이런 영향은 내외부적인 신호를 통해 발휘된다. 그중에서도 내적 신호에 해당하는 경험, 기억, 목표, 가치, 그리고 각자의 성격 등은 사람들이 특정 환경에서 취하는 행동을 형성한다. 평소 잘 아는 친구들만 잔뜩 모인 파티와, 낯선 사람들만 가득 찬 방 안에서 사람들의 행동은 어떻게 달라질까? 도시의 낯선 지역이나 외딴 휴가지에서는 또 어떻게 행동할까? 사람들은 환경에 따라 행동 규범과 원하는 행동이 달라진다.

완전히 중립적인 환경이란 존재하지 않는다. 그리고 사람들로부터 특정한 행동을 끌어내기 위해 아주 특별하게 고안된 환경도 존재한다. 예컨대, 슈퍼마켓은 사람들을 특정한 방향과 동선으로 유도하고, 특정한 상품을 그들의 시야에 배치하며, 그들에게서 아주 특정한 행동(구매)을 끌어내도록 주도면밀하게 설계되었다. 최근에는 스스로 소비자의 '경험'이 되기 위해 애를 쓰는 기업이 점점 많아지고 있다. 그들은 단지 소비자에게 상품을 파는 것만이 아니라 소비자들에게 특정한 생각과 감정, 행동을 심어 주기 위한 외적 신호로서 시간과 공간을 활용하고 있다. 거의 과학의 경지에 도달한 이런 기법은, 제대로 구사할 줄 아는 기업에 확실한 수익을 보장해 줄 수 있다.

소셜 미디어 기업의 의도는 더욱 명확하다. 그들은 사용자의 특정 행동을 끌어내기 위해 고안된 사회적 환경, 그 자체라고 할 수 있다. 소셜 미디어는 물리적 공간의 제약을 받지 않는 사회적 환경이다. 다시 말해, 소셜 미디어 플랫폼은 사람들이 그 플랫폼에서 사고하고 행동하는 방식에 지대한 영향을 미친다는 뜻이다. 소셜 미디어 플랫폼이 사람들에게 다양한 신호와 힌트, 그리고 행동의 결과를 제시한다는 것을 눈치채지 못하는 사람이 많다. 그러나 무의식에서 처리되는 정보도 사람들에게 아주 큰 영향을 발휘할 수 있다.

2장에서는 사람들의 행동을 썩은 사과 대 나쁜 통의 관점에서 살펴보았다. 폭력적 또는 파괴적 행동을 부추기거나 허용하는 제도적 장치를 꾸며내는 것은 비교적 쉬운 일이며, 심리적으로 건강하고 정상적인 성인이 다른 사람에게 엄청난 해를 입히도록 만드는 일도 그리 어려운 것만은 아니다. 그리고 2장에서 살펴보았듯이, 잘못된 우선순위와 부주의가 더해지면 심지어 노련한 심리학자조차 해로운 환경을 조성하는 실수를 얼마든지 범할 수 있다.

오늘날 소셜 미디어는 대학의 연구실이나 가상 현실 테스트 공간과 같은 실험 환경보다 훨씬 더 우리 생활에 깊이 들어왔고, 훨씬 더 자연스러운 행동을 관찰할 수 있는 공간이 되었다. 소셜 미디어가 많은 사람에게 가장 중요한 사회적 환경으로 자리매김한 지도 벌써 몇 년, 아니 몇 십 년이 되었다. 지금은 사라진 MSN 메신저는 1999년에 출시되었고, 2003년에 마이스페이스MySpace가 등장하여 가장 지배적인 플랫폼의 지위에 올랐다가, 2008년에는 페이스북이 그 자리를 차지했다. 그러나 페이스북은 이미 2004년에 출시되었고, 유튜브와 레딧Reddit은 2005년, 트위터는 2006년에 처음 선보였다. 2010년대에는 스트리밍 서비스 업체인 트위치Twitch(2011년)와 인스타그램(2012년), 틱톡TikTok(2016년) 등 수많은 플랫폼이 우후죽순처럼 등장했다.

소셜 미디어는 그저 잠시 한눈을 파는 데가 아니다. 소셜 미디어는 수많은 사람이 정보를 검색하고 토론을 나누며, 아이디어를 개진하고 자신의 존재감을 확인하면서, 다른 사람, 혹은 각자의 사회적 환경과 관계를 구축하는 공간이다. 인터넷 사용자가 하루 평균 소셜 미디어에서 보내는 시간은 2시간 이상이고, 18세에서 24세 사이의 사용자는 이 시간이 3시간 이상이라고 한다. 소셜 미디어에 시간을 많이 투자하는 사람일수록 그 환경에서 받는 사회적 압력이 크다고 할 수 있다.

4장 누가 통을 만드는가?: 소셜 미디어가 행동을 일으키는 방법

사회적 상호 작용은 인격 발달의 근본이라고 할 수 있다. 물론 온라인 의사소통은 그 속성과 구조에서 다소 차이점이 있지만, 이것이 기본적으로 사회적 플랫폼이라는 것은 부인할 수 없는 사실이다. 인간은 누구나 선천적으로 다른 사람과 교류하는 역량을 지니고 있으며, 사회적 관계는 개인의 두뇌 발달뿐만 아니라 세상을 생각하고 느끼며 이해하는 방식에 영향을 미친다(마그나비타Magnavita, 앤친Anchin, 2014년).

사람은 어떻게 행동을 배우는가?

—

학습이란 매우 복잡하고 역동적인 과정이지만, 인간의 행동이 변화·발전하는 바탕에는 공통적인 과정이 존재한다. 어떻게 보면, 현실 세계보다 소셜 미디어가 이런 과정을 설명하기에 더 쉬운 측면이 있다. 소셜 미디어는 주로 알고리즘과 컴퓨터 프로그램으로 구성된 데다, 인간의 행동을 뚜렷한 구조와 변수로 치환하여 기본적인 구성 요소로 부호화하기 때문이다. 행동 과학을 연구하는 사람들이 소셜 미디어에 열광하는 이유가 바로 이것 때문이다.

여기서 언급해야 할 심리학 이론이 세 가지 있다. 모두 소셜 미디어가 인간의 행동을 형성하는 데 지대한 영향을 미치는 내용들이다.

1. 고전적 조건 형성 이론

이반 파블로프Ivan Pavlov는 1890년대에 개의 타액 분비를 연구했던 러시아의 심리학자였다. 그는 개가 먹이에 반응하여 흘리는 타액의 양을 측정하고 있었다. 그는 개의 주둥이에 튜브를 연결하여 타액을 수집하면서, 개에게 먹이를 보여 주었을 때 흘리는 양을 비교 분석했다. 파블로프가 처음에 설정한 가설은 개에게 보여 주는 먹이가 타액 반응을 촉발한다는 것이었으나, 연구를 진행할수록 개가 다른 신호를 감지할 때도 침을 흘리기 시작한다는 사실을 관찰했다. 즉, 연구실 조수가 다가가는 발걸음 소리만 듣고도 개는 이미 침을 흘리고 있었다. 그의 고전적 조건 형성 이론은 우연히 발견한 것이었지만, 학습 심리를 이해하는 데 중요한 계기가 된 사건이었다.

동물은(인간을 포함하여) 두 가지 요소가 동시에 제시될 때 재빨리 그 둘을 연관 짓는 법을 배운다. 개에게 있어서 타액 분비는 먹이를 보면 자연스럽게 나타나는 자동적인 반응이다. 이때, 다른 자극을 사용하여 먹이에 대해 보이는 것과 똑같은 반응을 끌어낼 수 있다. 이것을 조건 형성이라고 한다. 나중에 파블로프는 개에게 식사 시간을 알리는 다른 신호로 메트로놈을 켠다거나 종을 울리는 등의 방법을 써 보았다. 그 결과, 두 가지 방법 모두 타액 분비를 끌어내는 데 성공함으로써 전혀 상관없는 신호에도 조건 반사가 형성될 수 있다는 사실을 증명했다(중립 자극).

| 소셜 미디어에서의 고전적 조건 형성 |

소셜 미디어는 고전적 조건 형성 이론을 이용하여 이전에는 중립 자극에 속했던 것에 우리 마음이 연관성을 부여하도록 유도한다. 아마도 우리는 이런 사실을 전혀 모르고 있을 것이다. 가장 대표적인 예가 바로 알림 기능이다. 우리는 PC나 노트북, 스마트폰 등을 통해 전달되는 알림 신호로 특정 이벤트를 주목하게 된다. 이때, 신호는 다양한 종류의 미묘하면서도 의미심장한 방식으로 전달된다. 스마트폰에서 울리는 독특한 음색의 소리나 특정한 알림 불빛, 또는 일정한 패턴의 진동 등은 모르는 사람에게는 아무 의미 없는 신호일 수도 있다. 그러나 불빛은 문자 메시지, 특정 진동은 이메일, 그리고 특정 음색은 어떤 사람이나 앱에서 전달되는 알림이라는 식으로, 사용자는 일정한 의미를 부여하는 법을 학습하게 된다.

여기에는 긍정적인 면과 부정적인 면이 모두 있다. 특정한 소리나 불빛, 또는 메시지를 긍정적인 의미와 연관 지을 수도 있다. 핸드폰을 열 필요도 없이 누군가, 혹은 어딘가에서 긍정적인 신호가 왔음을 안다면 두뇌에 즐거움을 유발하는 화학물질, 즉 도파민 분비를 촉발하게 될 것이다. 이것이 바로 고전적 조건 형성이다. 단지 알림 신호를 받았을 뿐인데 내용을 확인할 필요도 없이 그 신호가 흥분이나 행복, 또는 즐거움의 감정을 촉발하는 자극이 되는 것이다.

그러나 고전적 조건 형성은 똑같은 방식으로 부정적인 감정을 촉발할 수도 있다. 예를 들어, 상사나 관리자가 보낸 문자 알림이 도착했다고 생각해 보자. 메시지의 내용을 확인하기 전까지 이것은 중립 자극에 해당한다. 그러나 이런 일이 반복되면, 대체로 긍정이나 부정 중 어느 한쪽으로 학습될 수가 있다. 메시지를 확인할 때마다 주로 비판이나 분노, 심지어 예측할 수 없는 내용들만 가득하다면, 이후로는 내용을 보기도 전에 벌써 근심만 몰려오게 될 것이다. 이런 과정을 거쳐 근심이라는 감정이 조건 반사로 자리 잡게 된다.

2. 조작적 조건 형성 이론

고전적 조건 형성 이론은 기본적인 학습 과정에 해당하지만, 그것은 학습 과정의 복잡하고 깊은 내용까지 충분히 설명해 주지는 못한다. 또 다른 학습 이론으로, 1930년대에 스키너B.F. Skinner가 개발한 행동주의적 접근 방식을 들 수 있다. 이것 역시 그리 복잡하지 않은 이론이지만, 분명히 심리 과정을 설명하는 강력한 이론이다.

조작적 조건 형성을 통해 사람들은 특정한 행동과 특정 성과를 연관 짓는 법을 배우게 된다. 스키너가 했던 실험 중에, 비둘기 한 마리를 먹이 공급 장치가 마련된 상자 속에 집어넣은 것이 가장 대표적인 예다. 그런 다음 그는 여러 가지 행동을 하나씩 가르쳐서, 마침내 비둘기가 복잡한 과제를 수행할 수 있게 만들었다. 그는 똑같은 방법으로 비둘기가 탁구 경기를 벌이는 것과 같은 복잡한 과제를 재현한 적도 있다. 그가 오늘날까지 살아 있었다면, 아마도 훌륭한 유튜버가 되었을지도 모른다.

개를 훈련해 본 사람이라면 누구나 조작적 조건 형성이 어떻게 작동되는지 잘 안다. 앉거나, 눕거나, 뛰는 정도의 간단한 행동은 간식 몇 개만 던져 줘도 비교적 쉽게 가르칠 수 있다. 여기서 조작적 조건 형성을 이용해 조금만 더 공을 들이면, 개에게 맹인을 안내하거나 여러 가지 화학 물질을 탐색하고 장애물을 통과하는 등의 매우 복잡한 행동까지 가르칠 수 있다.

조작적 조건 형성 이론을 비판하는 이들은 인간이 보상과 처벌에 단순히 반응하는 게 아니며, 좀 더 복잡한 존재라고 말할 것이다. 그것은 사실이다. 그러나 그 점을 고려하더라도 조작적 조건 형성이 학습에 큰 역할을 하는 것은 틀림없는 사실이며, 소셜 미디어 플랫폼이 인간 심리에 영향을 미치는 이유도 훌륭하게 설명할 수 있다.

'좋아요', '지지', '공유', '칭찬' 등은 모두 조작적 조건 형성 이론을 이용해 소셜 미디어 플랫폼에서 사람들의 행동에 영향을 미치기 위해 마련된 점수 시스템의 일종이다(뮨치Muench, 2014년).

| 소셜 미디어에서의 조작적 조건 형성 |

소셜 미디어 플랫폼에서 조작적 조건 형성이 어떻게 작동하는지 살펴보는 것은 그리 어려운 일이 아니다. 실제로, 매우 널리 알려진 소셜 미디어 플랫폼들은 바로 조작적 조건 형성 이론을 기반으로 구축되었다. 소셜 미디어 플랫폼이 제공하는 강화 조건들은 주로 '좋아요', 칭찬, 공감 등이 다양하게 변형된 형태들이다. 페이스북이나 인스타그램 등의 플랫폼은 긍정적인 버튼만 제공하여 긍정적 강화에 집중하는 반면, 유튜브나 레딧 등의 플랫폼은 '싫어요'나 비공감 등의 부정적인 강화도 할 수 있게 만들어 놓았다. 물론 어떤 소셜 미디어 플랫폼에서든 무반응이야말로 가장 부정적인 반응으로 여겨지는 것은 물론이다.

소셜 미디어에서 조작적 조건 형성이 작용한 결과는 상황에 따라 문제가 될 수도, 그렇지 않을 수도 있다. 사람들은 한번 보상 받은 행동을 다음에도 반복하는 경향이 있다. 그리고 사람의 두뇌는 소셜 미디어 플랫폼에서 받은 '좋아요'나 칭찬을, 현실 세계의 사람들과 직접 대면한 상황에서 받은 칭찬이나 다른 보상과 마찬가지로 매우 기쁘게 받아들인다.

3. 사회적 학습 이론

고전적 또는 조작적 조건 형성은 모두 학습의 심리 작용을 설명하는 강력한 이론임에는 분명하지만, 이것만으로는 학습의 전체 과정을 모두 설명하지는 못한다. 1977년에 앨버트 반두라Albert Bandura는 고전적, 조작적 조건 형성이 모두 중요하지만, 여기에는 두 가지 핵심적인 내용이 빠져 있다고 설명했다. 첫째, 자극과 반응 사이에는 여러가지 일(매개 과정)이 일어난다. 다시 말해, 사람은 정보를 입력하면 단순히 출력만 하는 컴퓨터가 아니라는 뜻이다. 사람은 생각하고, 궁리하며, 고민하고, 반성할 줄 아는 존재이며, 사람마다 다양한 일을 경험할 때 보이는 반응은 모두 다르다. 둘째, 사람은 외부 자극이 없어도 행동을 학습할 수 있다. 사람은 명시적으로든 암시적으로든 어떤 행동을 하라고 지시받지 않아도 스스로 행동할 수 있다. 다른 사람의 행동을 지켜보기만 해도 충분히 학습할 수 있다.

사람은 이전에 한 번도 배운 적도, 보상받은 적도 없는 행동을 언제든지 시험 삼아서 해 볼 수 있는 존재다. 사람은 사회적인 동물로서 주변에 있는 다른 사람의 행동을 보고 따라 하면서 학습한다. 사람들이 낯선 나라나 장소에 가거나 생소한 환경에 놓였을 때 맨먼저 하는 행동은 무엇인가? 어떤 행동을 해야 하는지 아무런 기준이 없을 때, 사람들은 주위를 둘러보고 다른 사람의 행동을 모방하려고 한다.

이것은 사람들이 소셜 미디어에서 보이는 행동에 미치는 또 하나의 중요한 영향이다. 사람들은 플랫폼을 둘러보며 다른 사람들의 행동이나 포스팅 내용을 살핀다. 플랫폼들은 저마다 고유한 규칙으로 운영된다. 그리고 같은 소셜 미디어 플랫폼 내의 하부 그룹들도 전체 규칙에 부합하되 각자 조금씩 다른 규칙을 가지고 있다.

슬랙과 같은 기업 전용 소셜 채널에서 바람직한 행동의 모범을 수립하는 것이 중요한 이유가 바로 이것이다. 바람직한 행동은 결코 저절로, 혹은 자연스럽게 나타나는 것이 아니다. 사람들은 어떤 행동이 표준적이고 정상적인지 자세히 관찰한 후 그것을 따르려는 본능이 있다. 그리고 자기 행동이 사회적 규범에 부합했을 때 보상받기를 원하는 것도 자연스러운 본능이다(조작적 조건 형성의 시작이다).

| 소셜 미디어에서의 사회적 학습 |

최근에는 누구나 소셜 미디어 플랫폼을 한두 가지 정도는 알고 있을 것이다. 어쩌면 전체적인 얼개나 어느 정도의 인맥은 이미 파악했고, 대화를 나누는 사람들이나 대화하려는 내용, 그리고 플랫폼을 활용하는 방법 등에 관해 일반적인 지식을 갖춘 이도 꽤 될 것이다.

그러나 소셜 미디어가 완전히 낯선 사람이라면 어떨까? 또는, 어떠한 종류의 플랫폼도 처음 보는 사람이라면? 여러 종류의 소셜 미디어 플랫폼을 의사소통 도구로 써 본 대학을 갓 졸업한 젊은이들에 관한 예는 훌륭한 사례가 될 수 있을 것이다. 그들이 소셜 미디어에서 친구나 가족과 의사소통하는 데 필요한 문화적 규칙과 규범을 이해한다고 가정해 보자. 그들은 이미 스냅쳇Snapchat이나 인스타그램, 왓츠앱WhatsApp 등의 플랫폼에 익숙해서, 다른 이들과 의사소통하는 데 필요한 노하우를 알고 있다.

그러나 그들이 새로운 소셜 미디어 환경을 접할 때는 어떤 일이 일어날까? 예컨대, 그들이 첫 직장에 입사해서 그 회사의 슬랙 채널에 가입한다고 해 보자. 그들은 그 소프트웨어를 한 번도 써 본 적이 없고, 그 소셜 네트워크에 대한 경험도, 직장 환경에서 소셜 미디어를 사용해 본 경험도 전혀 없을 것이다. 그런 상황에서 그들은 플랫폼과 채널을 이리저리 살펴보는 일부터 가장 먼저 해 볼 것이다. 그리고 다른 사람들이 어떤 글을 올리는지, 무슨 말을 하는지, 동료들과 어떤 이야기를 주고받는지 등을 엿볼 것이다(공식이든 비공식이든, 꾸준히 혹은 어쩌다가, 정중하게 또는 갑자기 등). 그러면서 자신도 비슷한 주제로 글을 쓰거나 주변 사람들과 비슷한 방식으로 의사소통을 시도할 것이다. 관리자나 리더들이 디지털 의사소통에 적극적인 역할을 맡아야 하는 이유가 바로 여기에 있다(맥레이MacRae, 2020년). 이 주제는 17장에서 상세히 다루어 보기로 한다.

사람들은 대개 이전에 한 번도 경험한 적이 없는 환경에서도 학습할 수 있는 능력이 있다. 이것은 꼭 자극과 반응, 행동과 결과의 도식으로만 설명할 수 있는 것이 아니다. 사람들은 조작적, 혹은 고전적 조건 형성 없이도 충분히 어떤 행동을 배우고 경험할 수 있다. 물론 일단 그런 행동을 시작하면 또 다른 학습 작용이 일어나고, 다른 사람의 칭찬과 긍정적인 반응을 얻게 된다. 심지어 어떤 회사들은 기업의 보상과 보너스 체계를 소셜 미디어의 조작적 조건 형성과 연동하기도 한다.

강화 계획

—

이 장에서 이해해야 할 또 하나의 유용한 심리학 개념으로 강화 계획, 또는 강화 스케줄이라는 것이 있다. 이것은 행동에 영향을 미치는 조작적 조건 형성의 한 요소이다. 직장에서는 다양한 강화 계획을 급여와 특전, 수당 등을 지급하는 데 이용한다. 카지노가 운영하는 게임들은 사람들을 가능한 한 오래 붙잡아 두고 게임을 더 많이 하도록 교묘히 고안되어 있다. 소셜 미디어 기업은 사람들이 온라인에 최대한 오래 머물고, 그들의 플랫폼에 다시 방문하게 하는 데 강화 계획을 이용한다.

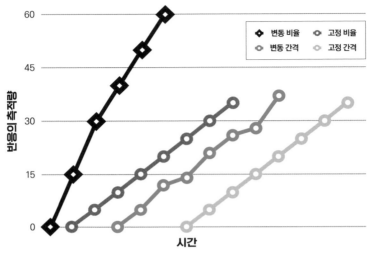

[그림 1] 강화 계획

보상 계획이 달라지면 행동의 변화에 미치는 효과도 달라진다. 예 컨대, 월급과 같은 고정 간격 보상 계획은 가장 효과가 낮은 강화 계획이다. 그런가 하면 반응이 얼마나 많이 나와야 보상이 제공될 지 모르는 변동 비율 보상 계획은 가장 효과적인 강화 계획이라고 할 수 있다. 역시 변동 비율 보상 계획의 하나인 슬롯머신은 사람들 을 유혹하는 데 엄청나게 큰 효과를 발휘한다.

강화 계획은 두뇌에서 보상 작용을 담당하는 도파민 회로에 영 향을 미친다. 도파민은 어떤 사건의 결과보다는 그것을 기대하는 데 더 크게 관여하는 물질로 알려져 있기도 하다. 도파민은 보상을 막상 받을 때보다는 그것을 기대할 때 더 많이 분비된다. 실제로 두뇌 활동은 소셜 미디어 알림 메시지를 기다릴 때가 메시지의 내용을 확인했을 때보다 더 크게 활성화한다.

| 강화 계획 |

변동 비율: 의사소통이 무작위의 횟수만큼 진행된 후에 강화 보상이 주어진다.

(예: 반응이 한 번, 두 번, 여섯 번, 또는 열세 번 나온 후에 등)

고정 비율: 의사소통이 일정 횟수만큼 진행된 후에 강화 보상이 주어진다. (예: 정답이 다섯 번 나온 후에 등)

변동 간격: 무작위로 시간이 지난 후에 강화 보상이 주어진다.

(예: 3분, 12분, 14분, 30분이 지난 후에 등)

고정 간격: 고정된 시간이 지난 후에 강화 보상이 주어진다.

(예: 5분마다, 10시간마다, 30분마다 등)

온라인의 예
—

이제 이것이 소셜 미디어에서 어떻게 구현되는지 두 가지 예를 통해 살펴보자.

1. 페이스북은 변동-반응 강화 계획을 시험한다.

페이스북을 디지털 버전의 스키너 상자Skinner Box라고 생각해 보자. 스키너는 비둘기를 상자에 넣어 두고 비둘기로부터 특정 행동을 끌어내거나 보상하기 위해 제공하는 물체 외에는 아무것도 보여 주지 않는 환경을 구성했다. 소셜 미디어도 비슷한 방식으로 행동에 영향을 줄 수 있다. 사람들이 여러 가지 행동을 실험해 보며 시간을 보내다 보면, 특정 행동에 '좋아요'라는 형태의 보상을 받게 된다. 이것은 사람들이 온라인에서 의사소통하며 보내는 시간을 극대화하기 위해 정교하게 고안된 장치다. 이것은 실시간으로 펼쳐지는 자연적인 환경과는 달라 보일 수 있다. 페이스북 알림은 실시간으로 전달되지 않는다. 알림 기능은 그 자체의 강화 계획에 따라 작동하는 것으로, 사용자의 주의를 끌고 최대한 붙잡아 두기 위해 고안된 것이다(레이븐스크레프트Ravenscraft, 2019년). 페이스북 알림은 단순히 정해진 시간표에 따라 진행되는 일이 아니다. 그것은 사용자의 관심을 포착하고 유지하며 다시 획득하기 위해 정교하게 고안된 알고리즘이다.

페이스북 알림은 친구와 나누는 의사소통 같은 것도 아니다. 심지어 알림을 제시하는 방식에 따라 사람들과의 상호 작용이 고의로 왜곡되기도 한다. 페이스북 알림은 조작적 조건 형성의 완벽한 예라고 할 수 있다. 특정 소리든, 불빛이든, 진동이든 페이스북 알림을 받을 때마다 특정한 감정이 형성되고 항상 반응하게 된다(가장 대표적인 반응은 앱을 여는 것이다!). 페이스북을 개발한 한 엔지니어의 말에 따르면, 페이스북에서 '좋아요'를 하나씩 받을 때마다 '가짜 기쁨이라는 가벼운 충격'을 받도록 설계해 놓았다고 한다(루이스 Lewis, 2017년).

페이스북은 심리학의 강화 계획 원리를 이용하여 사람들이 반복하여 플랫폼에 돌아와서 알림을 확인하고, '좋아요'와 댓글, 더 많은 알림 등의 보상을 얻기 위해 계속해서 콘텐츠를 생산하도록 만든 기술의 결정체라고 할 수 있다. 이것은 미국 성인이 하루 평균 40분의 시간(1년에 꼬박 열흘을 소비하는 셈이다)을 소비하게 만드는 끊임없는 피드백 고리다. 페이스북은 애초에 사용자가 중독되도록 설계되었으며, 소셜 미디어가 사람들의 삶에 미치는 영향이 과연 건전한지 해로운지에 관한 논쟁은 지금도 끊이지 않고 있다.

페이스북을 비롯한 여러 플랫폼이 사람들의 관심을 끌기 위해 경쟁을 펼치는 방식을 우려하는 목소리가 있다. 넷플릭스의 CEO 리드 헤이스팅스Reed Hastings는 자신들은 사업의 경쟁자를 별로 걱정하지 않으며, 경쟁자가 있다면 그것은 오로지 '잠'뿐이라고 말했다(헌 Hern, 2017년). 오늘날 미디어와 소셜 미디어 기업들은 이 정도로 사람들의 시간을 독점할 위험을 안고 있다. 오죽하면, 그들이 가장 원초적인 생물학적 욕구마저 사람들의 관심을 두고 펼치는 경쟁의 대상으로 여기겠는가.

또 하나 심각한 문제는, 정교하게 설계된 의사소통 체계가 수많은 사람이 실제로 살아가는 현실 세계의 소셜 네트워크와 단단히

4장 누가 통을 만드는가?: 소셜 미디어가 행동을 일으키는 방법

통합된다면, 나쁜 행동을 일삼는 사람들의 손에 쉽사리 악용될 위험이 있다는 것이다. 알고리즘의 구조는 꽤 단순해서 기본 원리만 이해하면 쉽게 조작할 수 있다. 게다가 대중 전달 도구는 실제로 여러 가지 목적에 이용되어 온 적이 있고, 그중에는 4부에서 자세히 다루게 될 선거에 영향을 미칠 목적도 포함된다.

● 페이스북 이용을 줄이고 싶은가?

페이스북은 마치 헤어진 현실을 받아들이지 못하는 전 배우자와 비슷한 면이 있다. 페이스북은 내가 조금이라도 관심을 보일 만한 일이 있으면, 어디든 뛰어들어 나를 끌어들이려고 한다. 페이스북을 많이 들여다볼수록 알고리즘은 내가 관심이 많다고 판단해서 핸드폰에 더 많은 알림과 새로운 내용을 보내 주며 로그인을 유도할 것이다. 이것을 제한하기 위해서는 자주 들어가지 않는 것이 가장 좋다. 핸드폰 앱보다는 페이스북 웹 버전을 사용하기를 추천한다. 그보다 더 좋은 방법은 알림 기능을 꺼서 페이스북이 나에게 돌아오라고 청하는 것을 막고(하루에도 수십 번씩 울리는), 내가 필요할 때만 로그인하는 것이다.

2. 유튜브의 '추천 영상'은 사람들을 극단적인 콘텐츠로 내몬다.

이 장의 서두에서 조작적 조건 형성이 어떻게 작동하는지 이야기했다. 그것은 과거 행동의 강도와 빈도를 증가시키는 방식으로 작동한다는 이야기였다. 이런 원리를 이용해서 비둘기를 제자리에서 빙글빙글 돌게 하거나 탁구공을 치게 훈련할 수도 있고, 심지어 2차 세계대전 때는 비둘기를 미사일 유도 장치로 쓰려는 훈련 프로젝트가 가동된 적도 있었다. 조작적 조건 형성의 효과는 상상 이상으로 크다.

누구나 온라인에서 토끼 굴에 빠져들어 본 경험이 있을 것이다. 예를 들어, 위키피디아Wikipedia 링크를 따라다니며 여러 가지 주제들 사이의 연관성을 찾아 헤맨다거나, 이상한 온라인 커뮤니티에 들어간다거나 하는 일들 말이다. 이제는 어떤 주제의 관심사나 취미, 여가 활동 등에 관해서도 그야말로 놀랄 만큼 깊고 다양한 논의와 정보, 콘텐츠 등을 온라인에서 얼마든지 찾아낼 수 있다. 경주용 비둘기 기르거나 기차 모형 만들기, 심지어 직접 금속을 주조하는 일에 관해서까지도 온라인에는 방대한 커뮤니티가 조성되어 있다.

비주류적 관심사를 주제로 하는 온라인 커뮤니티에는 별로 해롭지 않은 것뿐만 아니라 다소 해로운 내용도 존재할 수 있다. 인터넷 커뮤니티와 소셜 미디어는 모든 성향의 극단주의자들을 끌어들이는 블랙홀로 성장 중이다. 물론 모형 기차 커뮤니티나 자수 양말 인형 커뮤니티에 토끼 굴처럼 빠져드는 행태가 다소 괴짜처럼 보일 수는 있어도 그리 해로운 일이라고 볼 수는 없는 것도 사실이다.

유튜브의 '추천 콘텐츠' 알고리즘은 '분열과 음모를 조장하는 증오 콘텐츠의 온상'이며, '사람들을 인터넷의 어두운 구석으로 몰아넣는' 도구로 묘사되어 왔다(루스Roose, 2019년).

유튜브의 자동 재생 기능은, 결국 주류적 시각의 정치 콘텐츠를 시청하던 사람들을 점점 극단적인 콘텐츠로 유도하는 결과를 낳게 된다. 도널드 트럼프Donald Trump의 영상을 주로 보는 사람들은 자동으로 백인 우월주의적 구호를 외치거나 홀로코스트를 부인하는 데까지 나아간다. 힐러리 클린턴Hillary Clinton의 영상을 시청하는 사람들은, 결국 비밀 정부 조직에 관한 좌익 음모론이나 911 세계 무역 센터 공격의 배후에 미국 정부가 있었다는 음모론에까지 도달한다(프리더스도프Friedersdorf, 2018년).

이런 효과는 사실상 거의 모든 주제에서 발견된다. 사람들은 채식주의에 관한 영상을 한번 보기 시작하면, 결국에는 완전 채식주의자가 될 가능성이 크다. 조깅에 관한 영상을 즐겨 보는 사람은 나중에는, 결국 울트라마라톤 영상까지 보고야 만다. 이것을 롱테일 효과Long-tail Effect라고 한다. 중간 범위의 일반적인 콘텐츠를 시청하던 사람들마저 시간이 지날수록 점점 특수한 틈새 콘텐츠로 옮겨 가게 된다는 뜻이다. 사람들은 선택의 폭이 넓을수록 중간으로 모이는 것이 아니라 제각각 다른 방향으로 옮겨 가는 경향을 보인다.

이런 극단적 롱테일 현상이 가능하게 된 것은 오로지 온라인이 제공하는 콘텐츠의 양과 범위 때문이다. 사람들은 누구나 선택권이 주어지면, 특별한 관심사를 중심으로 토끼 굴에 빠져들게 된다.

그들은 잘 닦인 길을 벗어나 애매모호한 특정 하부 주제에 매몰되고 만다. 어떤 면에서 이것은 좋은 일이라고 할 수도 있다. 아무리 독특하고 모호한 관심사를 가진 사람도 생각이 비슷한 사람들끼리 대화가 통하는 커뮤니티를 찾을 수 있다는 점에서는 말이다. 그러나 이것은 매우 위험한 결과를 빚는 양날의 검이 될 수 있다.

환경, 학습, 그리고 발달

—

환경이 행동을 끌어낸다. 따라서 모든 디지털 환경은 특정 행동을 형성하고, 알려주고, 강화하기 위해 매우 정교하게 고안된 것이다. 소셜 미디어 플랫폼은, 말 그대로 사람들 간의 만남을 위해 만들어진 것이다. 여기서 일어나는 일의 상당 부분은 사회적 학습이다. 즉, 사람들은 이러한 플랫폼에서 다른 이들의 행동을 보고 따라 하며, 어떤 행동이 바람직한 결과를 얻는지 이것저것 시험해 보기도 한다.

그러나 사실은 눈에 보이지 않는 이면에서 일어나는 일이 더 많다. 소셜 미디어 플랫폼은 사실 사용자들이 무슨 말을 주고받는지, 어떻게 대화를 시작하는지 등에는 별로 관심이 없다. 소셜 미디어 플랫폼의 본질은 어디까지나 광고 플랫폼이므로, 그들의 가장 큰 관심사는 사용자들이 자기네 플랫폼에 최대한 오래 머무르도록 하는 것이다. '당신이 고객이 아니라면, 당신은 상품이다'라는 오랜 격언은 여전히 진실인 셈이다.

　그러나 사람마다 인터넷을 사용하는 방식이 다 똑같지는 않다. 모든 사람의 관심사가 똑같지도 않고, 다 똑같은 대상에 애착을 보이는 것도 아니다. 사람마다 차이가 있다는 말은 똑같은 도구와 자원을 가지고도 사람마다 다른 방식으로 사용할 수 있다는 것이다. 그러나 이런 개인별 차이는 어떻게 생기는 것일까? 다음 장에서는 성격과 성격 장애, 그리고 이런 사고, 감정, 행동 등의 체계가 어떻게 시작되고 발달하는지를 살펴본다.

성격 장애는 타고나는가, 발달하는가

성격과 성격 장애에 관한 심리학 연구는 오랜 역사를 자랑하지만, 성격 장애의 발달 과정과 원인, 그리고 그것의 예방과 증상 완화에 관해 알아야 할 것이 여전히 많은 것이 현실이다.

한 사람의 성격과 성격 장애는 대개 20대 중반에 확고해지거나 안정되고, 그 이후에는 크게 달라지는 일은 극히 드물다. 즉, 정상적인 환경에서라면 성격은 바뀌지 않는다는 것이 정설로 받아들여진다(라이브슬리Livesley, 2003년). 그러나 최근에는 성격도 훨씬 더 긴 시간을 두고 보면 바뀔 수 있고, 성격 장애 증상도 약 12년에서 18년에 걸쳐 일부 변화가 일어난다(그러나 완전히 사라지는 일은 극히 드물다)는 증거가 발견되었다. 그러나 안타깝게도 즉각적인 변화를 불러오는 특효약이나 신비한 치료법은 존재하지 않는다(벡Beck 외, 2016년).

하지만 아동기의 성격은 성인이 된 후에 비해 훨씬 불안정한 것이 사실이다. 사람들이 유아 발달 초기에 경험하는 일과 인간관계는 세상을 이해하는 방식과 대인 관계, 사회적 관계를 이해하는 방식 등에 중요한 바탕이 된다. 그중에서도 양육 주체와의 관계는 더욱 중요한 역할을 차지한다. 이 시기의 나쁜 영향이 심할 경우, 심지어 사회적 관계를 거의 배우지 못하는 결과를 초래한다.

5장에서는 성격 장애의 원인과 위험 요소를 살펴보고, 이를 통해 성격 장애의 형성 과정을 설명해 보겠다. 또 이 장의 마지막 부분에서는 트럼프 대통령이라는 유명인의 사례를 통해 성격 장애가 아동기에 형성되어 성인이 된 후에도 사고와 행동 패턴에 영향을 미칠 수 있다는 사실을 살펴본다.

성격 장애와 성격 유형

—

이 책을 읽으면서 성격 장애와 성격 유형이라는 두 용어를 자주 보게 될 것이다. 둘 사이에는 분명히 차이점이 있지만, 모두 같은 스펙트럼에 속한 일부분일 뿐이다. 성격 장애는 정신과 의사들이 구체적인 장애 증상들을 진단할 때 사용하는 의학 용어로, 사람들이 일상생활에서 정신 기능상의 심각한 문제를 겪을 때 주로 거론된다.

반면, 성격 유형이란 성격 장애와 달리 사고와 활동, 행동 등이 유

사한 패턴을 지니지만, 극단적인 수준의 장애는 없는 경우를 가리
키는 말로, 의학적 치료가 필요한 정도로 심각하지는 않은 것이 보
통이다. [그림 1]은 이 두 가지가 사고와 행동의 스펙트럼에서 어떤
패턴과 강도의 차이를 보이는지를 도식화한 것이다. 이 내용은 다
음 장들에서 훨씬 더 자세히 다룰 것이다.

[그림 1] 성격 유형과 성격 장애의 연속체

천성

—

우리는 성격 장애가 발생하는 데 영향을 미치는 일반적인 특징과
성향이 존재한다는 사실을 안다. 오늘날 학계는 쌍생아 연구와 유
전자 연구, 신경 과학 등을 통해 성격 장애의 유전적, 신경 과학적
구성 요소를 밝혀내기 시작했다.

 그런데도 성격 장애의 구체적인 유전적, 신경 과학적 원인에 관해
서는 아직 밝혀지지 않은 내용이 많이 남아 있다. 그러나 우리는 거
의 모든 성격 장애에 유전적 원인이 크게 작용하고 있음을 알고 있
다. [표 1]에 유전적 원인의 기여 정도를 추정치로 나타냈다. 구체적

인 수치는 여러 요인에 따라 달라질 수 있지만, 성격 장애에 미치는 유전적 요인은 대략 50퍼센트 이상으로 추정된다(토르게르센Torgersen 외 2000년; 마Ma 외 2016년).

[표1] DSM의 성격 장애 유전성 추정치

성격군	성격 장애	유전성 추정치	상응하는 성격 유형
A 성격군 (12장 참조)	편집적	50~66퍼센트	조심성
	분열성	26~29퍼센트	고독
	분열형	61퍼센트	파격성
B 성격군 (13장 참조)	비사교적	50~80퍼센트	공격적
	경계성	69퍼센트	충동적
	극적	63퍼센트	극적
	자기애적	77퍼센트	자신감
C 성격군 (14장 참조)	회피성	28퍼센트	예민함
	의존성	28~66퍼센트	이타적
	강박성	27~77퍼센트	완벽주의

참조: 위 내용은 다음 장에서 더욱 자세하게 다룰 예정이다.

교육

—

심리학자와 신경 과학자들은 지금도 성격 장애의 구체적인 유전적, 신경 과학적 요소를 연구하고 있지만, 우리는 이미 성격 장애에 환경이 미치는 영향을 어느 정도 이해하고 있는 것도 사실이다.

특정 성격 장애 성향을 타고 나는 사람들이 있으며, 그들의 유전적 요인과 두뇌 구조가 우연히 나쁜 환경을 만나면, 결국 그런 성격 장애가 겉으로 드러날 가능성이 커진다. 이것은 어떤 종류의 신체적 질병이나 장애에도 마찬가지로 적용되는 원리다. 예를 들어, 유전적으로 당뇨병에 걸릴 확률이 훨씬 더 높은 사람들이 있다. 그러나 비만 정도나 식습관 등의 생활 방식이 비슷한 두 사람 중에도 유독 다른 사람보다 유전적으로 당뇨병에 더 잘 걸릴 수 있는 사람이 있다.

특히 유아 발달기에 성격 장애 발달에 큰 영향을 미치는 다섯 가지 주요 요소가 있다.

1. 역기능 가정

건강한 유아 발달의 핵심 요소는 아이들이 다른 사람을 보살피고 그들과 사회적 유대감을 형성하는 법을 배우는 것이다. 성장 초기에 이것을 배우지 못하는 아이들은 평생 큰 어려움을 겪을 가능성이 크다.

아이들이 궁극적으로 더 넓은 사회에 적응하는 법을 배울 때, 꼭 필요한 요소 중 하나는 사회에서 통용되는 규칙을 가정 교육을 통해 배우는 것이다. 따라서 아이들은 양육 주체를 비롯해 가장 가까운 가족과 인간관계를 맺는 법을 배우면, 그 가르침을 친구와 동료,

교사, 나아가 자라면서 형성하게 되는 폭넓은 인간관계에도 그대로 적용하게 된다.

아이들이 남에게 친절을 베풀고 서로 돕거나 가진 것을 나누며, 다른 사람의 말에 귀를 기울이고 존중하는 법을 가정에서 배우면, 그 가르침을 세상에 나가서도 그대로 실천할 수 있다. 아이들은 부모나 자신을 길러 준 사람이 애정과 신뢰, 위로, 안전(물리적으로든 정서적으로든)의 근원임을 배우면, 평생토록 만나는 다른 사람에게도 그 원칙을 그대로 적용하게 된다. 즉, 그들은 다른 사람도 자신을 친절과 공정, 존중의 태도로 대할 것이며, 자신을 지켜 주고 힘이 되어 줄 것이라고 믿는다.

그러나 만약 아이들이 부모나 자신을 길러 준 사람으로부터 사랑을 받지 못했다면, 다른 사람을 믿을 수 없는 존재로 느끼거나 심지어 두려움과 근심의 대상으로 여길 수 있다. 가정 환경에 걱정과 근심, 굴욕, 거부 및 기타 부정적인 감정으로 가득하다고 생각하는 아이들은 성장한 후에 만나는 다른 사람에게도 어린 시절의 경험을 고스란히 일반화할 가능성이 크다. 그들은 다른 사람들을 위협의 주체나 경쟁자로 보거나 심지어 착취의 대상으로 인식할 수 있다(이 장에서 실제 사례를 통해 더 자세히 살펴본다).

성격 장애 발달에는 관련한 몇 가지 구체적인 요소가 있다. 물론 이런 요소가 성격 장애를 반드시 불러온다고 말할 수는 없지만, 아이들이 성격 장애에 노출될 위험을 증대시키는 것은 분명하다.

역기능 가정을 나타나게 하는 가장 직접적인 원인은, 역시 가정이

붕괴하는 현상이다(라이브슬리, 2003년). 특히 부모의 결혼 생활이 파괴되거나, 가정의 성인 중에 공격적인 행동을 일삼거나 가족을 외면하는 사람이 있을 경우가 그렇다. 어린 시절에 오로지 집단 간의 싸움판으로 점철되어 늘 부모 중 어느 한쪽 편을 들어야 하거나 상대편과 맞서야 하는 환경의 인간관계만 경험했다면, 그런 아이들은 경계성 성격 장애를 안게 되어 평생 불안하고 심각한 인간관계를 이어갈 위험이 크다.

2. 비수용적 환경

심리학에서 말하는 비수용적 환경Invalidating Environment이란, 한 아동의 감정이나 생각이 무시, 또는 거절되거나 곧바로 부정당하는 환경을 말한다. 이것은 주로 역기능 가정에서 일어나는 일이지만, 그 외에도 여러 가지 상황에서 벌어질 수 있다.

유아 발달 과정에는 자기 자신과 자신의 감정을 이해하는 법을 배우는 일도 포함된다. 아주 어린 아동이나 유아들은 사실상 특정한 경험이나 사건이 일어날 때, 그것을 어떤 감정과 연관시켜야 할지 잘 모를 수 있다. 그래서 이 시기에는 어떤 일이 일어났을 때 반응하는 법을 배우기 위해 자신을 돌봐 주는 사람을 주목하는 것이다.

그리고 아이들은 낯선 상황이나 새로운 자극을 접했을 때, 자신을 돌봐 주는 사람을 보며 그들의 반응을 따라 한다. 낯선 사람을 만날 때도 아이들은 양육자의 반응이 흥분인지, 호기심인지, 아니면 두려움인지 살피게 된다. 새로운 동물, 예컨대 개를 처음 마주쳤을 때도 아이들은 양육자가 이 동물을 흥미롭게 보는지, 조심하는지, 아니면 두려워하는지 눈여겨본다. 유아기에는 양육자의 태도를 모방하는 경향이 매우 강하므로, 부모는 자신의 혐오감이나 불안, 공포심 등(예컨대 개, 거미, 쥐 등에 대한 공포심)을 쉽게 아이들에게 전가할 수 있다.

이것을 생존에 꼭 필요한 기능이라고 볼 수도 있다. 아직 주변 환경에 대한 지식이 부족하고 자신이 어떤 잠재적 위협과 마주칠지 잘 모르는 유아기에는 부모가 주변 환경에 어떻게 반응하는지를 관찰하는 것(의식적으로든 무의식적으로든)이 유용한 전략이 될 수 있다. 일반적으로는 이것을 발달기에 나타나는 적응 특성으로 보기도 한다. 그러나 이는 또한 부모로부터 자식에게 공포증, 신경 증세, 기능 장애, 부적응 등과 같은 심리적 특성이 대물림되는 통로가 될 수도 있다.

유아 발달기에 비수용적 환경을 경험하는 데서 오는 또 하나의 문제는 부모가 자녀에게 보여 주는 사회적 신호나 무반응을 통해 잘못된 정보를 전달할 수 있다는 것이다. 예를 들어, 양육자 중에는 말 그대로 묵묵부답형의 태도를 보여 주는 사람들이 있다. 그들은 자녀들이 어떤 감정이나 태도를 보여도 아예 반응하지 않는다. 만약 어떤 아이가 불안해하거나 겁에 질렸는데도 부모가 이를 완전히 무시하고 이런 일이 똑같이 반복된다면, 그 아이는 다른 사람에게서 위로와 애정을 구할 수 없으며, 어려운 일이 닥쳐도 다른 사람에게 의지할 수 없다는 것을 '학습하게' 된다. 반대로, 건강한 유아 발달기에는 다른 사람이 나에게 위로와 따뜻한 감정을 제공하며, 어려운 시기에도 도움을 베풀어 준다는 사실을 배우는 과정이 꼭 포함된다.

어린아이들은 머리나 무릎, 팔꿈치 등을 부딪치고도 아무런 감정도 즉각 내비치지 않는 경우가 많다. 그러고는 오히려 자신을 돌보는 사람의 눈치를 살핀다. 그저 가볍게 부딪친 경우라면, 아마 어른들의 반응에 따라 웃거나 울 것이다. 어른들이 '아이고, 바보같이' 하면서 빙긋이 미소를 지으면 아이들은 깔깔 웃을 수도 있지만, 어른들이 절망적인 비명을 지르기라도 하면 아이들은 금세 울음을 터뜨리게 된다.

아이들이 부모나 양육자와의 사이에 주고받는 이런 과정은 세월이 흐르면서 축적되고 강화되어 성인이 되어서도 성격을 형성하는데 큰 영향을 미친다(라이브슬리, 2003년; 마그나비타, 앤친, 2014년).

3. 부모의 행동(방치나 과잉보호 모두)

부모가 아이들의 행동을 등한시하는 태도는 아이들의 자신감이나 독립적인 행동 능력에 심각한 저해 요인이 된다. 어른들이 아이들의 감정 발달에 적극적으로 개입하지 않거나, 아이들의 행동에 감정적, 사회적 신호를 주지 않아 아이들이 감정의 폭을 배우고 이해할 기회를 주지 않는다면, 이것은 성격 장애가 형성되는 데 큰 위험 요소로 작용할 수 있다.

과도한 개입이나 과잉보호 역시 아이들의 사회적, 정서적 발달을 저해할 수 있다. 부모로서는 이 둘 사이의 균형점을 찾아내기가 만만치 않은 것이 사실이다. 아이들은 자라면서 더 많은 자율권과 독립을 추구하면서도 여전히 부모나 양육자에게 많은 것을 의존한다.

아이들은 사회적 관계를 형성하는 법이나 자신의 감정을 표현하고 타인의 감정을 이해하는 법을 배우면서도, 한편으로는 내면세계와 외부 세계를 탐구하고, 나아가 신체, 정서, 심리 등 모든 면에서 더 많은 독립을 추구하게 된다. 이것은 수십 년의 시간이 필요하며, 사실상 평생 끝나지 않는 과정이다. 그러나 누구나 자신에게든 타인에게든 폐를 끼치지 않고 독립적으로 살아갈 수 있음을 이해하는 사람은 심리적으로 건강한 사람이다. 그것을 깨닫는 것은 오롯이 본인의 몫이다.

그러나 부모가 과잉보호, 과다 개입 등의 태도로 자녀들의 삶에 시시콜콜 간섭하거나 아이들에게 스스로 인간관계를 형성할 기회를 주지 않는다면, 그들은 자녀에게 여러 가지 어려움과 함께 장차 성격 장애가 찾아올 큰 위험을 안겨 주는 셈이다.

편집증적인 과잉보호 방식의 양육(루키아노프Lukianoff, 하이트Haidt, 2018년)은 아이들의 인지 기능을 다음 몇 가지 방식으로 왜곡할 위험을 안고 있다. 첫째, 긍정적인 면을 평가 절하한다. 즉, 부모와 아이들은 체계적이지 않거나 자율적으로 보내는 시간이 찾아오면, 그

속에 숨은 장점(신나는 재미, 문제 해결 기술, 회복력, 독립성 등)은 무시한 채 무조건 위험하다고만 생각한다. 둘째, 부정적인 면은 무조건 걸러낸다. 즉, 모든 것을 위험성의 기준으로 판단하고 안전과 편안함에만 우선순위를 부여한다. 셋째, 이분법적으로 사고한다. 다시 말해, 100퍼센트 안전하지 않으면 그 어떤 것도 위험이 너무 크다고 보는 것이다.

부모들의 이런 생각은 아이들에게도 고스란히 이어져서, 편집증적 신념(세상은 안전하지 못한 곳이고, 낯선 사람은 나에게 해를 미치며, 다른 사람이나 낯선 환경, 또는 새로운 상황은 믿을 수 없다)이나 의존적 신념(나는 내 한 몸도 건사할 수 없고, 독립은 무서운 일이며, 갈등을 감당할 수 없고, 실패라는 결과는 생각조차 할 수 없다)으로 발전할 위험이 있다.

물론 부모라고 항상 일관된 태도로 양육할 수는 없다. 양극단을 오가는 양육자도 허다하다. 때로는 과잉보호의 태도를 보이다가도, 아이들이 너무 의존하는 모습을 보이면 독립심을 키워주기 위해 반대쪽 극단으로 치닫기도 하는 것이 부모다. 부모의 이런 모순된 태도 역시 자녀들에게 청소년이나 성인이 된 후에 매우 복잡한 성격 장애를 일으키도록 하는 원인이 된다.

4. 감정적 학대

성격 장애를 지닌 사람들은 일반인에 비해 어린 시절에 심한 학대를 당한 비율이 높다. 물론 아동 학대를 당한 사람이라고 해서 모두 성격 장애를 앓는 것은 아니지만, 그들이 성격 장애를 겪을 위험이 큰 것만은 분명한 사실이다.

학대는 그 종류를 불문하고(성적, 감정적, 신체적) 한 사람의 사회적 관계에 대한 인식을 근본적으로 왜곡시키며, 그 사람으로부터 건강한 사회적 호혜 관계를 발전시킬 기회를 박탈한다. 아이들 역시 부모가 자신들에게 최선을 다해 행동한다고 생각하며, 어떤 나쁜 일이 일어나도 그것은 오로지 자신이 잘못해서 벌어진 일이라고 생각하게 된다. 물론 이는 전혀 사실이 아니지만 말이다. 따라서 이런 모순과 마음의 상처, 그에 따른 부정적인 감정과 기억 등은 사람들이 사회적 관계에 관해 이해하는 방식을 심각하게 왜곡할 수 있다(12장부터 14장에 걸쳐 더욱 자세히 설명한다).

5. 긍정적 관계: 보호 요인

감정과 행동에 장애나 이상 패턴이 발생하는 일을 줄이거나 예방해 줄 수 있는 긍정적 요소도 물론 존재한다. 어린 시절에 단 한 명의 어른과만 긍정적인 관계를 맺을 수 있어도 보호 요인이 될 수 있다. 친구나 교사, 가족, 그 밖의 누구라도 단 한 명만 강하고 긍정적인 관계를 맺는 사람이 있다면, 일종의 보호 요인으로 작용하여 가정 내 학대 환경이 장기간 계속되더라도 효과를 완화하는 역할을 할 수 있다(허프Huff, 2004년). 때로는 따뜻하고 친절하게 공감하는 태도를 보여 주는 단 한 명의 어른이라도 있다면, 다른 이에게 친절과 사랑을 베풀고 존중하는 사람이 얼마든지 있다는 모범이 될 수 있다. 어떤 사람들은 자라면서 가족이나 주변의 가까운 사람 중에 올바른 인간관계의 모범을 단 한 번도 보지 못했을 수도 있다. 역기능과 학대가 극심한 환경에 고립된 아이들은 자신이 지켜본 사람들의 성격을 그대로 따름으로써, 그런 가정 환경을 더욱 강화하기도 한다. 그러나 강력하고 긍정적인 역할 모델이나 친구가 한 명만 있어도 상황 파악하는 법이나 이해심을 어느 정도 깨우칠 수 있다(역기능 가정 환경은 아이들의 잘못도, 책임도 아니다). 아울러 가정 환경 내에서 생존하는 법을 배우는 것은 역기능 가정을 떠나 생존과 성공을 배우는 것과는 차이가 있다.

병적 체질-스트레스 모형

—

유전적으로 특정 질병이나 장애를 안게 될 위험이 큰 사람 중 증상을 보이는 사람이 있는 반면, 그렇지 않은 사람도 있는 이유는 무엇일까? 겉으로 보기에 완벽한 환경에서 성장했음에도 정신 건강에 어려움을 겪거나 성격 장애를 앓는 사람이 존재하는 이유는 무엇일까? 왜 똑같은 환경에서 자란 두 아이가 전혀 다른 성격을 보이는 것일까?

5장 성격 장애는 타고나는가, 발달하는가

성격 발달에 영향을 미치는 요소는 매우 복잡하고 광범위하며, 그 요소가 훨씬 나중에 성격 장애의 원인이 되는 일도 얼마든지 가능하다. 이 책에서 지금까지 유전적 요인과 함께 가정과 사회적 환경에도 위험 요소가 있다고 언급했다. 이러한 모든 요소는 수많은 사람마다 다양한 방식으로 축적되고 발현될 수 있다. 그뿐만 아니라 앞에서 긍정적인 사회 환경이 보호 요인으로 작용할 수 있다고 언급했듯이, 어린 시절에 심한 역경이나 학대를 겪은 사람이라고 해도 단 한 번 맺은 긍정적인 인간관계가 평생 영향을 끼칠 수도 있다.

병적 체질-스트레스 모형은 유전, 환경, 가정, 또는 사회적 위험 요소들이 주변 환경의 스트레스 요인과 어떻게 상호 작용하는지를 설명해 준다.

사람들은 대개 자신이 감당할 만한 스트레스를 받는 상황에서는 '전력을 다해' 노력하게 된다. 이런 상황은 인간관계나 재정, 일, 가정생활 등 모든 면에서 간신히라도 감당할 정도가 되는 상황을 말한다. 심지어 모든 일을 꽤 성공적으로 수행하거나 어려움을 극복해 내면서 문제를 즐기는 경지에 도달할 수도 있다. 그러다가 갑자기 위기가 닥친다. 그때까지 잘 감당해 왔고 심지어 즐기기까지 했던 모든 일이 너무나 버겁게 느껴진다. 그들은 한계에 내몰리게 되고, 이전에는 건전한 대처 방안이었던 방법이 갑자기 독이 되어 자신에게 돌아온다.

그러면 지금까지 균형 잡힌 것처럼 보였던 모든 일이 불안해지기 시작한다. 지금껏 인간관계만큼은 건전하게 유지해 온 줄 알았지만, 이제는 그마저 애타는 마음으로 늘 신경 쓰고 확인해야 하는 일이 되고 만다. 음주량도 적당한 선에서 자제해 왔지만, 이제는 툭하면 과음을 일삼게 된다. 건전한 상상력은 비현실적이고 산만한 몽상으로 변한다. 위험을 기꺼이 감수하는 건전한 삶의 태도는 쾌락주의와 자기 파괴적인 충동으로 변질한다. 혼자만의 시간도 지금까지는 적당하게 보내는 정도였지만, 이제는 아예 친구와 연락을 끊고 모든 관계를 단절하는 수준이 된다.

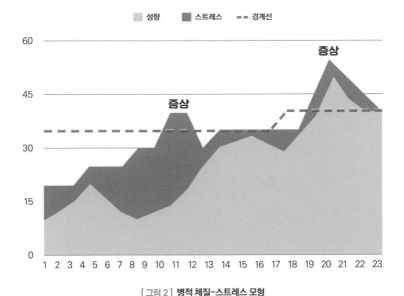

[그림 2] 병적 체질-스트레스 모형

이를 단지 어느 날 갑자기 멀쩡했던 신체나 정신에 이상이 찾아오거나 건전했던 성격에 장애가 오는 신호만으로 볼 수는 없다. 이

5장 성격 장애는 타고나는가, 발달하는가

것은 자연적, 유전적 성향과 위험 요소, 그리고 그동안 가까스로 감당해 온 스트레스가 축적되어 나타나는 증상이다.

여기에는 두 가지 중요한 의미가 내포되어 있다.

1. 때로는 다른 사람이나 자신이 그 경계선을 넘어서지 못하게 막아 내어 상황을 건전한 수준에서 잘 감당할 수도 있다.

2. 한번 경계선을 넘어 무너지면 모든 일을 원상태로 돌리기가 더 어려운 것이 사실이지만, 그렇다고 전혀 불가능한 것은 아니다. 예방 조치는 일찍 시작할수록 좋다.

이 개념은 건강 상태와 비교하면 더 쉽게 이해할 수 있다. 당뇨병이 좋은 예다. 누구나 당뇨에 걸릴 수 있지만, 애초에 당뇨 성향을 타고난 사람이 있다. 그래서 이들에게 적당한(혹은 잘못된) 환경과 상황, 또는 특정 위험 요소에 노출되도록 하면, 훨씬 더 그런 이상 증세가 발현할 가능성이 커진다는 의미이다.

사례 연구: 도널드 트럼프(Part 1)

—

트럼프에 관한 기록은 이미 많이 나와 있지만, 그중에서도 37명의 정신과 의사 및 정신 의학 전문가들이 평가한 내용이 2019년에 예일

대학교 정신과 의사 밴디 리_{Bandy Lee}가 집필한 책에 실려 있다. 2020년에 도널드의 조카이자 정신과 의사인 메리 트럼프_{Mary Trump}가 쓴 성격 분석적 전기이자 가족력 기록에도 트럼프 대통령의 성격 장애 발달 과정이 상세히 실려 있다.

이 사례는 앞으로도 이 책 전반에서 계속 언급될 텐데, 그 이유는 메리 자신의 유아기 성격 장애와 긴밀히 연관된 매우 흥미롭고도 적절한 사례이기 때문이다(2020년). 더구나 도널드의 행동에 관해 공개된 데이터가 상당히 많을 뿐만 아니라, 그 자신이 이미 10여 년에 걸쳐 소셜 미디어를 꾸준히 활용해 온 터라, 그의 기질과 행동을 자세히 들여다볼 수 있다는 점도 이 사례를 유용하게 살펴볼 만한 또 다른 이유다.

더욱 흥미로운 점은 메리(2020년)도 설명했듯이, 이 사례가 성인이 된 후에 접하게 되는 특정 환경이 성격 장애를 더 악화할 수 있음을 잘 보여 준다는 데 있다. 예컨대, 파괴적인 유형의 리더와 그에 영합하는 팔로워가 만나면, 21장에서 소개하는 독성 삼각형과 위협적인 환경 등의 요소가 그런 성격과 장애 효과에 악영향을 미쳐 더욱 파괴적인 양상을 불러일으킨다.

이 장에서는 성격 장애가 형성되는 데 영향을 끼치는 유아기 경험의 중요성을 이야기한다. 그리고 특정 패턴이 유아기 초기에 어떻게 형성되고 결정되며, 성인이 된 후에는 어떻게 일정한 행동 패턴으로 반복, 강화되는지 알아보는 방법을 다루기로 한다.

5장 성격 장애는 타고나는가, 발달하는가

● 유아기 발달

어린 시절 도널드의 성격이 형성되는 데에는 확실히 소시오패스Socio path(반사회적 성격 장애)에 가까웠던 군림형 성격의 아버지 프레드 트럼프Fred Trump와 그에게 사실상 별로 신경 쓰지 못했던 어머니 메리 트럼프Mary Trump의 영향이 크게 작용했다. 어머니가 그의 성격 발달에 무심했던 이유는, 한편으로는 신체적, 심리적 건강 문제도 있었지만, 당시 기준으로도(1940년대와 50년대) 엄격하다 못해 시대에 뒤떨어질 정도의 성 역할을 강요했던 가정 분위기 때문이기도 했다. 즉, 어머니는 거의 존재감이 없었고 아버지의 관심은 오로지 아들을 키우는 데 있었을 뿐, 딸들에게는 거의 눈길도 주지 않았다. 그는 살아 있는 동안 아들이 순종적인 봉건 성주가 되기를 원했고, 그가 죽은 후에는 가업을 이어받을 만한 후계자가 되기를 바랐다. 그는 귀족을 제거할 욕망이 없는 '살인자'가 필요했다. 그리고 그에게 필요한 아들은 무자비하게 칼을 휘두르되 아버지에게만 겨누지 않으면 되는 킬러였다. 그는 아들이 자신과 똑 닮은 모습으로 성장하기를 바랐다. 가정에서나 일터에서나 '철권을 휘두르는 독재자' 말이다(트럼프, 2020년, 34쪽).

불행히도 프레드는 아들들에게 그토록 큰 기대를 걸고 있었음에도 정작 아이들에게 별로 관심을 기울이지는 않았다. 메리의 기록에 따르면, 도널드는 '부모와의 의사소통을 통해 세상을 이해하는 데 도움이 될 만한 지혜를 거의 얻지 못했고, 그의 아버지는 어린 도널드에게서 인간으로서 누려야 할 폭넓은 감정을 경험하고 발달할 기회를 앗아가 버렸다'고 한다(43쪽). 프레드는 아들에게 필요한 감정을 전혀 드러내지 않았다. 그는 그런 모습은 약점을 드러내는 것일 뿐이며, 온화함이나 친절함 같은 감정을 드러내면 곧 굴욕을 당하게 된다고 생각했다.

　아이들은 누구나 부모가 온화하고 편안한 애정으로 대해 주기를 원한다. 하지만 도널드는 어머니로부터 한 번도 관심이나 온기를 받은 적이 없었고, 아버지로부터도 관심이나 주목을 받은 것이라고는 자신이 약점을 드러냈을 때 돌아오는 응징뿐이었다. 아버지는 어떤 종류의 감정적인 요구도 나약함과 굴욕의 표시일 뿐이라고 생각했다. 도널드는 어린 시절에 감정 발달이 턱없이 부족했기에 온전한 감정 반응을 형성할 기회가 전혀 없었다. 그리고 부모와 감정적 교류를 나눈 일도, 이른바 거울 반응 Mirroring 을 경험한 일도 거의 없었다. 결국, 그는 공감 능력을 형성할 수도 없었다(트럼프, 2020년).

　성격 장애를 유발하는 위험 요소라는 관점으로 보면, 도널드의 가정 환경에는 역기능과 감정적 학대의 성격이 있었음이 분명하다 (애정은 조금도 없이 오직 굴욕과 공격, 그리고 처벌의 성격을 띤 무시와 감정적 학대가 자주 일어났다는 점에서 그렇다). 프레드의 행동은 어떤 면에서도 '보호'라고는 볼 수 없었으나 아이들의 사생활에 과도하게 개입했고, 특히 아이들이 자신의 사업이나 기업, 유산을 지키는 데 도움이 되는가에만 관심을 기울였다. 프레드는 도널드의 성격을 이용하고 착취했다. 그것은 소시오패스들의 공통된 특징이기도 하다. 사람을 자신의 목적을 달성하는 데에만 이용하고, 쓸모없다고 생각되는 사람은 가차 없이 버리는 태도 말이다. 도널드 역시 그의 아버지처럼 반사회적 성격 장애의 구성 요소를 거의 모두 충족한다(트럼프, 2020년; 도즈Dodes, 2019년).

거울 반응이란 어떤 사람이 다른 사람의 행동을 무의식적으로 모방하는 것을 말한다. 이런 현상은 사람들이 일상생활에서 만나는 다른 이들의 비언어적 암시를 저절로 모방하면서 나오는 행동이다. 몸짓, 표정, 어조 등 상대방과 공감하거나 가까움을 표시하려는 모든 행동이 여기에 해당한다. 이것은 4장에서 설명한 사회적 학습 이론으로도 설명할 수 있다.

거울 반응은 특히 아이들의 사회 발달에서도 중요한 역할을 담당한다. 이것은 아이들이 주변 사람들과 상호 작용하는 법을 배우는 방식이며, 자아의식을 형성하는 데도 도움이 된다. 또 특정 상황에 어떤 감정과 반응을 내비쳐야 하는지를 배우는 데도 도움이 된다.

중요성: 거울 반응은 아이들의 공감 능력 발달에 도움이 된다. 타인의 감정을 모방하고 반영하는 행동은 상대방의 행동과 의도, 감정을 이해하는 신경 작용에 매우 중요한 역할을 차지한다. 거울 반

응과 공감 형성은 사람들이 평생에 걸쳐 건강한 사회관계를 맺고
유지하는 데 결정적인 역할을 담당한다.

● 학창 시절

도널드는 학창 생활에 여러 문제를 안고 있었다. 그가 가정에서 배웠던 생존 규칙은 학교라는 사회 환경에서 성공하는 데 필요한 규칙과 지독히도 어긋났었기 때문이다. 그가 부친으로부터 배운 인생의 교훈은 기본적으로, 어떤 상황에서든 승자는 오직 한 명이며 나머지는 모두 패자라는 것이었다. 도널드는 어떤 대가를 치르더라도 강인함을 내비쳐야 했다. 거짓말도 용인되었으며, 사과는 자신의 나약함을 드러내는, 결코 용납될 수 없는 행동이라고 배웠다(트럼프, 2020년). 이중의 어느 하나라도 어긋나서 결점을 보이면, 그 결과는 가혹한 공격과 굴욕으로 돌아오게 되었다.

이것은 애초에 문제의 싹이 될 수밖에 없었다. 왜냐하면, 아이들이 학교에서 꼭 배워야 하는 것은 다름 아니라, 다른 아이들의 장난감을 빼앗아서는 안 되고, 구타, 모욕, 기타 가혹한 행동도 해서는 안 되며, 정직하게 행동하고, 나쁜 행동을 저지르면 사과하는 것이기 때문이다. 도널드로서는 번번이 곤란을 겪을 수밖에 없었다. 모

5장 성격 장애는 타고나는가, 발달하는가

욕하기와 폭력, 거짓말 등이야말로 그가 아버지에게서 배운 사회적 자산이었기 때문이다. 그가 가정에서 배운 교훈은 아이가 학교에서 갖춰야 하는 태도와 정면으로 배치되는 것이었다. 도널드는 이 때문에 더욱 큰 긴장과 분노를 떠안게 되었지만, 그것이 그의 근본적인 불안함을 감추는 데 이용한 과시욕을 줄일 수는 없었다.

도널드는 다른 아이들을 거침없이 괴롭히고 공격했다. 그렇다고 그런 행동 때문에 집에서 제재받는 일은 전혀 없었다. 그의 부모 중 사실상 그의 행동을 책임지는 사람이 아무도 없기도 했지만, 사실은 프레드 트럼프가 도널드의 증오심과 공격성, 다른 사람의 규칙을 무시하는 태도 등을 좋아했고 부추기기까지 했기 때문이었다. 아들의 그런 행동은, 이 세상에 승자는 하나뿐이고 나머지 모두는 패자라는 자신의 세계관에 딱 들어맞는 것이었다. 이로 인해 도널드는, 규칙 따위는 지키지 않아도 되며, 비록 자신의 완고하고 호전적인 성격이 아직은 직접적인 보상으로 돌아오지 않지만, 그렇다고 나쁜 결과를 맞이하지도 않는다는 믿음을 가지게 되었다.

우리는 뒤에서 이 사례를 다시 살펴볼 것이다. 부정적이고 잘못된 성격이 대학 생활이나 사업에서 성공하는 데 실제로 어떤 도움을 주는지 살펴볼 때, 도널드의 대학 시절과 경력 초기의 사례를 들 것이다.

d@rk social

성격과 최적성의
연속체

밝은 성격의 어두운 면

건강한 기능이란 무엇일까? 건전한 성격이란 어떤 것일까? 물론 이런 질문은 과연 누구를 대상으로 어떤 맥락에서 던지느냐에 따라 대답이 달라질 것이다. 일과 관련해서라면, 직업이나 상황에 따라 다양한 특성의 최적 수준이 존재할 것이다. 완벽주의적 성향은 복잡하고 섬세한 일에 유용할 수는 있겠지만, 세부 사항에 지나치게 몰두하느라 큰 그림을 보지 못한다면 오히려 집중력이 흐트러질 수도 있다.

자존감은 또 다른 요소로, 적당한 수준이라면 도움이 될 수 있다. 지나친 자존감은 단기적으로는 힘이 될 수 있어도, 자신감이 실제 능력을 앞서기 시작하면 장기적으로는 문제를 일으킬 수 있다. 자신의 재능을 자랑하기 좋아하는 사람은 고용이나 승진 면에서 유리한 점이 있다. 그러나 실제 재능이나 실력이 그런 자랑에 미치지 못한다면, 머지않아 냉혹한 현실에 부딪히게 될 것이다. 이 장의 후반부에서 피터의 법칙Peter Principle을 소개할 때 이 내용을 다시 다룰 것이다.

1부에서 다룬 내용은 심리학의 일반 원리를 이해하기 위한 바탕이었고, 그중에서도 사회 심리학에 관한 내용을 집중적으로 살펴보았다. 사람의 성격을 형성하는 사회적, 환경적 요인과 그것이 학습과 행동에 미치는 영향, 나아가 그것이 한 사람을 잘못된 길로 이끌 수 있는 위험 등도 이야기했다.

2부에서는 좀 더 구체적으로 사람들의 성격과 속성이 환경과 상호 작용하여 성공이나 실패로 이어지는 과정, 그중에서도 직장 환경을 중심으로 한 내용을 집중적으로 살펴보기로 한다.

최적성 모델

—

가장 좋은 성격은 어떤 것일까? 올바른 성격적 특성이란 것이 존재할 수 있을까? 수치가 높은 것이 무조건 좋은 것으로 생각해서 성격 테스트를 마치 적성 검사처럼 취급하는 사람도 있다. 그러나 성격 테스트에서 높은 점수를 받는다고 해서, 그 사람이 꼭 적응력이 뛰어나다고 볼 수는 없다.

성실성이 이 문제에 관한 좋은 사례가 될 수 있다. 성실성 면에서 강한 특징을 보이는 사람들은 좀 더 체계적이고 목표 설정에 능하며, 내적 동기를 지니고 있고 장기적 계획에 따라 행동하는 경향이 크다. 이런 점은 모두 여러 분야의 직업에서 높은 평가를 받는 특성들이다. 그러나 여기서 생각할 점이 두 가지 있다.

첫째, 우수한 성실성이 최적의 효과를 발휘하는 상황은 물론 존재하고, 특히 일부 직종에서 그 효과가 두드러지는 것도 사실이지만, 최적의 효과를 발휘하는 영역은 저마다 다르다. 예를 들어, 어떤 회사가 CEO 정도의 최상위 직책을 모집한다고 하면 매우 특화된 최적 범위가 필요하겠지만, 똑같은 최적 범위가 다른 일자리나 사회적 상황에는 적용되지 않을 것이다.

기업의 이사진은 동기 부여가 강하고 체계적인 성격에, 세부 사항을 꼼꼼히 챙기는 사람이 회사를 운영하기에 적합하다고 생각할 것이다. 그러나 일을 떠나 세상에서 같이 시간을 보내고 싶은 사람을 선택하는 데도 같은 기준이 적용될 수 있을까? 아마 아닐 것이다. 높은 성과를 꾸준히 창출해야 하는 직책에 사람을 고용할 때는 그와 비슷한 수준의 성실성을 지닌 사람을 찾을 것이다. 그러나 일요일 오후에 느긋하게 함께 지내고 싶은 사람을 찾는다면, 그와 같은 인물이나 성격은 오히려 알맞지 않을 가능성이 크다.

둘째, 수치가 높다고 무조건 좋은 것이 아닐 수도 있다. 최적의 점수가 꼭 최고 점수는 아닐 수도 있는 것이다. 성실성이 좋은 예인 이유는, 지나친 성실성이 오히려 비생산적일 수 있기 때문이다. 체계적이고 계획성 있는 태도도 일상적인 상황에 가장 알맞은 수준이 있는 법이다. 하루 내내 계획 수립과 목록 작성, 목표 설정에만 시간을 보낸다면, 실제로 생산적인 성과는 아무것도 얻지 못할 것이다. 극단적인 완벽주의를 고집하는 사람은 자신과 타인이 하는 일을 너무나 비판적으로 보기 때문에 그 어떤 것에도 만족을 느끼지 못하고, 결국 아무것도 이룰 수 없다. 정상적인 성격 특징이 극단으로 치닫게 되면, 병적인 상태로 바뀔 수 있다.

● 일상의 행복과 관련된 최적 조건

최적의 기능이라는 것 역시 요구의 대상이 누구냐에 따라 달라진다. 정신 치료사의 눈에는 거의 모든 사람이 '정상' 범위에 드는 것으로 보일 것이다. 정상 범위에 속하는 사람은 누구나 어느 정도의 독립성과 스스로 돌볼 능력을 지니고 있으며, 장단기 목표를 수립하고 타인과 긍정적인 인간관계를 맺을 줄 안다. 그렇다고 모든 사람이 완벽하다는 말은 아니다. 누구나 동기 부여 문제로 며칠에서 몇 주씩 고민에 빠지거나, 장기적 진로와 생애 목표를 두고 씨름하는 시기가 있기 마련이다. 마찬가지로, 사람은 누구나 친구와 가족, 동료 등과 의견 차이나 논쟁을 겪는 일이 허다하다.

　인생에서 겪는 좋고 나쁜 일은 모두 심리적으로 '정상적인' 행동에 포함된다. 문제는 어떤 사람이 현실적인 목표를 세우려고 할 때마다 계속 문제가 발생한다든지, 평생 다른 사람과 친밀한 관계를 맺는 일에 서툴러서 늘 갈등만 겪게 되는 경우다. 이런 문제가 어디에서나 반복적으로 일어난다면, 아마도 성격 장애일 가능성이 크다. 평생 그 누구도 믿지 못할 만한 사연을 겪으며 살아온 사람 중에는 '나 말고 모든 사람이 다 문제'라는 식으로 말하는 이도 있다. 그런 사람이 안고 있는 문제는 사실 다른 사람이 아니라 자신의 가정에 있는 것일지도 모른다.

우리가 누군가를 건강하다고 말하거나 정신과 의사들이 '기능적'이라고 표현할 때는, 스스로 세상에 잘 적응하고 사회 집단 속에서 제 역할을 다하며, 기본적인 욕구를 충족하면서 살아간다는 것을 의미한다. 이렇게 말할 때, 우리는 그가 어떤 종류의 일을 하는지, 누구와 가깝게 어울리는지, 삶의 목표는 무엇인지, 취미는 무엇인지 등은 상관하지 않는다. 우리의 관심은 그저 그들이 자기 관리 능력이 어느 정도인지, 혹은 다른 사람과 잘 지내며 큰 손해나 걱정을 끼치지는 않는지 정도이다. 이 정도는 거의 모든 사람이 대체로 잘 해내는 능력이지만, 또 어떤 사람에게는 매일 힘겨운 사투를 벌이는 과제일 수도 있다.

이런 측면과 관련해 우리는 사람들의 기능적 수준을 4단계로 평가할 수 있다. 미국 심리학회The American Psychological Association, APA는 성격 기능(또는 잠재적 성격 장애)의 두 범주에 맞는 핵심 요소를 네 가지로 제시하고 있다(2013년).

1. 자아감

정체성

사람은 자신이 다른 사람과 구분되고, 관계나 집단과도 떨어진 별도의 존재로 이해한다. 사람은 자기 감정을 다른 사람과 다르다고 이해하며, 자기 생각과 감정이 다른 사람이 아니라 자기 내면에서 기원한 것으로 받아들인다. 또, 내면과 외부 세계를 구분하는 경계를 인식하며 자신의 역할이나 상황에 따라 적절한 경계를 유지할 줄 안다. 아울러 대체로 자신의 역량을 정확히 이해하며, 그에 걸맞은 수준의 자존감을 지닌다. 일정 수준의 감정을 이해하고 관리할 줄 안다.

자기 지향

자기 능력을 현실적으로 파악하고 현실적인 목표를 세운다. 자기 생각과 행동 사이의 차이를 이해하며, 상상 속에서 할 수 있다고 생각하는 것과 실제로 한 일 사이의 경계를 혼동하지도 않는다. 나아가 특정 환경에서 바람직한 행동 기준이 무엇인지 이해한다(간단한 과업에 대해서까지 사람들의 칭찬을 기대하지는 않으며, 자신이 불가능한 수준의 능력을 발휘할 수 있다고 기대하지도 않는다).

2. 건전한 관계

공감

다른 사람에게도 자신과 다른 각자의 경험과 동기가 있다는 점을 이해해야 한다. 다른 사람의 관점에 동의하지 않는다 하더라도 여전히 다른 이의 관점을 이해하고 존중할 수 있다. 무엇보다, 자기 행동이 다른 사람에게 영향을 미치며 모든 사람이 자기 행동에 똑같이 반응하지는 않는다는 점을 이해하는 것이 가장 중요하다.

친밀함

장기간에 걸쳐 자신과 상대방이 서로 만족하는 관계를 유지할 줄 안다. 서로를 보살펴 주는 친밀하고 호혜적인 관계를 추구한다. 특히 서로에게 유익한 활동과 관계를 추구하고, 건강한 관계에는 서로 주고받는 요소가 포함된다는 점을 이해하며, 다른 사람의 생각과 감정, 행동에 유연한 태도로 대처할 줄 안다.

위에서 설명한 기능 수준들은 매우 중요한 것으로, 앞으로도 이 책에 계속해서 등장하게 될 것이다. 앞의 사례를 이어서 설명하면, 성실성이 지나쳐서 강박성 성격 장애로 이어지는 경우를 종종 볼 수 있다. 강박성 성격 장애를 지닌 사람은 바로 이 네 가지 기능에 이상이 올 수 있고, 같은 강박증이라도 정상 범위에 드는 경우를 이 책에서는 '완벽주의 성격 유형'이라고 부른다.

| 지나친 성실성이 성격 장애로 이어지는 방식 |

정체성: 자신의 자아의식을 직장에서의 성공 또는 생산성과 완벽하게 연결한다. 일을 떠나서는 자신이 누구인지, 자신을 어떻게 표현해야 하는지조차 모른다.

자기 지향: 경직되고 비현실적인 목표로는 성공을 달성할 수 없다. 비현실적인 기대 때문에 과업을 완수하는 데 어려움을 겪는다.

공감: 다른 사람의 감정과 행동을 이해하거나 공감하는 데 서툴다. 다른 사람들이 일과 무관한 분야에서 누리는 성공이나 성취, 행복에서 어떠한 가치도 발견하지 못한다.

친밀함: 관계는 오로지 일과 생산성에만 종속된다. 완고하고 경직된 사고 때문에 다른 사람과의 관계가 원만하지 않다.

좀 더 깊이 들여다보면, 이런 여러 가지 기능 유형을 일반적인 면과 구체적인 면으로 나누어 생각해 볼 수 있다. 예를 들어, 건강한 관계라고 할 때, 사람들은 삶의 한두 가지 영역에서 긍정적이고 호혜적인 관계를 맺을 수 있다(일반적인 기능). 반면, 좀 더 구체적인 영역, 예컨대 직장 환경을 생각할 때 삶의 다른 분야에는 존재하지 않는 문제를 직장 내 인간관계에서는 겪을 수 있다. 이것은 매우 중요한 차이점이다. 왜냐하면, 누군가가 일반적으로는 긍정적인 인간관계를 맺고 유지할 수 있는데 특정 조건에서는 그렇지 못하다면, 그 특정 조건에 작용하는 상황적, 환경적 요인을 살펴보는 일이 중요하기 때문이다.

한 사람이 성격 장애를 안고 있을 때, 일반적으로는 그가 맺는 모든 인간관계에서 이런 패턴이 지속적이고 광범위하게 관찰된다. 자기애적 성격 장애(또는 확신 유형, 13장 참조)를 안고 있는 사람은 주로 다른 사람의 감정이나 필요를 제대로 인식하지 못한다. 다만, 다른 사람이 그의 자존감이나 자만심을 인정해 주는 경우를 제외하고 말이다. 강박성 성격 장애나 자기애적 성격 장애 등은 가정이나 직장, 혹은 어떤 환경에서든 결코 '잠시 꺼둘 수' 있는 것이 아니다. 그런 성격 장애는 모든 상황과 모든 인간관계에 다 배어 나온다.

한 사람의 일반적인 건강과 심리적 행복을 구체적인 직업이나 역할과 비교해서 생각해 볼 필요도 있다. '일반적인' 상황에서는 목표를 설정하거나 다른 사람과 교감하고 친밀한 관계를 맺는 일도 잘하면서 구체적인 업무에서는 전혀 그렇게 하지 못하는 사람이 있다. 이럴 때는 자신의 역량과 선호에 따라 특정 직업을 피하고 다른 일이나 역할을 선택해 보는 것도 전혀 잘못된 일이 아니다. 그러다

보면, 건강한 자아 인식이 싹틀 수 있다. 그러나 다른 일을 택하면 적당히 건강하고 만족스럽게 생활할 수 있는데도, 설득이나 자극, 아첨, 심지어 강압에 못 이겨 자신이 명확히 장애를 안고 있는 분야의 역할이나 직책을 맡게 되는 경우가 있다.

● 업무 성과와 관련된 최적 조건: 피터의 법칙

사람은 자신의 무능이 드러나는 수준까지만 승진할 수 있다. 이것이 바로 피터의 법칙 핵심 내용이다(피터Peter, 헐Hull, 1969년; 롭슨Robson, 2020년). 1940년대에 캐나다의 교사였던 로렌스 피터 Laurence J. Peter 는 주변에서 일어나는 모든 일이 잘못되어 간다는 것을 깨달았다. 그가 보기에는 주위의 모든 사람이 자신이 맡은 일에 실패하고, 탈선하며, 망쳐 놓는 것 같았다. 언론인이나 정치인, 공무원, 기업 근로자 등 누구나 마찬가지였다. 그야말로 무능이 사방에 널려 있었다.

1969년에 피터가 이런 현상에 관해 쓴 책은, 결국 베스트셀러가 되었다. 일반적으로, 사람들은 자신이 잘 해낼 것으로 기대되는 역할을 맡게 된다. 올바른 인물이(경험, 능력, 지능, 성격 등의 면에서) 올바른 직책에 선임되면, 그는 훌륭한 성과를 올리게 된다. 그리고 그가 자신이 맡은 직책을 잘 수행해 내면, 그 역할에서 훨씬 더 높은 성과를 올리는 법까지 배울 수 있다.

어떤 사람이 자신이 맡은 역할에서 뛰어난 성과를 충분히 오랫동안 보여 주면, 높은 잠재력을 지닌 인물로 평가받고 승진의 기회를 얻는다. 그렇게 얻은 다른 직업이나 승진한 직책에서도 계속해서 성공을 거두면서 경력의 사다리를 오르다 보면, 점점 더 힘들고 높은 수준의 숙련도가 필요하며, 더 많은 시간과 스트레스, 복잡성이 요구되는 일을 맡게 된다. 그러다가 마침내 사람들은 자신의 성공 역량을 넘어서는 직책으로 승진한다.

이 연구는 원래 기업이나 조직 내의 경력 진로를 통계적으로 연구한다는 목적으로 시작되었지만, 이를 통해 발견한 지혜와 연구의 바탕에 자리한 탄탄한 심리학적 원리는 지금까지도 유효하다.

피터의 법칙은 조직에서 뛰어난 성과를 올리는 전문가가 사람을 관리하는 직책으로 승진할 때 발생하는 문제를 탁월하게 설명한다. 무슨 이유에서인지, 뛰어난 성과를 보여 주는 전문 기능인은 관리자의 역할도 훌륭히 해낼 것이라는 생각이 많은 조직에 자리 잡고 있다. 그러나 많은 직업 현장에서 사람들은 특수한 기술을 배우기 위해 엄청난 노력을 기울이고, 자기에게 주어진 일을 완전히 터득하기 위해 오랜 세월에 걸쳐 시간과 에너지를 바친다. 그런데 많은 조직에서 승진이란, 해당 역할을 효과적으로 수행해 낼 사람을 찾는 일이라기보다는, 기존에 훌륭한 성과를 보여 온 사람에 대한 보상의 성격이 더 큰 것이 현실이다.

전문가나 기술자들이라고 해서 모두 자신의 전문적인 기술을 전혀 다른 업무에 적용할 의지나 능력, 역량을 지니고 있지는 않다. 사람을 관리하는 일은 기술직이나 전문직과는 성격이 전혀 다르다.

6장 밝은 성격의 어두운 면

인사 관리자가 밟은 경력상의 진로는 특정한 업무를 숙련하는 과정과 근본적으로 다를 수밖에 없다(맥레이, 펀햄Furnham, 2018년). 결국, 사람들이 자신의 역량에 걸맞지 않은 직책으로 승진하는 사례가 많이 나오게 된다. 따라서 과연 성공의 기준이 무엇인지, 또 사람마다 지닌 기술, 지식, 지능, 성격, 또는 기타 적합한 요소가 무엇인지 파악하는 것이 중요하다.

사례 연구: 도널드 트럼프의 성년 초기(Part 2)

—

트럼프에 관한 사례 연구, 그중에서도 성년 초반에 접어들어 비교적 독립을 얻은 시기의 사례가 특히 흥미를 끄는 이유는, 어린 시절에 형성된 장애 대처 과정과 생존 전략이 성인이 된 후에도 그대로 남아 있는 사례이기 때문이다.

이 사례가 특히 더 흥미 있는 이유는, 어린 시절에 형성하는 환경 대처 전략은 주로 가정생활이나 가족이라는 울타리 안에서 유효하거나, 자신이 사는 환경 내에서만 얻을 가능성이 크기 때문이다. 건강하고 행복하며 자신을 지지해 주는 가정 환경에서 자란 아이는 더 넓은 세상에 나가서도 똑같은 대접을 받을 수 있다고 생각한다. 그러나 세상은 무서운 곳이어서 자신의 심리적, 신체적 행복이 늘 위협당한다고 배운 아이들은 그에 맞는 대처 전략을 취하기 마련이다. 그리고 가정에서 충격적인 경험이나 학대를 당했다고 해도 대부분은(라이브슬리, 2003년) 외부 세계에 대해 건전한 적응 전략을 발달시키는 편이다. 거의 모든 아이는 세상에 나가 적응하는 법과, 친구, 교사, 동료 등과 긍정적인 사회관계를 맺는 법을 배우게 된다. 물론 누구나 한 번쯤은 거짓말이나 절도, 속임수, 협박 등을 저지르기도 하고, 그 대가를 치러야만 할 때도 있다. 그러면서 아이들은 이런 행동이 용납되지도 않고 보상받을 수도 없다는 중요한 교훈을 일찌감치 배우게 된다. 그러나 그런 기회를 얻지 못하는 아이들도 있다. 트럼프의 사례가 흥미로운 이유는 바로 이 대목이다.

트럼프의 어린 시절은 부모로부터 받는 거절과 무시로 점철되었고, 이따금 벌어지는 폭언과 만용에 관한 보상이나 인정이 있었을 뿐이다. 도널드의 아버지는 확실히 부동산 업계의 거물로, 주변에서 다들 '킬러'라고 부르는 사람이었다. 그는 사업을 일구고 이윤을 극대화하며, 권력과 영향력을 지닌 사람들과의 관계를 이용하면서 다른 사람들에게 미칠 결과는 거의 관심 두지 않았고, 오롯이 출세에만 집착했다.

그러나 도널드의 부친 프레드 트럼프는 1905년생으로, 그 시대의 일반적인 가치와 문화에 따라 성장한 사람이었다. 그는 오직 사업 수완과 거침없는 추진력을 지녔을 뿐, 인간적인 매력이나 카리스마를 지닌 인물은 아니었다. 그는 공격성과 잔인함을 동원하여 가정에서 무소불위의 독재를 휘둘렀고, 직업 현장에서는 그것으로 원하는 것을 얻거나 다른 사람을 지배했다.

도널드는 사업에 뛰어난 소질이 있었다거나(트럼프, 2020년), 학교생활에서 남달리 두드러지는 모습을 보여 주지는 못했다. 그러나 도널드에게서 한 가지 눈에 띄는 점이 있었다면, 자신의 매력과 장점을 돋보이게 하는 말솜씨였다. 아버지 프레드도 그의 이런 점을 높이 샀다. 도널드의 이런 능력뿐만 아니라 인정 욕구가 그의 발전에 도움이 된다는 것을 깨달은 프레드는 기꺼이 도널드의 허세를 뒷받침해 주었다. 이를 위해 프레드는 엄청난 돈을 써야 했지만, 도널드는 믿음이 가지 않고 돈 관리에도 서투른 사람이었다. 그러나 도널드가 사람들의 주목을 받으며 트럼프가의 명성과 사업을 홍보하는 동안, 프레드는 묵묵히 사업을 운영하는 것만으로도 만족했다.

도널드의 자기 홍보 능력과 끊임없는 마케팅, 대중 앞에서의 연기, 뉴욕 언론을 휘어잡는 능력 등은 완벽한 기회를 제공했다. 프레드는 도널드라는 마스코트를 앞세웠고, 도널드는 자수성가한 기업가로서의 연기를 완벽히 수행해 냈다(물론 그의 수입은 순전히 아버지의 사업에서 나왔다). 도널드의 성인 발달기에서 흥미롭게 볼 만한 점은, 그가 성인이 된 후 부끄러움 없는 자기 자랑을 통해 언론과 아버지의 주목을 한몸에 받을 수 있다는 것을 배웠다는 것이다. 도널드가 트럼프가의 명성을 언론에 널리 알릴수록, 아버지는 아들이 이뤄 놓은 일을 마음 놓고 이용할 수 있었다.

그러나 문제는 도널드 자신도 유력자들의 환심을 사고, 트럼프 제국의 핵심 인사로 자리매김하는 법을 배웠다는 것이다. 그는 약속을 남발했고, 사람들에게 프로젝트를 할당해 주었으며, 자신이 직접 모든 일에 관여하여 사람들을 옴짝달싹 못 하게 했다. 그렇게

함으로써, 그 모든 일이 실패하면 엄청난 대가를 치러야 하고 관련 당사자들이 모두 난처하게 될 상황을 만들었다. 그는 자신과 다른 사람들의 평판을 위태로운 지경에 몰아넣음으로써, 사업에 실패할 때 떠안게 될 대가가 가장 나쁜 충동과 욕망을 순순히 따를 때 닥칠 위험보다 훨씬 더 크다는 인식을 하게 되었다.

1980년대에 경제 위기가 닥쳤을 때, 이미 도널드는 트럼프가의 사업에 워낙 깊숙이 관여하고 있었기 때문에 그를 배제한다는 것은 도저히 불가능한 상황이었다. 즉, 프레드 자신조차 아들의 무능과 분리되거나 거리를 둘 수 없는 지경이었다는 것이다. 그랬다가는 너무나 심각한 결과가 빚어지고 그 영향도 일파만파 번져갈 수밖에 없었으므로, 도널드가 내부에 남아 피해를 계속 관리해 나가도록 할 수밖에 없었다(나중에 그의 채권자들도 마찬가지 상황에 봉착했다. 그들은 너무나 깊이 관여했고, 도널드가 안게 된 부채 규모도 워낙 컸기 때문에, 도널드가 파산할 때 닥치게 될 어마어마한 결과를 도저히 감당할 수 없을 지경에 이르렀다). 미국의 기업가 진 폴 게티Jean Paul Getty가 한 유명한 말이 있다. "만약 내가 은행에 100달러를 빚지고 있다면, 내가 곤란해진다. 그러나 그 돈이 1억 달러가 되면, 난처한 쪽은 은행이 된다." 당시 도이체방크Deutsche Bank가 도널드에게 제공한 융자 총액은 무려 20억 달러였다(엔리치Enrich, 2019년).

도널드는 도박판과도 같은 자신의 사업에서 실제로 돈 버는 법을 배운 적은 없지만, 다른 도박꾼들의 실수를 이용하는 데에는 뛰어난 솜씨를 보여 주었다. 이른바, 매몰 비용 오류라는 실수 말이다.

6장 밝은 성격의 어두운 면

매몰 비용 오류란, 사람들이 수익성이 형편없는 사업에 이미 상당한 액수를 투자했을 때, '너무 많은 돈을 투자해서 도저히 빠져나갈 수 없어'라고 생각하는 태도를 말한다.

도널드의 세력권에 걸려든 많은 사람이 이런 문제를 안고 있었다. 그에게 한번 가까이 다가갔다가는 누구나 실패의 대가를 감당할 수 없을 정도로 일이 커져 버렸다. 그는 환심을 사거나, 일을 꾸며 대거나, 심지어 협박을 동원해서라도 사람들을 비즈니스 관계로 끌어들였다. 그러나 트럼프와 사이가 틀어지는 데 따른 나쁜 결과는 그에게 원하는 것을 안겨 주는 것보다 훨씬 더 크게 보였다. 그러다가도, 더 이상 쓸모가 없어진 사람들은 가차 없이 그의 관심 밖으로 밀려났다. 반대로, 자신을 무시하는 사람들은 지배하거나 파괴하려고 들었다.

흔히 알려진 것과는 달리 도널드는 평생 이런 실패의 위험을 안고 살아왔다. 19장에서는 이 사례의 마지막 부분을 다룬다.

7장

어두운 성격의 밝은 면

성격은 연속체로 존재하지만, 그 연속선상에서 미묘하게 변화하는 측면도 있다. 연속체의 한쪽은 '좋은 면', 다른 쪽은 '나쁜 면'이라는 식으로 간단한 문제가 아니다. 어떤 사람이 삶의 한 분야에서 장애를 보인다고 해도, 똑같은 성격이 다른 분야에서는 굉장히 잘 적응하는 요소가 될 수도 있다. 5장에서 살펴봤듯이, 부모를 상대로 형성된 대처 전략이나 관계가 가정에서는 매우 효과적이었지만, 넓은 세상에 나가서는 전혀 부적합하거나 쓸모없을 수도 있다. 친구 또는 연인에게 효과적이었던 행동이 직장에서는 제대로 효과를 발휘하지 못하기도 한다.

사람들은 보통 평소와 다른 환경이나 사람들을 상대로도 자신의 전략이나 행동을 잘 적응해 나가는 편이다. 또, 그것이 다양한 환경에 적응하는 건강한 방법이기도 하다. 그러나 성격 장애의 뚜렷한 특징 중 하나는 바로 경직된 사고와 행동 때문에 환경에 제대로 적응하지 못하는 것이다.

일부 성격 장애에서는 이것이 문제와 갈등을 일으키는 요소가 될 수 있다. 주변의 모든 사람을 공격적이고 이기적인 태도로 대하며, 사사건건 대립하는 성격 장애를 안고 있는 사람들은 그 누구와도 친밀한 관계를 형성하고 유지하기 어렵다.

그러나 직장이나 인간관계, 교우 관계 등에서 꽤 잘 적응하는 성격 유형을 지닌 사람도 많다. 항상 고개를 푹 숙인 채 맡은 일만 열심히 할 뿐, 남의 눈에 띄기를 싫어하는 사람을 본 적이 있을 것이다. 그런 사람은 여러 분야에서 매우 소중한 직원이 되기에 충분하다. 갈등을 빚기를 극도로 싫어하는 사람은 어떨까? 그들은 중재자나 가교 역할에 어울린다. 그들은 뛰어난 업무 능력이나 공격적인 추진력을 보여 주지는 못할 수도 있지만, 사람이나 집단을 서로 사이좋게 연결해 주는 데는 중요한 역할을 할 수 있다. 자신이 맡은 일만 끝내고 싶을 뿐, 동료들에 관해서는 별 관심이 없는 사람은 어떨까? 그런 사람이 제대로 할 수 없는 역할도 물론 있겠지만, 적합한 직책을 맡는 한 매우 행복하고 효과적으로 일할 수 있을 것이다.

성격 유형의 밝은 면

—

성격 장애가 성격상의 부적응을 의미하는 것이라면, 성격 유형은 부적응과 적응 사이의 어느 지점을 이른다. 성격 유형은 다양한 강도로 발현되지만, 적응성 여부는 환경에 따라 달라진다. 다양한 성격 유형을 지닌 사람들이 어떻게 일하고 얼마나 성공적인지는 복잡하고 미묘한 특성을 띤다. 그들도 일정한 어려움을 겪을 수 있지만, 그 성격에는 항상 밝은 면이 존재한다(올덤Oldham, 모리스Morris, 1995년). 모든 물체에 그림자가 드리우듯이, 모든 그림자에는 밝은 빛도 들어 있다.

7장에서는 여러 가지 성격 유형을 좀 더 자세히 살펴본다. 이 유형들은 나중에 다른 장에서 더 깊이 다루게 된다. 다음 장에서 다룰 내용을 위해 이 장에서는 이런 성격 유형의 긍정적 요소를 강조함으로써 어떤 경우에 최적의 기능을 발휘하는지 알아보기로 한다(물론 어두운 면이 있다는 점을 잊어서는 안 된다). 이 장에서는 성격 장애를 보는 시각을 바꾸어, 여러 가지 성격 유형이 언제, 어떻게 유용한지 살펴본다.

A 성격군

—

● 조심성 강한 성격 유형

항상 위협 요소를 경계하는 사람들이 있다. 그들은 지나칠 정도로 주변을 살피며 어떤 일이 일어나는지 계속 신경 쓴다. 그들은 다른 사람이 자신을 어떻게 보는지에 예민한 편이며, 타인과의 만남이나 관계를 생각하는 데 많은 시간을 쓴다.

그들은 주변 환경과 사람을 많이 의식하므로, 대화나 비언어적 신호에서 미묘한 의미를 포착해 내는 데 능하다. 또, 다른 사람의 비판에 민감하고, 상대가 자신을 어떻게 생각하고 말하는지를 늘 걱정한다. 유난히 경계심이 발달한 동료와 일해 본 사람이라면, 그들의 예민함과 주의력, 뛰어난 관찰력 등이 적재적소에 쓰일 때 큰 효과를 발휘한다는 것을 안다. 그러나 그들의 업무 특성은 그들이 어떤 인간관계를 맺느냐에 크게 좌우된다. 그들은 전적으로 신뢰할 수 있는 사람이 아니면 협력하는 데 어려움을 겪는다.

그들은 역시 경계심이 유별나므로 모욕이나 비판에(실제든 상상이든) 극도로 민감할 수 있다. 그들은 남들이 자신을 어떻게 생각하는지 걱정하느라 많은 시간을 소모하고, 직장에서 동료들과 가까운 관계를 맺는 일을 포기하면서까지 자신의 독립성을 지키려고 한다.

▪ 조심성 강한 성격 유형의 동료와 함께 일하는 법

사람은 누구나 다른 사람의 동기와 의도에 대해 어느 정도 의심하거나 적어도 궁금해 한다. 낯선 사람을 꺼리거나 경계하는 것은 지극히 정상적인 태도다. 그러나 이미 타인을 극도로 의심하는 사람의 경우, 스트레스 지수가 높아지면 비정상적인 수준의 피해망상에 쉽게 빠질 위험이 있다.

조심성이 많은 동료는 사람을 믿는 데 시간이 오래 걸린다. 그들은 다른 사람에게 마음을 여는 데는 매우 느리고, 상대에게서 조금이라도 위협을 느끼면 재빨리 마음의 문을 닫아 버린다. 그들의 신뢰를 얻기는 매우 힘들지만 잃기는 쉬우므로, 그들을 심하게 재촉하지 말고 그들도 긍정적인 관계를 맺을 수 있다는 점을 이해하는 것이 좋다. 그들의 방어적인 태도가 마음에 안 들 수도 있지만, 그것도 결국 자신을 지키려는 열망과 걱정에서 나온 것이다. 그들은 다른 사람을 너무 가까이하거나 지나치게 양보하다가 분별력을 잃어 버리게 될 것을 두려워하는 것이다.

그들은 권력 구조의 미묘한 변화에 대단히 민감하고, 다른 사람들과 긍정적인 관계를 맺는 것에 진정한 감사와 존경의 마음을 느낄 수도 있다. 그들은 다가가기 힘들고 차갑게 느껴질 수도 있지만, 내면에는 대단히 복잡한 감정을 지니고 있으며, 그것은 주로 걱정과 두려움 때문인 경우가 많다.

그러나 주변 사람들이 모두 믿을 만하고 자신을 지지해 주는 분위기 속

7장 어두운 성격의 밝은 면

에 있을 때, 그들이 지닌 꼼꼼한 주의력과 다른 사람이 간과하기 쉬운 인간관계의 미묘한 신호를 읽어 내는 능력은 크나큰 자산이 될 수 있다.

● 고독한 성격 유형

이것은 이 장에서 설명하는 다른 유형과 뚜렷이 대조되는 흥미로운 성격 유형이다. 다른 성격 유형이 모두 타인을 지배하고, 영향을 미치며, 호감을 사고, 애착을 보이는 등 매우 외향적인 데 비해, 고독한 성격 유형은 훨씬 더 내면 지향적인 성격이라고 할 수 있다. 그들은 내면의 가치를 추구하고, 자신의 목적에 집중하기를 좋아하는 편이다. 그런데 그들은 주로 스스로 완수할 수 있는 수준으로 그 목적을 정하는 경향이 있다.

조심성, 예민함, 의존성 등의 유형이 다른 사람들에 관해 걱정하거나 양면적인 감정을 보이는 것과 달리, 고독 유형은 아예 타인에게 관심을 두지 않는다. 그들은 혼자 있는 것이 가장 편안하다고 생각하며 고독한 상황에 만족한다. 식당이나 영화관, 극장 등에 혼자 가기를 꺼리는 사람도 있지만, 고독 유형의 성격을 지닌 사람은 혼자 이런 일을 하는 것이 아무렇지도 않다.

그들은 자신감이 강한 편이므로, 자신만의 방식으로 일할 때 옆에서 코치해 주는 것은 그리 쉬운 일이 아니다. 그리고 다른 사람들의 비판이나 조언을 쉽게 받아들이기도 하지만, 한편으로는 그런 말에 쉽게 마음이 흔들리지도 않는다. 그들은 사람들과 어울려 지내는 일에 썩 익숙하지도 않고, 주위에서 뭐라고 하든 상관하지 않는다. 그리고 자기 방식대로 일하는 편이지만, 달리 말하면 쉽사리 산만해지거나 의욕을 잃는 법 없이 뛰어난 집중력을 발휘하여 일에 몰두하는 사람이라는 뜻도 된다. 그들은 한번 목표를 설정하면 내면에서 강력한 의욕과 집중력을 발휘하므로, 웬만해서는 목표를 달성하려는 의지를 굽히지 않는다.

그들의 이런 특성은 적절한 환경이 조성되면 뛰어난 성과로 이어지지만, 한편으로는 모든 일을 혼자서 독립적으로 하려는 경향을 보인다. 다른 사람과 어울리는 데 어려움을 겪을 수 있으므로, 매우 높은 사회성이 필요하거나 다른 사람에게 영향을 끼쳐야 하는 역할, 즉 리더십을 발휘해야 하는 직무 역할은 적합하지 않다. 다른 사람과 피드백을 주고받을 때는 대단히 직설적이고 정직한 편이지만, 요령이 부족할 가능성도 크다.

■ 고독한 성격 유형의 동료와 함께 일하는 법

사람들은 대체로 고독 유형의 사람들과 함께 지내는 데는 아무런 문제가 없지만, 서로 깊이 알아 가기는 어려울 수가 있다. 그들은 자신이 맡은 일에 집중하고 높은 기준을 고수하여 주변의 기대에 부응하는 훌륭한 동료일 수 있다. 그러나 한편으로는 쓸데없는 말이나 가십을 삼가고 직장 내 정치에 아무런 관심을 보이지 않을 것이다. 그들과 좋은 관계를 맺고 싶다면, 그들에게 일정한 자기 공간이 필요하다는 사실을 이해해야 한다. 물론 그들과도 관계를 맺을 수 있지만, 관계가 형성되는 속도나 강도, 규모 면에서 쌍방이 늘 똑같지 않을 수 있다(특히 자신감, 극적, 이타적 등의 성격 유형을 지닌 동료와 그럴 수 있다).

이들은 과장된 몸짓이나 극적인 발언을 좀처럼 하지 않고 열렬한 관계를 맺는 일도 거의 없다. 일의 진도가 다소 느릴 수도 있고, 관심이나 애착을 보일 때도 비교적 눈에 띄지 않게 미묘한 방식을 사용한다. 그들의 그런 미묘하면서도 중요한 제스처를 제대로 파악하려면, 상당한 고민과 주의가 필요할 수도 있다.

업무 현장에서는 논리적으로 호소하는 것이 감정적인 설득보다 훨씬 더 큰 효과를 발휘한다. 그들은 사람에게 너무 매달리거나 변덕이 심한 사람, 또는 지나치게 감정적이라고 생각하는 사람과 협력하는 데 어려움을 겪는다. 그들과 긍정적인 관계를 형성하기 위해서는 어느 정도 공통 관심사가 필요하고, 여기에 건전한 수준의 독립성을 보장해 주어야 한다. 그들은 혼자 지내는 시간을 좋아하기 때문에, 그런 독립적인 모습을 나를 향한 개인적인 모욕으로 오해하면 안 된다.

● 파격적 성격 유형

자신만의 독특한 방식대로 살아가는 사람이 있다. 그들의 생각은 대다수 사람과 확실히 다르며, 수많은 사람 가운데서도 분명히 눈에 띈다. 그들도 그런 사실을 잘 알고, 심지어 즐기기도 한다. 그들의 접근 방식은 괴팍하거나 파격적일 뿐만 아니라, 심지어 이상하게 보일 수도 있다. 그러나 그들을 좋아하는 사람은 바로 이런 점에 자석처럼 끌리게 된다. 그들의 독특한 방식과 스타일은 흥미롭고 이채로워서, 그들 곁에 있으면 늘 즐겁게 지낼 수 있다.

그들은 자신의 이런 차별성을 충분히 활용하여 자신만의 세계관과 삶의 방식에 따라 일한다. 다른 이들의 눈에는 평범해 보이는 것도 그들의 시각으로 보면 매우 다채롭고 강렬하며, 때로는 신기한 면모가 드러난다. 그들이 다른 사람을 위해 이런 방식을 바꾸거나 양보하는 일은 거의 없다.

그들은 추상적이거나 창의적인 사고에 능하고 예술, 또는 창의적인 유형의 일에 끌리는 편이다. 이런 점은 다른 사람과 협력할 때 도움이 될 수도 있지만, 한편으로는 주의가 산만해지거나 딴 길로 접어드는 수가 있다. 즉, 그들은 한 가지 일에 집중력을 발휘하거나 다른 사람과 똑같은 방식으로 일하는 데 서투른 경향이 있다. 자신의 세계관과 맞지 않는 일에는 쉽게 지루함을 느끼고 좌절할 가능성도 크다. 그들은 다른 사람들이 자신의 이런 기벽을 인정해 주는 직장이나 환경을 만나면 뛰어난 성과를 올릴 수 있지만, 그러기 위해서는 자신도 그런 환경에 적응하고, 상호 존중의 원리에 따른 관계 형성을 위해 노력해야 한다.

7장 어두운 성격의 밝은 면

■ 파격적 성격 유형의 동료와 함께 일하는 법

이런 성격 유형을 지닌 사람들에 대해 알아야 할 사실은, 그들이 매우 독특한 존재이고 그들도 그 점에 자부심을 느끼고 있으며, 앞으로도 성격이 바뀔 가능성이 별로 없다는 점이다. 그들은 만약 자신의 가장 중요한 신념이 도전을 맞이하는 상황이 오면, 그런 생각이나 방식을 바꾸는 것이 아니라 그런 도전에 맞서거나 아예 관계를 끊는 쪽을 선택할 가능성이 크다. 그러나 강력한 인간관계를 구축할 수 있다면, 같은 팀 내의 좀 더 실용적이고 현실적인 사람들의 도움에 힘입어 매우 훌륭한 팀원으로 활약할 수 있다.

그들은 뛰어난 아이디어를 내면서도, 한편으로는 좀 더 현실적인 책임을 망각할 수도 있다. 따라서 그들이 일상적인 관리 업무를 처리하기 위해서는 주변 사람들의 도움이 좀 필요하다. 그들은 아마도 수많은 일에 관심을 보일 것이므로 그 다양한 관점을 충분히 받아들이되, 그들이 바뀌기를 기대하는 것은 현명하지 못한 일이라고 볼 수 있다.

B 성격군

—

● 공격적 성격 유형

걱정도 별로 없고, 역경이 닥쳐와도 두려워하지 않으며, 인생과 사업이 벼랑 끝에 서는 상황도 기꺼이 즐기며 살아가는 사람들이 있다. 그들은 도전을 만나면, 오히려 샘솟는 의욕으로 경력과 사업을 꿋꿋이 이어 나간다. 그들은 혁신적인 아이디어를 풍부하게 지녔고, 주변 환경을 약진의 발판으로 삼으며, 압박에 처하면 오히려 더 훌륭한 성과를 낼 수도 있다. 위기를 맞이하면 조바심을 내는 사람도 있지만, 이런 사람들은 역경을 맞이하면 단지 살아남기 위해서가 아니라 오히려 더 큰 성공을 거두기 위해 의욕적으로 행동한다.

이런 성격 유형은 사업에서 매우 매력적으로 보일 수 있다. 위험을 감수하고 모험을 즐기는 그들의 태도는 다른 사람에게도 그들의 뒤를 기꺼이 따르려는 동기를 제공한다. 그들이 만약 다른 사람들과 성공의 열매를 함께 나눈다면, 주변 사람들의 충성과 존경을 한 몸에 얻게 될 것이다. 그들은 다른 사람들을 설득하고 영향력을 발휘하며 남에게 일을 위임하는 데 능하다.

그들이 만약 별로 달갑지 않은 충동을 조금만 누그러뜨려 팀과 회사의 이익으로 승화시킬 수만 있다면, 리더로서 큰 성공을 거둘 수 있을 것이다. 그러나 간혹 그들은 자신의 잇속만 차리려고 모험을 즐기는 태도를 보였다는 사실을 열정과 허세로 감추고는 한다. 게다가 그들의 추진력과 매력이 많은 사람에게 영감을 주기도 하지만, 간혹 일 처리가 꼼꼼하지 못한 면도 보인다. 즉, 그들에게는 프로젝트를 실천하고 운영하여 끝까지 마무리해 줄 다른 사람이 꼭 필요하다. 결국, 이런 사람들이 빛을 보기 위해서는 그 주변에 유능한 팀이 구성되어야 한다. 그런데 그들의 직감이 항상 건설적인 것만은 아니어서, 결국 말썽이나 불안을 일으키게 될 수도 있다. 그들은 간혹 권태를 느낄 때면 경쟁자를 공격하거나 시장을 교란하기 위해 자신이 속한 팀 내에서 분란을 일으키기도 한다. 거리낌도 후회도 없는 그들의 태도는 밝은 면뿐만 아니라 매우 어두운 면까지 안고 있다고 봐야 한다.

이런 성격이 극단으로 치달으면 짓궂은 장난은 범죄가 되고, 허세는 괴롭힘으로 발전하며, 만약 원하는 것을 얻지 못하면 자신의 앞을 가로막는 어떤 규칙도 기꺼이 무시하는 태도를 보인다. 이들은 장난꾸러기부터 사이코패스에 이르는 폭넓은 스펙트럼을 보인다. 그러나 어떤 경우든 이런 성격을 지닌 사람은 꾸준히 지켜볼 필요가 있다(그리고 경계해야 한다).

■ 공격적 성격 유형의 동료와 함께 일하는 법

이런 성격 유형의 동료는 매력적이고 흥미진진한 면도 있지만, 먼저 자신의 가치와 도덕을 분명히 인식하고 그들에게 휘둘리지 않도록 조심해야 한다. 그들이 하는 말을 주의 깊게 듣고 자신의 결정과 행동에 책임을 지도록 해야 한다. 그들은 물론 뛰어난 아이디어와 대담한 전략을 내놓겠지만, 구체적인 내용을 꼼꼼히 살펴야 하고 팀 내에 단 한두 명이라도 세부 사항을 챙기는 사람이 있어야 한다. 그들은 어쩌면 구체적인 규칙이나 규정은 아랑곳하지 않고 거창한 전략만 생각하는지도 모른다. 그런 점을 꼭 확인하고 감시해야 한다.

이런 성격의 사람과 함께 일하기 위해서는 건전한 수준의 자존심과 자아의식도 겸비해야 한다. 그들은 타인의 필요에 다소 둔감한 편이므로, 이들과 일할 때는 나에게도 행복과 도덕적 가치, 그리고 일과 삶의 균형 등이 필요하다는 점을 적극적으로 알려야 한다. 공격적 성향을 지닌 사람들은 스스로 워낙 강하게 독려하느라 자신과 주변 사람의 안위를 돌보지 않는 경향이 있다. 그들에게는 자신의 비전을 실천하는 주변 사람의 행복보다 그 거대한 야망이 훨씬 더 중요하다. 냉철하게 현실과 자기 자신을 직시하고, 그들을 바꾸려 들지 않되, 그들이 부당하게 나를 간섭하게 내버려 두지도 않아야 한다.

● 충동적 성격 유형

새로운 친구, 새로운 관계, 그리고 새로운 아이디어 등 흥미롭고 전염성 강한 것에 열광하는 성격 유형이 있다. 이런 성격 유형은 최고와 최악의 감정을 모두 경험한다. 좋은 감정은 더 좋게, 나쁜 감정은 더 나쁘게, 충동적인 사람은 감정의 양쪽 극단 모두를 매우 강렬하고 열정적으로 경험한다.

그들은 새로운 사람을 만나고 새로운 관계를 맺는다거나 무턱대고 뛰어들기 좋아한다. 그러므로, 사람들 사이를 연결하고 네트워크를 맺으며, 동기를 부여하는 역할에 능한 편이다. 즉, 이들은 생각이 비슷한 사람을 만나면, 굉장히 빠른 속도로 관계를 맺고 강화, 확대할 수 있다. 그런 에너지는 새로운 아이디어를 촉발하고 새로운 사업과 팀을 구축하는 데 도움이 된다. 충동적인 사람들은 다른 사람들이 몇 년에 걸쳐 맺을 만한 가까운 인간관계를 단 몇 주나 몇 달 만에 달성해 낸다.

그들은 판매직이나 새로운 직원을 발탁하고 영입하는 업무에 뛰어난 실력을 발휘할 수 있고, 자신이 하는 일에 열정과 활기를 불어넣기도 한다. 또 그들은 감정을 드러내는 데 거침이 없어서 처음 보는 사람과도 금세 친해질 수 있다. 태도에 스스럼이 없고 재미있는 일을 좋아하며, 열린 마음으로 새로운 사람과 새로운 경험을 추구하는 편이다.

이런 사람들의 약점은 다른 사람과 너무 빨리 지나치게 친해지거나, 인간 관계를 실제보다 훨씬 더 가깝고 깊게 느끼는 일이 잦다는 것이다. 사람들에 대한 열정이 달아오르는 속도가 빠른 만큼 관계가 식는 시간도 빠른 데다, 그 열정은 금세 증오와 분노로 변하기도 한다. 그들은 사람과의 관계를 결코 가볍게 여기지 않으므로, 우정이나 관계가 기대에 미치지 못할 때 그로 인한 갈등 역시 그만큼 강렬해지게 된다. 그들은 사내 정치나 극적인 사건을 도저히 외면하지 못해, 결국 휘말리게 되고 동료들의 일에 지나치게 참견하다가 선을 넘는 경우도 종종 발생한다.

■ 충동적 성격 유형의 동료와 함께 일하는 법

그들은 감정을 표현함에 있어서 늘 남들보다 과한 경향이 있다는 점을 기억해야 한다. 고독이나 회피형 성격을 지닌 사람이라면, 그들의 이런 강렬한 감정 표현을 무섭다고 여길 수도 있다. 물론 그들의 이런 열정에서 오히려 매력과 애정을 느끼는 사람도 있을 것이다. 충동적인 성격의 사람은 감정이 달아오르는 것도, 식는 것도 빠르다는 것을 알아야 한다. 따라서 주변에서 누군가가 그들의 감정을 조금만 제어해 주고 그들이 다른 사람의 관점을 이해하도록 도와 준다면 큰 도움이 된다.

충동적인 성격의 사람과 긴밀히 협력할 때는 그들의 행동과 반응의 근본적인 원인에 관해 꾸준히 대화하는 것이 필요하다. 그들은 비교적 빨리 갈등으로 마음을 졸이거나 감정을 증폭할 수 있다. 때로는 대수롭지 않은 일이 터무니없는 의심에 불을 지펴 사소한 의견 차이가 걷잡을 수 없는 갈등으로 번질 수도 있다. 그들은 주로 본능에 따라 행동하므로, 스트레스가 심한 상황에서는 가끔 마음을 진정하고 타협안을 생각해 볼 필요도 있다. 가장 중요한 것은 시시때때로 바뀌는 그들의 기분과 충성심에 사로잡히면 안 된다는 것이다. 그랬다가는 불에 기름을 끼얹는 결과만 초래하게 된다.

7장 어두운 성격의 밝은 면

● 극적 성격 유형

극적인 성격을 지닌 사람들은 사람들의 주목을 한몸에 받기를 좋아한다. 그들은 타고난 연기자로서, 스포트라이트를 받는 상황에 익숙하며 남의 이목을 끄는 재주가 있다. 감정을 스스럼없이 드러내고 자신이 하는 일과 사생활을 공개적으로 말하며, 이야기 솜씨가 뛰어나다. 그들은 이야기의 세부 사항을 화려하게 꾸민 후 색채를 가미하지만, 이 모든 것을 오락이라는 이름으로 행한다.

그들은 시각적인 상상력이 뛰어나고 인생의 모든 일을 화려하고 신나는 사건으로 본다. 그리고 자신의 그런 시각을 주변 사람들에게도 잘 전염시킨다. 심지어 그들은 어떤 사건을 만났을 때 당장 이 문제를 어떻게 해결할 것인지보다 오히려 나중에 이 사건을 어떻게 더 재미있게 꾸며서 이야기할까만 골몰하기도 한다.

그들은 외모에 상당히 신경 쓰는데, 그러한 태도는 극적이거나 아니면 좀 더 미묘한 형태로 드러날 때가 있다. 가끔 충격적인 의상을 입거나 행동을 보이며, 미묘하고도 전통적인 신호를 이용해 매우 구체적이고 목적성이 다분한 이미지를 드러낼 때가 있다(예: 대학의 상징 색이나 커프스단추, 도장이 새겨진 반지, 가문의 문양, 모노그램이 새겨진 의상 등).

이처럼 남의 눈에 띄는 그들의 외모와 습관, 그리고 솔직한 태도 등은 사람들에게 쉽게 다가서고 빨리 관계를 맺고자 하는 의도를 담고 있다. 그들은 감정을 솔직하게 직선적으로 표현하기 때문에 다른 사람들이 그들의 마음을 쉽게 읽고 가까워질 수 있다. 아울러, 그들은 다른 사람의 의견과 새로운 생각을 열린 마음으로 대하며, 심지어 쉽게 영향을 받기도 한다. 그들의 감정과 행동은 매우 유연하고, 관심을 끄는 것이라면 무엇이나 잘 받아들이는 편이다.

단점이 있다면, 비록 타고난 연기자이자 훌륭한 이야기꾼이기는 하지만, 그들의 허풍선이 같은 스타일과 뻔히 속이 들여다보이는 태도, 그리고 남의 관심을 추구하는 행동 등이 약간 피상적인 데가 있다는 점이다. 그들은 내면의 원칙이나 신념에 따라 행동하기보다는 남들이 자신에게 기대한다고 생각하는 이미지를 보여 주려는 경향이 있다. 그들은 사람을 기쁘게 하는 재주꾼으로서 특정 상황에서는 그 점이 매우 유용하게 쓰일 수 있지만, 어떤 상황에서는 오히려 큰 곤란을 불러올 수 있다.

■ 극적 성격 유형의 동료와 함께 일하는 법

그들은 활기가 넘치고 쉽게 흥분하며, 남 앞에 서기를 좋아하는 사람들이다. 따라서 그들이 맡은 일을 잘 해낼 때 그 점을 인정하고 스포트라이트를 비춰 주면, 계속해서 훌륭한 성과를 낼 수 있을 것이다. 그러나 그들을 너무 믿고 내버려 둬서는 안 된다. 그들은 다른 사람을 희생해서라도 자신에게 칭찬과 관심을 달라고 요구할 때가 있는데, 이런 경우에는 갈등이 불거진다. 게다가 그들은 사내 정치나 극적인 일에 사로잡힐 때가 많다. 그들은 만약 긍정적인 성과로 충분한 인정을 받지 못했다고 느끼면, 나쁜 행동으로라도 관심을 받아야겠다고 생각할지도 모른다.

그들은 자연스럽고 신나게 일하기 좋아하고, 주변 사람들의 호감을 사려고 노력하기도 한다. 원활한 의사소통과 관계 구축 능력이 필요하거나, 다른 사람에게 동기와 영감을 불어넣어야 하는 일에 적합하다. 그러나 때로는 충동을 제어하거나 적절한 선을 지키는 일에 서툴러서 문제를 일으킬 수도 있다. 재량권과 넘어서는 안 되는 선이 어디까지인지 그들에게 확실히 인식시켜 주어야 한다. 그러나 그들은 마음속에 원한을 품는 스타일이 아니므로 감독과 조언 못지않게 때로는 엄격한 질책도 필요할 수 있다.

● 자신감 강한 성격 유형

강한 자신감은 확실히 긍정적인 특성으로 보인다. 자신감이 강한 사람들은 다른 사람의 관심을 즐기고 그것을 추구하므로, 자신의 일과 성과로 인정받고자 하는 태도를 보인다. 그들은 자기 자랑에 아무런 거리낌이 없으므로 주목받는 것이 성공의 필수 요소가 되는 환경이나 업계에 잘 어울린다.

그들은 강한 자기 확신을 드러내고, 그런 확신을 이용해 여러 사람 사이에서도 확실한 존재감을 과시한다. 그들의 자신감은 남의 눈에 쉽게 띄므로 면담에서도 좋은 인상을 줄 수 있고, 인정이나 승진에도 유리하게 작용한다.

그들은 사람들의 눈에 높은 순위와 지위, 명예, 평판을 지닌 사람으로 비친다. 그들은 자신이 이 모든 것을 누릴 자격이 있다고 믿으며, 때로는 더 많이 기대하고 요구하기도 한다. 그들은 다른 사람에게 자신을 인정해 달라고 요청하거나 부탁하는 데 주저함이 없으며, 때로는 당당하게 요구할 때도 있다. 자신의 자존감과 자신의 역량이 부합할 때, 그로 인해 생성된 자부심은 일에서 대단히 큰 성과를 발휘할 수 있다. 그러나 실제로는 별로 대단치 않은 역할을 했을 뿐인데도 자신의 업적을 과장하거나 남의 공을 가로채기도 한다.

그들은 일반적인 수준에서는 칭찬과 인정을 즐기는 편이다. 그러나 이런 성격 특징이 극단으로 치닫거나 심한 스트레스를 받는 상황에서는 자존심을 더욱 강화하기 위해 더 많은 칭찬을 필요로 한다. 종종 이런 자신감은 불안감을 감추는 가면일 경우가 있으므로, 지속적인 관심을 받지 못하면 다른 사람을 가혹하게 비난하거나 자신이 공정한 대우를 받지 못한다고 느끼게 된다.

그들은 대단히 야심만만한 사람이므로 조직 내 정치와 권력 구조를 영악하게 이용해 서슴없이 유리한 위치를 차지하려고 한다. 자신이 이기는 상황에서는 경쟁을 즐기지만, 패배한 후에는 좀처럼 인정하지 않으려는 태도를 보인다.

■ 자신감 강한 성격 유형의 동료를 다루는 법

이런 성격 유형의 사람들은 비교적 투명한 면이 있다. 협조할 준비만 되어 있다면, 그들에게 동기를 부여하고 같이 일하기가 그리 어렵지는 않다는 뜻이다. 그들은 관심과 칭찬, 인정에 목마른 사람이며, 그저 우수한 직원 정도가 아니라 최고의 성과를 올리는 사람으로 인정받고자 하는 열망을 가득 품고 있다. 칭찬이나 인정을 통해 그들의 관심을 얻기는 비교적 쉽지만, 이를 유지하는 것은 만만치 않다. 왜냐하면, 그들은 자신의 자존심을 세우는 데 도움이 되지 않는 사람에게는 금방 흥미를 잃어버리기 때문이다. 그들은 서로 이익이 되는 관계라는 개념을 잘 모르므로, 칭찬이나 호의를 베풀었다고 그들도 그렇게 할 것으로 기대하면 안 된다.

한편, 그들은 쉽게 상처받기도 한다. 겉으로는 대단한 자신감에 차 있는 것처럼 보이지만, 내면의 중심은 연약할 뿐만 아니라, 외면의 그 강인함도 사실은 쉽게 부서지고 무너질 수 있다는 것을 기억해야 한다. 그들이 겉으로 강한 모습을 드러내는 데 상당한 시간을 쓰는 이유도 바로 그 때문이다. 그들의 강한 자신감은 실패에 대한 두려움과 상대적으로 빈약한 기초 위에 세워진 인간관계에 대한 불안감을 감추려는 가면이다. 따라서 그들과 대화하기가 어렵고 갈등만 빚어지는 상황을 해결하기 위해서는 꽤 전략적인 접근 방식이 필요하다. 갈등을 해결하고 관계를 지키고자 한다면, 그들을 인격적으로 공격하면 안 된다. 직접적인 비판보다는 '이기는' 방법을 분명히 보여 주는 방식이 훨씬 더 효과적이다.

C 성격군

● 예민한 성격 유형

예민한 성격의 사람들은 편안함과 친숙함, 정서적 안정 등을 추구한다. 그들은 안전하게 보호받는 느낌을 좋아하며, 서로 생각이 비슷한 소수의 사람과 함께 일하거나 사귀는 것을 선호한다. 서로 친분이 있고 믿을 만한 사람들과 함께 있는 것을 편안하게 여기며, 사람들 틈에 섞여 들기 좋아한다. 반대로 스포트라이트를 받거나 사람들의 관심을 한몸에 받는 것은 싫어한다.

그들은 다른 사람이 자신을 어떻게 생각하는지를 대단히 중요하게 여기므로 비판에 민감할 수밖에 없어서, 결국 사람들의 비위를 맞춰 주는 역할을 맡게 된다. 그들은 옳은 일을 하려고 하며, 사람들이 자신을 좋아해 주기를 바라고, 남을 공격하거나 상처 주는 행동은 피한다. 따라서 한마디를 해도 신중하게 말하며, 사람들 사이에서나 업무에서나 예의가 바르고 말이 적다.

그들은 돌발 상황을 싫어하므로, 예기치 못한 일을 맡으면 걱정에 휩싸인다. 잘 짜인 각본이 마련되어 있는 것을 좋아하고 규칙이나 자신이 할 일을 미리 알기를 원한다. 그런 상황에서는 할 일을 기꺼이 수행하지만, 어떤 말이나 행동을 해야 할지 모르는 상황을 생각만 해도 강렬한 불안감에 휩싸인다. 자신감이 부족하고 다른 사람의 의견을 너무 중시해서 혹시 잘못된 말을 할까 봐 늘 전전긍긍한다.

자기 이야기를 잘 안 하는 편이다. 그래서 정말 믿을 수 있는 가까운 친구나 가족 외에는 개인 신상에 관한 이야기를 쉽게 털어놓지 않는다. 그들이 이렇게 과묵한 이유는 자신이 안고 있는 문제로 다른 사람에게 부담을 주거나 신경 쓰이게 하고 싶지 않기 때문이다.

■ 예민한 성격 유형의 동료와 함께 일하는 법

예민한 성격을 지닌 사람은 자신만의 안전지대에 있을 때 최고의 성과를 낸다. 마지못해 그 틀을 벗어나도 훌륭한 성과를 보여 주는 사람이 간혹 있지만, 대체로는 역효과만 나는 경우가 많다. 더구나 익숙한 업무나 인간관계, 지지 그룹 등에서 벗어나라는 압력을 너무 심하게 받으면, 오히려 걱정과 불안에 휩싸여서 큰 낭패를 보게 된다. 그들에게는 구조, 명료함, 일관성 등이 매우 중요하며, 소수의 친밀한 사람들끼리 깊이 신뢰하고 서로 존중하는 분위기에서 일할 때 비로소 최고의 성과를 낸다.

그들은 우수한 팀원이다. 스포트라이트나 많은 관심을 받는 것도 싫어하고, 개인적인 성취보다는 팀의 성공을 더 기뻐하는 사람들이기 때문이다. 주목받는 것은 싫어하지만, 그들도 남이 인정해 주면 당연히 고마워한다. 단, 그들은 대대적으로 남들 앞에서 인정받기보다는, 그저 '고맙다'라는 말이나 작은 감사의 표시를 훨씬 더 마음 편하게 생각한다. 즉, 인정받는 것은 좋아하지만, 남의 눈에 띄기는 싫어한다.

그들은 원래 자기 자랑과는 거리가 먼 사람이므로, 그들의 업적이나 공헌은 쉽게 눈에 띄지 않는다. 마음속으로는 승진이나 더 큰 역할을 원하면서도 그런 목표를 적극적으로 주장하는 일은 극히 드물다. 이런 성격 유형이 마음을 여는 데는 격려가 필요하므로, 성과 관리 면담을 할 때는 경력과 관련된 목표를 꼭 물어봐야 하고, 마음속의 생각을 편안하게 말할 수 있는 기회를 마련해 주어야 한다.

● 이타적 성격 유형

이타적인 성격을 지닌 사람은 말 그대로 다른 사람을 많이 신경 쓰고, 그들의 필요를 먼저 생각하는 경향이 있다. 그들은 자기 팀과 집단, 조직이 성공하기를 원하며 자신보다는 오히려 남이 잘되기를 바란다. 즉, 그들은 헌신적인 친구이자 훌륭한 직원, 친절하고 자상한 동료가 될 수 있지만, 정작 자기 행복에는 별 관심이 없을 수도 있다. 그들은 다른 사람을 너무 아끼는 바람에 자기 일도 아닌 문제로 스트레스를 받거나 걱정에 휩싸이기도 한다. 그리고 다른 사람으로부터 받은 감정적인 상처를 좀처럼 떨쳐 내지 못한다.

그들은 늘 사람들 곁에 있기 좋아하고 꼭 그래야 하며, 집단 속에서 인정과 존경을 받고 꼭 필요한 사람이 되기를 원한다. 리더보다는 팔로워가 되기를 선호하며, 다른 이들의 반응에 귀 기울이고 비판을 쉽게 받아들이면서, 항상 다른 사람을 도울 준비가 되어 있다.

다른 사람의 의견을 잘 따르고 전문가의 조언은 잘 듣지만, 자기 의견은 좀처럼 밝히지 않는다(충분히 의견을 낼 만한 경험과 지식이 있어도 마찬가지다). 직접적인 요청이 있는 경우가 아니면 자신의 의견을 제시하지 않으므로, 회의 시간에도 재촉하지 않으면 먼저 말을 꺼내지 않는다.

그들은 집단 내 갈등이 빚어지는 상황을 도저히 견뎌 내지 못한다. 그들은 개인적인 인간관계에서든, 주변 사람들 사이에서든 조화와 협력을 대단히 중시한다. 심지어 집단의 평화와 조화를 위해서는 다른 사람의 짐이나 책임까지 기꺼이 짊어질 수 있다. 따라서 그들의 이런 천성적인 관대함과 자기희생 정신을 악용하지 않도록 조심해야 한다.

■ 이타적 성격 유형의 동료와 함께 일하는 법

그들은 조직 내에서 중재자의 역할을 맡는다. 성품이 따뜻하고, 남을 아끼며, 모든 사람이 잘되기를 바라고, 동료의 관점으로 사물을 보려고 최선을 다한다. 늘 부지런히 일하면서도 칭찬이나 관심에는 별 관심이 없고, 팀 내에서 사람들과 잘 지내는 것에 만족할 뿐이다. 높은 생산성을 발휘해 팀에 공헌하려는 열망이 강하다. 따라서 그들이 어떤 식으로 팀에 도움이 되고, 어떤 공헌이 중요한지 설명해 주어야 한다. 그러나 그들을 인격적으로 비판하거나, 그들의 동기를 의심하거나, 죄책감을 이용하려 들어서는 안 된다.

그들이 다른 사람의 필요를 우선시하는 만큼, 그들 자신의 필요는 전혀 채워지지 않을 수 있다는 점도 명심해야 한다. 특히 스트레스가 심할 때도 그들은 자기를 희생해 가면서까지 다른 사람을 돕기 때문에, 그 정도가 심해지면 오히려 해롭고 비생산적인 행동을 보일 수도 있다. 따라서 그들에게는 자신을 위한 시간도 좀 내도록 권할 필요가 있다. 좀 쉬면서 긴장을 푸는 것이 오히려 자신에게나 팀을 위해 도움이 된다는 점을 상기시켜 주어야 한다. 그들이 겪는 불안감은 어쩌면 휴식을 나쁜 것으로 생각하거나 자신을 아끼는 행동에 죄책감을 느끼기 때문인지도 모른다. 웃기는 것은 이런 유형은 결코 자기애적 성격과는 거리가 먼데도, 그들은 자신을 생각하는 데 조금이라도 시간을 쓰는 것을 자기애적 태도라고 여긴다는 점이다.

● **완벽주의 성격 유형**

완벽주의는 거의 모든 직업 현장의 요건과 잘 맞아떨어지는 성격 유형이다. 그들은 성과와 생산성을 매우 중시한다. 직업의식이 투철하고, 도덕적 기준이 확고하며, 맡은 일은 철저하게 해내고자 한다.

고된 일과 절약을 미덕으로 여기고 무슨 일이든 '제대로 해내려고' 한다. 다시 말해, 그들은 일을 열심히 오래 하며, 다양하고 많은 책임을 기꺼이 떠안으려고 한다. 이는 매우 유용한 성격이기도 하지만, 한편으로는 시시콜콜한 일까지 도맡아 하려는 성격 탓에 사람들에게 업무를 위임할 줄 모른다는 단점이 있다. 이들에게는 자신이 맡은 일이나 최종 성과에 관한 통제권을 잃어 버리는 것이 가장 큰 걱정거리다.

그들의 완벽주의적 성향은 엄청난 자산이 될 때가 있다. 특히 일의 성격이 매우 섬세하거나 조그마한 실수도 용납되지 않는 업무 분야라면 더욱 그렇다. 그러나 업무 영역에 따라서는 이런 성격이 오히려 문제를 일으킬 수도 있다. 그들은 어떤 일이든 완벽하지 않으면 그대로 두고 볼 수 없기 때문이다. 그들에게는 '이만하면 충분하다'라는 원칙이 없다. 일 처리가 완벽한 것도 좋지만 시간에 맞추는 것이 더 중요할 때도 있는데, 이런 일에까지 완벽만 고집하다가 기회를 놓쳐 버릴 수 있다는 것이다.

그들은 미리 준비하고 전략을 짜서 실력을 차근차근 쌓아가는 사람이므로 장기적 계획을 수립하는 일에 적합하다고 볼 수 있다. 그들은 장차 필요할 때를 내다보고 미리 물건이나 기록, 물자 등을 비축해 둔다. 그들은 개인적인 삶에서나 회사 업무에서나 재정 면으로는 대단히 신중한 태도를 보인다. 그들은 늘 만약의 사태에 대비한 계획, 예컨대 불황 대비 자금이나 대안을 마련해서 장기 계획이나 전략을 수립할 때 큰 역할을 하도록 한다. 이런 성격의 단점은 바로 눈앞에 보이는 기회를 놓치거나 급격한 변화에 미처 대비하지 못한다는 것이다. 그들은 닷새 후에 일어날 일을 조정하는 것보다는 5년 후를 대비해 미리 계획하는 일을 더 잘한다.

■ 완벽주의 성격 유형의 동료와 함께 일하는 법

완벽주의적인 사람들은 일과 생산성을 삶의 중심에 둘 정도로 가장 중요하게 여긴다. 그들은 자신이 하는 일 자체에 가치를 부여한다. 그리고 그들의 자존감은 자신을 능력 있고, 체계적이고, 의지가 확고하고, 유능한 사람으로 여기며, 남들도 그렇게 봐주기를 바라는 마음에서 나온다. 그들에게는 개인적인 칭찬이나 아첨보다는 업무 성과나 태도에 관한 의미 있는 칭찬이 훨씬 더 큰 동기 부여가 된다. 그들에게는 구체적인 업무 성과를 인정해 주는 게 낫지, 애매하거나 일반적인 칭찬은 별로 소용이 없다. 예컨대, 그들이 참여했거나 시간을 많이 들인 특정 프로젝트나 업무의 구체적인 세부 사항을 짚어서 인정해 주는 편이 좋다.

그들은 매우 독립적으로 일하기를 좋아하는 편이고, 따로 목표를 설정해 주지 않아도 되며, 다른 사람의 지나친 간섭을 싫어한다. 스스로 잘하고 있다고 생각하는데 옆에서 일하는 방식을 안내해 주려고 하면, 오히려 이를 모욕으로 받아들일 수도 있다. 따라서 이런 사람들은 차라리 그냥 내버려 두는 편이 훨씬 더 낫지, 괜히 옆에서 잘하는지 지켜볼 필요가 없다.

그들은 다른 사람보다 감정의 폭이 별로 크지 않다. 즉, 그들은 인간관계보다는 생산성에 관심과 에너지를 더 집중한다. 직장에서는 가정사나 개인적인 일을 장황하게 떠들기보다는 일과 관련된 대화를 더 편하게 여긴다.

그들은 장기적 목표를 생각하기는 하지만, 그 과정에서 변화나 유연성

7장 어두운 성격의 밝은 면

을 발휘하는 데는 상대적으로 약한 편이다. 그들은 일이란 어느 정도 안정성과 일관성이 보장되어야 한다고 생각하므로, 업무 현장에서 변화와 혁신의 주체가 되기에는 다소 적합하지 않은 면이 있다. 그러나 그들이 꾸준한 성과를 올리는 믿을 만한 직원이라는 점에는 의심의 여지가 없다.

자기실현적 예언

—

성격 장애가 지닌 흥미로운 특징 중 하나는, 이로 인한 행동이 꾸준하게 계속되어, 결국은 자기실현적 예언이 된다는 점이다. 사람들은 다른 사람이 할까 봐 두려워하는 바로 그 행동을, 결국 자신이 하는 경우가 있다. 다른 이들의 관심과 애정에 지나치게 매달리는 사람은 오히려 주변 사람들을 자신으로부터 밀어내 버리는 결과를 낳는다. 항상 주변 사람들을 믿지 못하고, 누가 자신을 비판하거나 욕할까 봐 전전긍긍하는 사람은, 결국 그토록 걱정하던 일을 당하고 만다. 사람들과의 만남을 피하고 혼자 있기를 좋아하는 사람은, 결국 그렇게 된다.

성격 장애를 치료하는 기적의 치료법은 존재하지 않지만, 인지행동 치료는 사고, 감정, 행동을 장기적으로 좀 더 순조롭게 구축하도록 하는 효과적인 방법이다(벡 외, 2016년).

성격 차이와 업무의 관계

업무 중에 일어나는 충돌과 갈등은 대개 사람들 사이에 성격이 너무나 달라서 벌어지는 일이다. 여러 사람이 어울려 함께 일할 수 있는(혹은 함께 일하지 못하는) 데는 많은 이유가 있겠지만, 그중에서도 성격은 사람들의 일하는 태도와 직장 내에서의 사고방식, 감정, 행동 등에 막대한 영향을 미치는 요소가 분명하다.

성격적 특징이 근본적으로 다르거나 심지어 완전히 반대되는 사람들끼리 만나면 갈등이 빚어질 가능성이 크다. 그들은 다른 사람의 행동을 읽고 이해하는 방식이 근본적으로 다를 뿐만 아니라, 업무나 사적인 만남에서 보여야 할 바람직한 행동이 무엇인가에 관해서도 역시 똑같은 견해 차이를 보인다.

우리는 사람들의 성격 유형과 그에 따른 전략과 행동이 모자라는지 과도한지를 보면, 오해가 발생할 소지를 미리 알 수 있다. 예를 들어, 지나친 의심과 경계로 모든 사람을 대하는 사람이 있는가 하면, 누구에게나 마음을 열고 믿는 사람도 있다. 이런 태도는 쉽게 극복하거나 바뀔 수 있는 것이 아니지만, 누구에게나 쉽게 오해를 살 수 있다.

한편, 대단히 양심적이거나 심지어 강박증이 심한 사람도 그들이 일하는 태도나 생산성을 근거로 높은 점수를 따기도 한다. 그들의 행동과 생각, 감정은 온통 생산성과 성취라는 가치에 사로잡혀 있다. 그들은 항상 목표에 집중하고 스스로 동기를 부여하므로, 자신과 성격이 정반대인 사람들을 이해하는 데 대단히 어려움을 겪는다. 성격이 좀 더 편하고 자연스러우며, 생산성에 별로 비중을 두지 않고, 일을 자부심의 핵심 요소로 바라보는 사람들은 그들의 눈에 완전히 낯설게 보일 것이다. 양쪽 모두 서로를 향해 '저 사람은 왜 바뀌지 않지?'라는 생각을 품을 수 있다. 그러나 그렇게 간단한 문제가 아니다. 성격적 특성은 개인의 선호가 아니다. 이것은 세상을 이해하고 해석하는 하나의 틀이다. 다른 사람의 성격을 바꾸려 들기보다는, 그저 사람은 원래 서로 다른 존재라고 생각하면 속이 편하다.

집단 역학

성격이 비슷한 사람끼리는 자연스럽게 서로를 더 잘 이해할 수 있다. 물론 누군가를 이해한다고 해서 반드시 그를 좋아하거나 업무 면에서 잘 협력한다고 볼 수는 없다. 그러나 적절한 조건이 충족되면, 같이 일하는 데도 유리한 것은 틀림없는 사실이다.

거꾸로 말해서, 성격이나 대처 전략이 완전히 상반된 사람들끼리 만나면, 서로 친해지거나 이해하기가 어려운 것이 보통이다. 서로의 차이가 너무나 크기 때문에, 둘 중 한쪽은 틀림없이 자신에게는 너무나 자연스러운 일을 상대방은 왜 정반대로 행동하는지 도무지 이해하지 못할 것이다. 그들은 아마 이렇게 생각할 것이다. '저 사람은 다른 사람이 자신을 어떻게 생각하는지 정말 모르나? 저렇게 행동하면 어떻게 되는지도 모르나? 자기만 행동을 바꾸면 될 텐데 왜 저럴까?'

집단 역학에서 가장 중요한 일은 사람들이 다른 사람을 좀 더 이해할 수 있게 도와 주는 것이다. 특히 자신과 전혀 다르다고 생각하는 사람을 잘 이해하도록 도와야 한다. 그렇다고 꼭 누군가의 이력이나 가정사를 깊이 파헤칠 필요는 없다. 직장에서 사생활을 속속들이 드러내고 싶은 사람은 아무도 없을 것이다.

그러나 사람들이 하는 행동이나 논리의 바탕에 자리한 생각과 감정을 허심탄회하게 이야기하는 것은 큰 도움이 된다. 예를 들면, 이런 이야기를 하는 것이다. "스트레스가 심할 때는 정말 혼자 있고

8장 성격 차이와 업무의 관계

싶습니다. 다른 사람은 도와 주려는 마음에 다가오겠지만, 그러면 오히려 압박감이 더 심해지거든요"라든가, "스트레스가 쌓일수록 다른 사람이 곁에 있으면 좋겠습니다. 그분들은 제 걱정을 덜어 주어서 좋고, 저도 관심을 받아서 좋으니까요."

사람마다 생각이 이렇게 다르고 스트레스를 관리하는 법에도 정답이 없다는 사실을 알면, 팀 내 갈등을 완화하는 데 도움이 된다. 직장에서 만나는 사람들이 모두 가까운 친구가 될 수도 없고, 그럴 필요도 없다. 그러나 사람마다 일하는 방식이나 스트레스를 관리하는 방식이 다 따로 있다는 것을 이해하면서 이해와 존중을 쌓아 갈 수 있다(올덤, 모리스, 1995년).

이 장에서는 각각의 성격 유형을 살펴보고, 그중에 어떤 것이 함께 일하는 데 유리하며, 어떤 것이 갈등과 위기를 안고 있는지 알아보기로 한다.

성격 유형과 업무상의 관계

● 조심성 강한 성격 유형

조심성이 강한 사람들은 잠재적 위협과 도전, 위험 등에 매우 민감하므로, 안전하며 믿을 만하다고 생각하는 사람과 함께 있을 때 최고의 성과를 발휘한다. 예민하고 이타적인 사람들은 대단히 협조적이고 신뢰할 수 있으며, 다른 사람에게 다가서서 가교 역할을 하려고 애쓴다. 조심성이 강한 사람은 의심의 눈길을 보내는 사람도 있지만, 일단 믿을 만한 사람이라고 판단되면 관심과 정성을 다해 보살피고 업무에서도 잘 협력한다. 민감하고 이타적인 성격을 지닌 사람들은 자신을 미처 돌보지 않는 경우가 많으므로, 이 둘은 상호보완적인 관계를 맺을 수 있다.

완벽주의자와 조심성이 강한 사람은 상호 존중과 전문성을 바탕으로 서로 협력할 수 있다. 두 성격의 공통점은 강하고 단호한 태도이므로, 상대방의 영역을 지나치게 간섭하지 않는 한 훌륭한 협력관계를 맺을 수 있다. 이들은 매우 성공적인 팀을 이룰 수 있지만, 서로의 영역을 인정하고 존중해 주며 세세한 부분까지 간섭하지 않도록 조심해야 한다.

조심스러운 성격을 지닌 사람은 강요나 부적합한 일, 불필요하게 위험을 감수해야 하는 일 등을 좀 더 민감하게 알아챈다. 여기에 갈등의 소지가 있다. 특히 공격적이고 자신감이 강한 사람들을 대할 때 더욱 그렇다. 충동적인 성격의 사람도 조심성이 강한 사람들과 갈등을 빚을 가능성이 상당히 크다. 그들은 예측 불가능하고 감정적인 성향이 강해서 조심성이 강한 사람들의 눈에는 위협으로 보일 수 있다.

[그림 1] 조심성 강한 성격 유형의 협력 및 갈등 관계

● 고독한 성격 유형

고독한 성격 유형의 사람들은 다른 어떤 사람보다 인간관계를 힘들어한다. 이들은 애초에 사람들과 별로 접촉이 없는 환경을 가장 편안하고 자연스럽게 여기므로, 누군가와 관계를 맺고 유지하는 것 자체가 일부러 수고를 들여야 하는 일이다. 이들은 가까운 인간관계를 맺는 일이 극히 드문데, 특히 직장에서는 더욱 그렇다. 그러나 끈끈하고 긍정적인 관계를 한번 맺으면 상대방을 매우 소중히 여기며 매우 의지한다. 다시 말해, 이들은 일관되고 신뢰할 만한 사람과 오래도록 친밀한 관계를 유지하는 편을 선호한다.

고독한 성격 유형의 사람들과 업무 관계를 맺기에 가장 좋은 성격은 완벽주의 성격 유형이다. 두 성격 모두 직장에서 만나는 사람들과는 인간관계보다 성과에 중점을 두고자 하려는 공통점이 있다. 따라서 양측이 공통된 업무 목표를 중심으로 만나는 것은 긍정적인 관계를 유지하는 데 훌륭한 기초가 될 수 있다. 양측이 공동 목표를 위해 협력한다면, 상호 존중의 관계를 쉽게 맺을 수 있을 것이다. 각자 공통된 목표를 향해 일하는 데는 아무 문제 없지만, 둘 다 가벼운 잡담이나 직장 내 가십, 또는 눈앞에 보이는 일이나 현안 과제와 무관한 이야기는 별로 오래 들어줄 마음이 없다. 다시 말해, 양측은 서로의 고유 영역을 존중하는 한 긍정적인 업무 관계를 이어 나갈 가능성이 크다는 뜻이다. 물론 서로 대화의 통로는 늘 열어 두어야 한다는 점을 잊지 말아야 한다.

이타적 성격 유형도 고독한 성격 유형과 훌륭한 협력 관계를 맺을 수 있다. 고독한 성격을 지닌 사람들은 자신의 개인적인 공간을 존중해 주는 사람과 일하는 편을 좋아한다. 자신감은 있되 그리 지나치지 않은 성격과도 추구하는 가치가 비슷하고, 서로의 방식을 존중한다면 잘 맞을 수 있다. 이러한 자신감 유형은 인맥이 넓고 의사소통과 관계 구축에 능하지만, 한편으로는 동료들의 관심을 늘 목말라한다. 결국, 효과적인 비즈니스 협력 상대가 될 수 있는 사람이다. 고독 유형의 사람은 남의 눈에 띄지 않고 뒤에서 활동하는 것을 좋아하므로, 사람들을 만나고 대중 앞에 나서기를 좋아하는 사람과 협력하면 훌륭한 조합이 될 수 있다.

감정에 치우치고 변덕스러운 성격은 고독 유형의 사람들이 함께 일하기에 가장 어려워하는 상대다. 이들은 감정에 별로 반응하지

8장 성격 차이와 업무의 관계

않고, 격렬한 감정 표현을 좋아하지 않으며, 감정을 앞세우는 사람들에게는 그리 큰 관심을 보이지 않는 편이다. 고독 유형의 사람들에게는 극적이거나, 충동적이거나, 공격적인 유형의 사람과 만나는 것 자체가 지치고 괴로운 일이다.

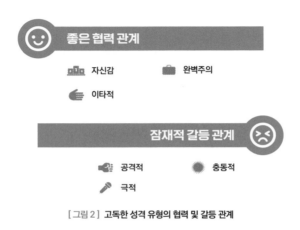

[그림 2] 고독한 성격 유형의 협력 및 갈등 관계

• 파격적 성격 유형

파격적인 성격을 지닌 사람들은 자기만의 고유한 세계관이 있지만, 그런 점을 이해하고 포용해 주는 사람들과는 비교적 잘 어울리기도 한다. 그런 사람들이 바로 예민하거나 이타적인 유형으로, 이들은 실용적인 면을 보완해 줄 수도 있다. 파격성 유형은 극적 유형과도 상호 존중의 태도를 바탕으로, 건전한 협력 관계를 맺을 수 있다. 양측 모두 저마다의 재능과 스타일, 흥미를 지니고 있어서, 각자의 영역을 간섭하지 않으면서도 서로의 강점을 인정해 줄 수 있다.

파격적인 성격의 사람들은 간혹 자신의 그런 남다른 점을 방어기제로 삼아 자신을 거부할 것으로 생각되는 사람을 멀리할 때가 있다. 독립성이 강하며, 태도, 신념, 일하는 방식 등에 관해서는 의외로 경직된 면이 있으므로, 자신감, 조심성, 공격성 등의 유형과 충돌할 수도 있다. 그들 역시 자신의 방식을 좀처럼 양보하지 않기 때문이다. 특히 자신감과 공격성을 지닌 유형은 남들의 관심을 끌려고 하고 자기주장이 강한 편이라 파격적인 성격의 사람을 상대하기가 만만치 않을 것이다.

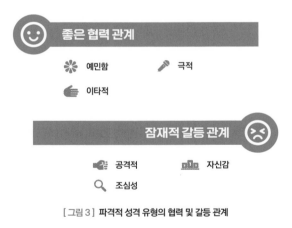

[그림 3] 파격적 성격 유형의 협력 및 갈등 관계

8장 성격 차이와 업무의 관계

● 공격적 성격 유형

공격성을 지닌 사람들은 대체로 장기간에 걸쳐 건전하고 생산적인 인간관계를 유지하는 데 가장 큰 어려움을 겪는다. 이들은 쉽게 싫증을 내므로 장기적 관계를 유지하기 위해서는 훨씬 더 큰 노력이 필요하다. 특히 공격적인 유형의 사람들은 지나치게 의존적이고 자신감이 부족한 사람을 만나면 곧 짜증을 내곤 한다.

공격적인 유형과 가장 잘 어울리는 사람은 자아의식이 확고하고 독립적이며, 다른 사람의 모험적인 행동에 잘 휘말리지 않는 유형이다. 공격적인 성향의 사람들은 대인 관계 면에서 활기 넘치고 흥미를 유발하며, 매력을 발산하면서 순간적인 충동에 따라 행동하는 극적인 유형의 사람들과 친할 가능성이 크다.

업무 관계에서는 완벽주의 유형을 만나면 둘 다 서로의 약점을 보완해 줄 수 있어서, 이상적인 협력 상대가 될 수 있다. 완벽주의자 중에서도 장기 계획 수립에 능하고, 일관성을 발휘하며, 공격적인 사람들의 모험적인 행동을 좀 더 합리적이고 성과 중심적인 방향으로 인도해 줄 수 있는 사람을 만나는 편이 좋다. 팀이 규칙을 준수하고 목표에서 벗어나지 않도록 부지런히 일하는 사람을 협력 상대로 둘 수 있다면 큰 도움이 된다. 공격적인 성격의 사람과 충동적인 성격의 사람은 단기적인 협력이나 프로젝트로 만나면 강력한 추진력으로 일을 빨리 진행하고 생산성을 올릴 수도 있겠지만, 그만큼 협력 관계가 무너질 위험도 크다. 서로의 의견이 조금만 달라도 불화가 쉽게 증폭되어 일이 잘못될 가능성이 대단히 크다.

공격성 유형의 사람이 예민하거나 이타적인 유형과 함께 일하게 되면 오히려 위험이 더 커진다. 공격성 유형의 사람은 다른 사람의 착한 성격과 남의 기분을 맞춰 주고 남의 눈에 띄지 않으려는 성격을 이용하려 들기 때문이다. 이러한 사람들이 업무 관계를 맺으면, 나쁜 리더나 공모자와 조력자의 관계로 변질할 우려가 꽤 크다. 공격성 유형의 사람은 자신보다 약하다고 생각하는 사람을 괴롭히는 경향이 있다.

[그림 4] 공격적 성격 유형의 협력 및 갈등 관계

● 극적 성격 유형

극적인 성격을 지닌 사람은 늘 외향적이고 사람 만나기 좋아하지만, 한편으로는 남의 말에 쉽게 영향을 받기도 한다. 따라서 이들은 자신의 에너지와 흥분을 업무에 집중할 수 있게 도와 줄 사람을 만나 함께 일하는 편이 가장 좋다.

이들이 완벽주의 성향을 만나면 머리와 가슴의 균형을 잡는 데 도움이 되므로, 훌륭한 협력 관계를 맺을 수 있다. 상대방은 논리와 데이터를 중시하고, 이쪽은 풍부한 감성과 인간관계 측면을 책임질 수 있어 업무 관계를 효과적으로 꾸려 나갈 수 있다. 이런 관계는 주변에서 흔히 볼 수 있다. 화려한 입담을 과시하며 매력을 발산하는 기업가가 운영이나 재무 분야의 숙련되고 헌신적인 전문가와 협력관계를 맺고 있는 모습 말이다. 이타적이고 예민한 성격 유형과도 잘 어울린다. 극적인 성격의 사람은 자신이 속한 그룹의 인간관계를 책임지거나 뒤에서 묵묵히 일하는 사람들에게 격려와 지원을 제공할 수 있다.

극적인 성격의 사람은 자신과 같은 유형의 사람을 만나면 갈등을 빚게 될 가능성이 매우 크다. 둘 다 사람들의 이목을 끌기 위해 애쓰므로 서로를 타고난 경쟁자로 볼 수밖에 없는 데다, 이런 종류의 경쟁은 급격히 통제 불능 상태에 빠지게 된다. 충동적인 사람과도 거의 충돌한다고 봐야 한다. 양측 모두 다른 사람과의 대결에는 주저함이 없을 뿐만 아니라, 극적인 유형의 사람들은 때때로 이런 상황을 즐기기까지 하기 때문이다. 이들은 이름 없이 사라져 가기보다는 차라리 파괴적인 행동으로라도 사람들의 관심을 한몸에 받는 편을 택한다. 조심성이 강한 사람과도 갈등을 빚을 소지가 있다. 조심성이 강한 사람은 어떤 일에 부당한 면이 조금만 보여도 굉장히 분석적인 태도로 꼼꼼하게 따지고 든다. 특히 예측 불가능한 행동이나 과장된 연기를 펼치는 사람은 도저히 믿을 수 없다고 생각한다.

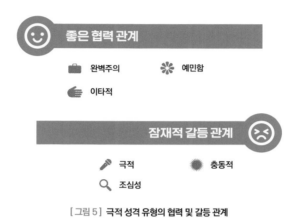

좋은 협력 관계

- 완벽주의
- 예민함
- 이타적

잠재적 갈등 관계

- 극적
- 충동적
- 조심성

[그림 5] 극적 성격 유형의 협력 및 갈등 관계

● 자신감 강한 성격 유형

자신감이 넘치는 사람들은 자신을 표현하는 방식에 관해 뚜렷한 생각이 있고 스포트라이트를 즐기는 편이므로, 이들의 이런 성격을 수용하는 사람들과 일할 때 최고의 성과를 낸다. 지나치게 칭찬과 인정을 추구하지만 않는다면, 예민하거나 이타적인 유형과도 잘 협력할 수 있다. 그들이 건설적이고 서로 이익이 발생하는 방식으로 협력할 수 있다면, 자신감 유형의 사람들은 추진력 있고 외향적이

8장 성격 차이와 업무의 관계

며 사교적인 역할을 수행할 수 있다. 다른 유형의 사람들은 무대 뒤에서 이를 지원하고 보완하는 역할을 맡으면 된다. 각자의 공이 공평하게 나눠지는 한, 이런 구도는 매우 효과적으로 작동할 것이다.

자신감이 넘치는 사람과 공격적인 유형의 사람은 권력을 놓고 서로 충돌하는 형태로 갈등을 빚을 수 있다. 양측 모두 대결적인 성향을 보이므로, 직접적인 경쟁은 비생산적인 결과를 낳게 된다. 조심성이 강한 사람은 자신감이 넘치는 사람들의 동기와 방식, 자신의 업적이나 공헌을 과장하는 태도 등을 의심할 가능성이 크다.

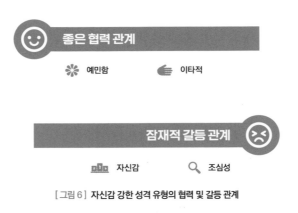

[그림 6] 자신감 강한 성격 유형의 협력 및 갈등 관계

● 충동적 성격 유형

충동적인 성격의 사람들은 다소 예측 불가한 측면이 있어서, 차분한 태도와 균형을 보완해 주고 팀의 목적을 상기시켜 줄 사람과 협

력하는 편이 균형을 되찾는 데 도움이 된다. 완벽주의 성향과 만나면 장기적으로는 업무 관계에 도움이 되겠지만, 양측 모두 상대방의 스타일에 실망할 가능성이 있다. 이 둘의 협력 관계는 성공으로 이어질 수도 있으나 항상 의견이 일치하고 가까운 관계를 이어 가리라는 보장은 없다. 따라서 양쪽 다 존중심과 요령을 발휘해서 분위기를 누그러뜨릴 줄도 알아야 한다.

파격적인 성격의 사람도 충동적인 성격의 사람과 좋은 협력 관계를 맺을 수 있다. 둘 다 자신과 조금 다른 사람을 좋아하고 이해하는 마음이 있으므로, 팀 내에 약간의 불안함이 존재해도 별로 상관하지 않을 수도 있다. 이들에게는 변화의 가치를 알아보는 눈도 있어서, 상호 존중과 이해를 바탕으로 한 업무 관계를 맺는 데 도움이 된다.

조심성이 많은 사람과 충동적인 성격의 사람이 만나면, 애초에 갈등이 폭발할 위험을 안고 살 수밖에 없다. 이들은 원래 의심이 많아서 충동적인 성격을 지닌 사람의 모순된 태도와 시시때때로 변하는 감정을 위협으로 느낄 것이고, 이들의 의심 많고 남을 가까이하지 않는 태도 역시 충동적인 성격을 지닌 사람의 눈에는 부정적으로 보이기에 충분하다. 극적인 성격과 충동적인 성격은 둘 다 다른 사람의 관심을 좋아하고 거침없는 성격이므로, 주의하지 않고 긴밀한 협력 관계를 맺으면 서로 충돌하거나 난처한 상황에 빠질 가능성이 크다.

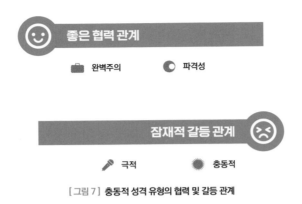

[그림 7] 충동적 성격 유형의 협력 및 갈등 관계

● 예민한 성격 유형

예민한 사람은 스포트라이트를 좋아하지는 않지만, 팀의 성공에 공헌하려는 마음은 분명히 있다. 이들은 일이나 인간관계에서 걱정이 많고 비판을 개인적인 일로 받아들이므로, 공격성이 강한 사람과는 일하기가 매우 어렵다.

이들은 외향적이고, 대인 관계에 자신감이 있으며, 직선적인 화법을 구사하는 사람과 협력해야 최고의 성과를 낼 수 있다. 자신감이 넘치고 극적인 사람들은 존중받고 존경받는 동료가 될 수 있다. 양측의 서로 다른 강점이 팀 내에서 각각 따로 역할을 발휘할 수 있기 때문이다. 극적인 성격이나 자신감이 강한 사람들은 다소 자기중심적인 태도를 보일 때가 있는데, 특히 예민한 성격의 동료와 일할 때는 배려하고 이해해 주어야 효과적인 업무 관계를 유지할 수 있다. 완벽주의 성향도 예민한 성격 유형과 매우 보완적인 업무 관계를 맺을 수 있다.

이들과 갈등을 빚을 가능성이 가장 큰 유형은 바로 공격적인 성격의 유형이다. 공격적인 성격의 사람일수록 예민한 성격의 사람과 일하기 어려워하고, 예민한 성격의 사람도 공격적인 성격의 사람을 만나면 스트레스에 시달린다. 파격적인 성격의 사람도 이들에게는 걱정거리다. 예민한 성격의 사람들은 안정되고 예측 가능한 직장 분위기를 선호하기 때문이다(그리고 보면, 충동적인 사람과도 갈등을 일으킬 수 있다).

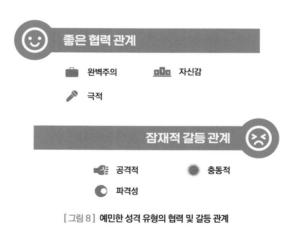

[그림 8] 예민한 성격 유형의 협력 및 갈등 관계

8장 성격 차이와 업무의 관계

● 이타적 성격 유형

이타적인 사람들은 어떤 성격의 사람과도 잘 어울리는 편이다. 이들은 동료를 따뜻하게 보살피고 협조적인 태도를 보이며, 늘 중재 역할을 떠맡을 뿐 갈등을 일으키는 일은 거의 없다.

이타적인 성격 유형은 자신의 직업적 목표를 늘 인지하고 자신의 안위를 스스로 챙길 필요가 있다. 이들에게 가장 필요한 동료는 완벽주의나 조심성이 강한 성격 유형이다. 장기 목표에 능한 완벽주의 성향과 이들이 만나면, 소속 집단이 장기적이고 의미 있는 목표를 추구해 나가는 데 큰 도움이 된다. 조심스러운 사람과 이타적인 사람이 협력하면, 둘 다 상대방의 충동(너무 믿는 성격과 지나치게 의심하는 성격)을 가라앉힐 수 있어 신뢰 관계를 형성할 수 있다.

이들은 자신감이 강하거나 공격적인 사람과 일할 때 가장 큰 어려움을 겪는다. 자신감이 넘치고 공격적인 사람도 물론 이타적인 사람을 좋아하지만, 이타적인 사람은 그들과 함께하는 일이 별로 인정받지 못할 때는 너무 많은 시간과 에너지를 소모하지 않도록 조심해야 한다. 물론 양측 모두 성과를 낼 수 있는 업무 환경도 있겠지만, 이타적인 사람은 자신의 업무 목표마저 희생해 가며 상대방의 일에만 몰두하지 않도록 주의해야 한다.

좋은 협력 관계

💼 완벽주의　　🔍 조심성

잠재적 갈등 관계

📊 자신감　　👊 공격적

[그림 9] 이타적 성격 유형의 협력 및 갈등 관계

● 완벽주의 성격 유형

완벽주의자들은 다른 어떤 성격의 사람들보다 일과 생산성에 몰두하므로, 직장에서 자신과 가치를 공유하는 사람이라면 얼마든지 협력 관계를 맺을 수 있다. 거꾸로 말하면, 일을 진지하게 여기지 않거나 다른 사람의 성과에 부정적인 영향을 미치는 사람과는 갈등을 빚게 된다.

이들이 극적인 유형과 잘 어울리는 이유는, 쇼맨십에 뛰어난 사람이 앞에 나서고 열심히 일하는 사람이 뒤를 받치면 최적의 성과를 낼 수 있기 때문이다. 이런 관계는 특히 소규모 팀이나 스타트업 환경에서 더욱 큰 효과를 발휘할 수 있다. 철저한 기본과 화려한 효과로 구성된 최적의 조합이 탄생하는 것이다. 그들이 서로의 역할을 존중하는 한 상호 보완을 통해 놀라운 성과를 낼 수 있다. 극적인 성격의 사람은 유연하고 남의 말을 잘 듣는 만큼 완벽주의자의 안내를 따르는 데 별로 문제가 없다. 적당히 공격적인 성격의 사람을 파트너로 삼아도 훌륭한 성과를 낼 수 있다. 그들은 서로의 강점을 세워 주고 장기 계획에 부합하는 합리적인 위험을 감수할 수 있다.

완벽주의자는 자신감이나 조심성이 강한 사람과 갈등을 빚는 경우가 많다. 둘 다 자신만의 일하는 방식이 있는데 매번 전혀 다른 시각으로 업무를 대해야 하니 타협점을 찾기가 여간 어렵지 않을 것이다. 조심성, 자신감, 완벽주의 유형은 모두 자기 방식대로 일하고 상황을 자신이 통제하려고 하므로, 그렇지 못한 상황에 닥치면 스트레스를 받게 된다. 따라서 이들이 함께 일하면 언제든지 충돌할 가능성이 있다.

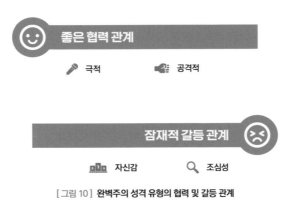

[그림 10] 완벽주의 성격 유형의 협력 및 갈등 관계

갈등 관리

—

지금까지 어떤 성격 유형이 서로 협력하기 쉽고, 또 어떤 유형은 갈등을 일으킬 가능성이 큰지 살펴보았지만, 이런 관계를 엄격한 규칙으로 생각할 필요는 없다. 어떤 사람들이 서로 충돌할 가능성이 크다고 해서 반드시 그렇게 된다는 것은 아니다. 사람마다 성격이 다양함에도 어떻게든 같이 일하는 방법을 찾아내는 것이 보통이다. 자기 인식이 강한 유형도 다른 성격에 대한 첫인상을 극복하고, 팀과 조직에 공헌하는 가치를 알아보는 경우가 많다.

갈등과 오해를 해결하는 가장 좋은 방법은 다른 사람을 이해하고, 문제가 될 만한 일이나 갈등의 원인을 이야기할 토대를 마련하며, 갈등을 피할 효과적인 행동 방식을 알아내는 것이다.

성격 유형이라는 것도, 결국은 직장 내 현실의 일부일 뿐이다. 만약 모든 일이 성격에 따라 이루어진다면, 서로 간의 차이점만 점점 도드라져서 결국은 갈등으로 이어질 것이다. 사람들이 직장에 출근해, 일에서 성과를 내거나 그렇지 못한 이유는 저마다 다르다. 공통의 가치와 건설적인 기업 문화는, 결국 오랜 시간이 지나면 이런 차이를 메우는 데 큰 역할을 한다. 유능한 관리자와 리더들이 공통의 비전과 목표를 중심으로 업무 체계를 구성하는 일도 사람들이 잠재적인 갈등을 미리 파악하고 극복하도록 하는 데 큰 도움이 된다.

훌륭한 인재를 모집, 육성, 보유하는 역량도 매우 유용하다. 최적의 인원을 선발하여 직책에 필요한 훈련을 적절히 제공했다면, 각자의 일에 능숙한 사람들의 가치 때문에 개인 간의 차이를 이해하고 수용하기가 훨씬 더 쉬워질 것이다. 사람마다 독특한 개성과 기벽이 있는 데다, 살다 보면 생각만큼 스트레스를 잘 다스리지 못하는 시기도 있게 마련이다. 그럴 때, 옆의 동료가 일솜씨도 뛰어나고 다른 사람의 성과를 떨어뜨리지도 않는다면, 이 모든 차이는 충분히 감내할 수 있다.

잘못된 경영 프로세스나 정실 인사, 또는 무능한 리더십 등의 이유로 부적합한 사람이 선발된 경우에는 사람들 사이에 충돌이 다수 발생하고 격화할 가능성이 훨씬 더 커지며, 심지어 그 직장을 대표하는 특징이 되기도 한다. 무능하고 부패한 관리자들은 자신의 약점을 감추기 위해 내분을 방조하거나 오히려 조장하기까지 한다 (맥레이, 편행, 2018년).

온라인과 오프라인의 '진짜 자아'

사람들은 과연 온라인과 오프라인에서 똑같이 행동하는가? 이는 마치, 어떤 사람이 직장과 집에서 똑같은 모습을 보이는가와 비슷한 질문이다. 누군가가 연인과 함께 있을 때 하는 행동과 친구나 가족과 함께 있을 때의 행동이 같은가 하는 질문도 비슷하다.

간단히 대답하면, 그렇다고 할 수 있다. 대체로 모든 사람은 온라인과 오프라인에서 하는 행동이 비슷하다. 환경이나 사회적 상황이 달라져도 일반적으로는 누구나 일관된 행동을 보인다. 물론 인간의 행동에는 언제나 예외와 반전이 있다. 비슷한 환경이라면, 거의 모든 사람은 언제나 비슷하게 행동한다. 안정적이고 일관되며 예측 가능한 요소, 예컨대 성격 등도 행동에 막대한 영향을 미친다.

행동의 변화에 뚜렷한 효과를 발휘하는 요소와 조건도 있다. 가면이 사람의 정체를 감추는 데 미치는 효과는 심리학자들이 수십 년에 걸쳐 연구해 온 광범위한 주제다. 일반적으로, 사람은 얼굴이나 신분을 감추면 행동에 제약을 덜 느끼게 된다. 사회적 압력이나 개인의 책임 의식이 익명성에 힘입어 완화된다. 사람들은 집단행동에 동조하게 되고 개인이라는 의식이 약해진다. 가면을 쓰거나 신분을 숨긴 상태에서 사람들은 자기 행동에 책임감을 덜 느끼게 된다(짐바르도, 1969년; 뮬렌Mullen 외, 2003년).

익명성은 사람들이 온라인에서 하는 행동에도 똑같은 효과를 미친다는 연구 결과가 있다(황Huang, 리니, 2016년). 사람은 익명성이 보장되면 악플, 선동, 협박 등과 같은 부정적이고 공격적이며 파괴적인 행동을 하게 될 가능성이 커진다(코놀리Connolly 외, 2016년). 그러나 온라인의 익명성이 항상 나쁜 행동으로 이어지는 것은 아니다. 사람들은 자신의 강렬하면서도 무해한 열정을 자유롭게 표출하기 위해 익명성을 활용한다. 예컨대, 뜨개질이나 플라이 낚시, 비디오 게임 등의 취미도 이런 열정에 포함된다. 익명성을 자신의 보호 수단으로 여기는 사람도 있다. 학대, 폭력, 트라우마에 시달리는 사람들은 익명의 단체로부터 안전을 보장받는다.

여기서 두 번째 질문이 나온다. 그중에 어느 쪽이 과연 진짜 자아일까? 하루 내내 화면에 걸어둔 자기 얼굴 사진이 본모습일까? 아니면, 얼굴이나 신분을 감춘 채 경계를 허물고 개인의 책임도 슬며시 망각하는 행동이 진짜일까? 이 장에서 다루고자 하는 문제가 바로 그것이다. 이 장에서는 온라인과 오프라인에서 드러나는 자아의 속성과 이미지 관리, 자아의식 등을 다룬다.

자아의 세 가지 영역

—

나의 본모습은 과연 무엇인가? '진정한' 자아를 대변하는 행동은 무엇이고, 가면을 쓰거나 혹은 다른 환경이나 사회적 조건에서 하는 행동과는 어떻게 다른가? 이것은 간단하게 대답할 수 있는 질문이 아니다. 이 문제를 철학적으로 파고들기 시작하면, 아마 책 한 권으로는 도저히 감당할 수 없을 것이다. 자아의 속성에 관해서는 심리학에서도 많은 논의가 진행되어 나름대로 뚜렷한 체계가 마련되어 있다. 뛰어난 인문학자이자 심리학자인 칼 로저스Carl Rogers는 자아를 탐구하고 조사하는 훌륭한 방법을 창안했다. 로저스는, 자아에는 세 가지 영역이 존재하며, 이들은 서로 연결되어 있다고 말했다.

자아상이란, 자신에 대해 알고 이해하는 모든 것을 말한다. 여기에는 신체적 특징(키, 머리카락 색, 눈동자 색 등)과 심리적 특징(성격, 지능 등), 사회적 관계(배우자, 친구, 직원, 관리자, 의사 등)가 모두 포함된다. 즉, 자신에 관한 모든 지식과 그 정보를 조직하는 정신 체계

9장 온라인과 오프라인의 '진짜 자아'

를 아우르는 개념이다. 예를 들어, 우리는 자신을 특징짓는 어떤 것에 관해 말할 때, "와, 그건 정말 카렌 답네"라고 한다. 또는 정 반대의 경우에는, "나 같으면 절대 그렇게는 하지 않을 거야"라고 말하기도 한다.

자존감이란, 자기 자신과 자신의 사회적 역할이나 행동에 부여 하는 가치를 말한다. 여기에는 사회적 비교, 즉 다른 사람과 비 교되는 가치 판단이 개입된다. 자존감의 근거는 여러 가지 특성 과 요소에 대한 대단히 주관적인 평가이므로 객관적으로는 옳 을 수도, 그렇지 않을 수도 있다. 자존감은 어떤 영역에서는 대단 히 높고, 다른 영역에서는 낮을 수 있다. 예컨대, "나는 내가 하 는 일에서만큼은 실력이 뛰어나"라고 말하면서도 "동료들은 나 를 별로 좋아하지 않지"라고 말하는 식이다. 사실 이런 평가는 서로 복잡하게 얽혀 있을 수도 있다. 즉, "내가 일을 너무 잘해서 사람들이 나를 싫어하는 거야. 그들은 나를 질투하거든"이라든 가, "나는 일은 굉장히 잘하지만 친하게 지내는 사람은 없어. 사 람 사귈 시간에 일을 더 하는 게 낫다고 생각하거든"과 같은 식 이다.

이상적 자아란, 닮고 싶은 누군가를 말한다. 여기에는 그 사람의 꿈과 야망, 목표, 또는 행동과 감정의 이상적인 모습이나, 좀 더 구체적으로는 특정 국가, 지역, 집단, 계층, 가정, 친구 집단, 또는 사회 구조에서의 바람직한 사고와 행동이 반영될 수 있다. 이것은 시기에 따라 크게 달라지기도 한다. 현재의 이상적 자아와 10년 혹은 20년 후에 지니게 될 이상적 자아는 전혀 다를 수도 있다.

이상적 자아는 자신을 어떻게 평가하느냐에 따라 자존감에도 영향을 미칠 수 있다. 사회적 비교에 자주 의존하는 사람에게 자존감은, 자신을 다른 사람과 비교해서 느끼는 감정과 밀접하게 관계될 것이다. 그들의 자존감은 진짜 자아(자아상)와 이상적 자아가 서로 차이가 난다고 생각하는 것만큼 영향을 받게 된다. 자존감과 관련된 문제는 바로 이 둘 사이의 차이로 설명할 수 있다.

사람들이 온라인과 오프라인에서 보이는 행동이 일관되거나 그렇지 않은 이유를 이해하기 위해 두 가지 예를 살펴보기로 한다. 여기서 우리는 왜 어떤 사람은 온라인에서 행동이 달라지고, 다른 사람은 매우 일관된 행동을 보이는지 그 이유를 알 수 있다.

자아와 성격 장애: 두 가지 사례

—

● 경계성 성격 장애의 자아(충동적 유형)

경계성 성격 장애를 안고 있는 사람들은 자신의 취약한 내면에 대한 두려움과 다른 사람과 친밀한 관계를 맺고자 하는 열망 때문에 감정이 격렬해진다. 그들은 자신을 향한 이런 깊은 믿음 때문에 상처받고, 편향되고, 취약해지며, 다른 이들로부터 보호받아야 한다고 생각하게 된다. 그들은 대체로 다른 사람들이 따뜻하고 배려심 깊은 존재들이라고 여기면서도, 한편으로는 거절당할까 봐 상당히 두려워한다. 그들이 대인 관계에 양면적인 태도를 보이는 이유도 바로 이것이다. 그들로서는 다른 사람의 정체를 파악하고, '동맹'과 '보호자'를 확보하기 위해 가까운 관계를 유지해야 하지만, 조금만 제 역할을 못 한다는 생각이 들면 돌발적인 행동으로 상대방을 밀어내거나, 이미 가까워진 사람에 대한 모순된 마음과 긴장감 때문에 감정을 폭발하곤 한다.

경계성 성격 장애를 지닌 사람은 자신이 대단히 좋아하거나 싫어하는 사람과 자신의 관계를 뚜렷이 인식하는 데다 그들과의 관계도 대체로 격정적인 편이므로, 여러 사람 사이를 오가거나 자신의 태도에 관해서도 마음이 수시로 바뀌는 경우가 많다. 예컨대, 어떤 사람과 아주 가깝게 지내다가도 사이가 틀어진 후에는, 금세 과거에 맺었던 관계를 스스로 부정하는 식이다. 이것이 소규모 모임이나 직장이라면, 그들은 방금 사이가 멀어진 그 사람과 갈등을 빚고 있는 또 다른 사람과 가까운 관계를 맺을 수 있다. 그들은 '적의 적은 내 친구'라는 생각에 따라 어떤 사람과 아주 가까운 사이가 되었다가도 금세 대단히 싫어하는, 아주 복잡한 인간관계를 맺는 경향이 있다. 그러고는 다른 사람들에 대한 자기 생각에 동조하는 사람과 또 금방 친해지는 식이다.

이런 현상은 온라인에서도 똑같이 일어날 수 있다. 그들은 유행과 밈, 극단적인 정치 이념에 취약한 모습을 보일 수 있고, 그런 이념을 옹호하는 온라인 커뮤니티와 그곳에서 주창하는 개념과 수사에 깊이 빠져든다. 그런 다음에 자신이 안고 있던 환상이 깨지기라도 하면, 태도를 완화하는 것이 아니라, 이번에는 정반대의 극단적인 이념에 빠져들기를 반복한다. 이전에 지니고 있던 신념을 포기하는 정도가 아니라 완전히 정반대되는 이념을 적극적으로, 또 직설적으로 주창하는 것이다.

● 강박성 성격 장애의 자아(완벽주의 유형)

강박성 성격 장애를 안고 있는 사람들은 자신을 믿음직하고 세심한 사람으로 생각하며(벡, 2015년), 자신과 다른 사람에 대해 양심과 책임을 다하는 긍정적인 모범으로 여기는 경향이 있다. 그들의 행동을 뒷받침하는 동기는 그런 이상적인 자아 모델과 함께, 주변 사람들과 직장, 사회가 자신에게 기대하고, 자신도 마땅히 해야 한다고 생각하는 많은 일이다. 그들은 복잡한 체계와 질서 정연함, 그리고 프로세스와 통제를 지나치게 강조하는 분위기 때문에, 자신이 이 모든 것에 압도되어 무력해진 현실을 깨닫지 못할 수 있다. 그들이 질서와 안정을 추구하고 만약의 사태에 대비한 계획을 강조하는 것도 실패를 두려워하고 자신과 다른 사람에게 쓸모없는 존재가 될 것을 걱정하기 때문이다.

그들은 이런 엄격한 통제를 자신뿐만 아니라 다른 사람에게도 적용하려고 한다. 그래서 어떤 일을 해야 하고, 어떤 행동이 올바르며, 성공과 업적을 측정하는 방법이 무엇인지를 구체적이고 엄격하게 정의한다. 이런 태도는 좀처럼 바뀌지 않으며, 주변 상황과 사회적 환경이 아무리 달라져도 놀랄 만큼 일관된 모습을 보여 줄 것이다. 그들의 집중력과 동기, 필요 등은 일에서나 사생활에서나 변함이 없다. 그들은 일상생활에서 사람들과 대화를 나눌 때나 온라인에서 글이나 문자를 주고받을 때나 똑같은 방식으로 의사소통한다. 아마도 문자 메시지를 쓸 때도 맞춤법을 정확히 지킬 것이고, 어떤 의사소통 채널이든 상관없이 신속하게 응답할 것이다.

강박성 성격 장애를 안고 있는 사람도 대체로 변하지 않는 장기 계획을 지니고 있으므로, 그들의 행동은 오랜 시간이 흘러도 늘 예측 가능한 편이다. 그들의 동기가 무엇인지만 알면, 그들이 한결같은 마음으로 목표를 추구하고 쉽게 주의를 뺏기지 않으며, 주변의 물리적, 사회적 변화를 별로 개의치 않는다는 것을 알 수 있을 것이다.

인상 관리

―

누구나 어느 정도는 다른 사람에게 내비치는 메시지와 이미지, 신호를 관리한다. 사람마다 다른 사람에게 보이는 인상은 천차만별로 다르다. 사람마다 자신이 중시하는 이미지와 의사소통 스타일, 그리고 일이나 사생활, 인간관계에서 바람직하게 여기는 성과가 다 다르기 때문이다.

인상 관리는 사람들이 인간관계를 포함한 여러 상황을 헤쳐 나가는 데 꼭 필요한 아주 정상적인 프로세스라고 봐야 한다.

> **인상 관리**란, 사람들에게 자신의 가장 바람직한 모습을 드러내기 위해 자신에 관한 이미지나 정보를 선별하는 의식적, 무의식적 과정을 말한다.

성격 장애는 특정 행동 전략이나 대처 전략에 지나치게 의존하거나, 반대로 너무 도외시하는 현상으로도 설명할 수 있다. 다시 말해, 성격 유형에 따라 인상을 관리하는 방식도 다양하다는 뜻이다. 예를 들면, 파격적 성격을 지닌 사람은 인상 관리를 너무 소홀히 하는 편이다. 그들이 괴짜같이 이상하게 행동하는 이유는, 결국 다른 사람의 의견에 별로 관심이 없기 때문이라고 볼 수 있다. 자신감이 강한 유형은 과도한 인상 관리 전략으로 개인적인 이미지나 평판에만 지나치게 신경 쓰는 바람에 정작 자신이 속한 조직의 성과나 대인 관계에 손해를 끼치기도 한다.

한 사람을 지켜보는 눈이 있는 모든 조직이나 환경에서는 어느 정도 인상 관리가 존재한다고 봐야 한다. 이때 그 지켜보는 눈이 어떤 성격이냐에 따라 인상 관리도 큰 차이가 난다. 예를 들어, 직원들이 주로 재택근무를 하는데, 업무 내용은 모두 보고되지만 그들의 외모는 눈에 띄지 않는 환경이라면, 사람들의 행동도 그 환경에 맞춰 따라갈 것이다. 매일 사무실에 출근하는 환경이라면, 사람들은 자연히 의상이나 머리 모양, 외모 등을 꾸미는 데 시간을 많이 쓰게 된다. 이것이 바로 인상 관리다. 반면, 재택근무 환경에서는 아무도 자신을 보지 않기 때문에 사람들의 인상 관리는 주로 문서 표현(이메일, 문자 메시지, 서면 보고 등)에 집중되고 외모에는 별로 신경 쓰지 않게 된다.

자신이 관찰자의 입장이 되는 것도 인상 관리에 신경 쓰게 되는 요소가 될 수 있다. 그런 역할을 맡은 사람은 재택근무 환경에서도 사무실에 출근할 때와 똑같은 방식으로 일과를 준비한다. 심지어 의상도 출근할 때와 똑같이 입는 사람들이 있다. 이것은 그런 절차나 외모가 자아의식에 영향을 미치기 때문이다. 사람들이 인상 관리에 신경 쓰는 이유는 늘 자아상을 민감하게 의식하고 있기 때문이다. 인상 관리는 활용할 수 있는 기술이나 환경에 따라 여러 가지 형태로 나타날 수 있다. 예를 들면, 문서(이메일, 문자 메시지), 청각(전화, 인터넷 전화, 음성 메시지 등), 시각(화상 통화) 등에 따라 인상 관리도 다양한 형태를 띠게 된다.

감시와 인상 관리

—

인상 관리는 남들이 자신을 지켜본다는 것을 아는 상황에서 이루어지는 것이다. 여기에는 사회적 관찰도 포함되며, 이때 관찰자는 주로 동료를 비롯한 다른 사람들이 된다. 관찰이 인상 관리에 영향을 미친다면 감시도 마찬가지일 것이다. 나아가 업무 성과에도 분명히 영향이 있다. 그러나 좋은 방향은 분명히 아닐 것이다.

사람들은 조직이 자신의 성과를 파악하는 것과 자신의 업무 능률이나 책임감, 목적 등과의 관계를 명확하게 알 수 있는 한 얼마든지 이를 환영하는 편이다. 성과 측정을 위해 데이터를 수집하는 것은 대체로 좋은 일이지만, 끊임없이 무차별적으로 진행되는 감시는 전혀 다른 문제. 직장 내 감시 활동에 관한 연구에 따르면, 이로 인해 직장 내에서 긍정적인 성과가 대폭 줄어들어(오즈Oz 외, 1999년), 관리자와 직원 사이에 긴장이 증폭되고, 직무 만족도는 떨어지는 결과가 관찰되었다고 한다. 감시 활동은 주로 생산성에 악영향을 미치며, 특히 불특정 다수를 상대로 직원의 동의 없이 불필요하게 이루어지는 경우는 더욱 심하다(맥레이, 2018년b).

직무 면접 성과를 결정할 때 면접자의 표정을 컴퓨터로 분석해서 반영하는 회사가 늘어나고(셀린저Selinger, 하트조그Hartzog, 2019년), 원격 근무가 각광받는 추세에 따라 화상 회의 중에 온갖 무분별한 행동이 화면에 비치는 일이 발생하고 있다.

요즘은 전자 출입증을 이용해 여러 건물과 사무실에 드나들 때도 상사가 나의 동선을 일일이 들여다볼 수 있다. 심지어 상사가 마음만 먹으면, 회사 컴퓨터나 핸드폰으로 내가 한 모든 일을 속속들이 감시할 수도 있다. 원격 근무의 부상으로 일부 고용주들은 디지털 감시를 훨씬 더 매력적인 도구로 여기게 되었고, 이는 다른 방법보다 설치하기도 훨씬 더 쉽다. 직원의 가정에 있는 컴퓨터에 추적 및 감시 장치를 설치하는 것은 비도덕적인 일이 분명함에도, 일부 기업은 이런 기회를 놓칠세라 서슴없이 밀어붙이고 있다.

특히 사상 최대의 원격 근무 실험이 진행되었던 2020년에 감시 소프트웨어 설치에 관심을 기울이는 고용주들이 많았다. 그중에는 극단적인 직원 추적 기능도 있었다. 몇 분 간격으로 직원의 컴퓨터 화면을 복사하고 직원의 핸드폰에 들어 있는 GPS 수신 장치에 접근해서 물리적 동선을 추적하며, 심지어 핸드폰 카메라와 웹캠을 조작해서 직원의 모습을 수시로 촬영한 후 고용주에게 자동으로 전송하는 기능까지 있었다(사타리아노Satariano, 2020년).

이 소프트웨어는 직원의 하루 중 활동을 분 단위로 쪼개서 분석했다. 이메일과 슬랙, 문서 작성은 물론이고, 소셜 미디어와 음식 배달을 비롯해 직원이 접속한 모든 웹 사이트에 각각 시간을 얼마나 썼는지를 다 계산했다. 소프트웨어라는 관점에서 보면, 이것을 설치하는 것은 가능한 정도가 아니라 다른 것과 비교해도 더 쉽다. 그러나 직원의 프라이버시와 인권, 그리고 신뢰와 자율성이라는 측면에서 끊임없이 거슬리는 이런 감시 활동은 전혀 권장할 만한 것이 못 된다.

이제 감시 활동이 횡행하고 있다는 데에는 의심의 여지가 없으며, 이런 관행을 되돌리는 일은 어려움과 불가능한 것 사이의 어느 지점에 있다고 볼 수 있다. 따라서 이제 남은 질문은 "우리가 과연 어디까지 준비되어 있는가?"가 될 수밖에 없다. 이 질문을 다루기 위해 지금부터 아마존의 극단적인 감시 사례를 살펴본다. 그 기술은 생산성 증대를 위해 사용될 뿐만 아니라, 직장 내 인간관계와 관련하여 심지어 아직 일어나지도 않은 행동까지 예측하는 수준에 도달했다.

| 사례 연구: 극단적인 감시의 예 |

극단적인 직원 감시 사례의 하나로, 거대 테크 기업 아마존이 자사 물류 센터 직원을 어떻게 감시하는지를 살펴보기로 한다. 흔히 신기술의 개척자로 알려진 아마존은 직원들의 행동을 추적하는 데에도 가장 앞선 기업 중 하나다. 그들은 이런 기술을 활용하여 생산성과 성과를 측정하고 직원들의 행동에 관한 모든 통계 자료를 수집해 왔다.

아마존은 CCTV 같은 전통적인 감시 기술뿐만 아니라 열 추적 카메라를 비롯한 첨단 감시 장비에 직원의 동작과 행동을 분석하는 소프트웨어를 결합하여 활용한다. 그뿐만 아니라 손목 밴드 같은 웨어러블 기술을 동원하여 물류 창고 직원의 손동작까지 추적해 낸다.

2020년에 오픈마켓 인스티튜트Open Market Institute, OMI(독점 방지를 표방하는 미국의 비영리 단체 - 옮긴이)가 발간한 백서에 따르면, 아마존은 자사의 복잡한 감시 기술을 이용하여 개인의 생산성을 추적하는 데 그치지 않고 직원을 대상으로 수집한 감시 데이터와 사회 경제적 통계를 바탕으로 직원의 향후 거동과 집단적 행동까지 예측한다는 것이 밝혀졌다. 이 연구에 따르면, 아마존은 다양성 통계와 직원 만족도 같은 자료를 분석하여 어떤 지역과 집단에 속한 직원이 노조를 구성할 확률이 높은지까지도 예측해 낸다고 한다. 그들은 이런 데이터를 직원의 직무와 근무 지역 배정에 활용함으로써, 결과적으로 해당 직원들이 노조를 설립하기 어렵게 만든다고 한다.

아마존은 감시 기록을 통해 직원을 추적하고 관찰할 뿐만 아니라 해당 직원에게 메시지를 전하기도 한다. 그들은 물류 센터에 설치된 대형 스크린을 통해 과거 보안 기록을 편집해서 보여 주는데, 여기에는 직원이 물류 센터에서 물건을 훔치는 장면도 들어 있다. 그 대형 화면이 직원들에게 끊임없이 던지는 메시지는, 결국 누군가가 모든 사람을 지켜보고 있다는 것이다. 더해서 조금이라도 나쁜 행동을 저지르는 사람은 재교육의 대상이 될 뿐만 아니라, 그런 행동이 다른 사람에게 노출되어 창피와 굴욕을 당하게 된다는 교훈을 전달하기도 한다. 물론 이것이 행동의 변화를 유도하는 효과적인 수단이기는 하지만, 그런 수준의 감시로 인해 유발되는 심리적 긴장을 정당화할 방법은 그 어디에도 없다.

아마존은 또 인적 오류를 줄인다는 명분으로 감시 기술을 이용해 개인의 자율권을 줄인다. 물류 센터 직원들이 착용하는 손목 밴드는 직원의 시간당 화물 처리 수를 기록하다가, 작업 속도가 너무 느려지는 직원이 나오면 그에게 이 사실을 알린다(이른바, '작업 속도 저하'라는 통계 자료다). 아마존은 GPS 내비게이션을 이용해 배송 기사들의 동선을 추적하여 정해진 경로를 벗어나지 않도록 하며, 기사들은 99.9퍼센트의 정시 배송률을 달성해야 소위 '위험이 종료'된다.

문제는 사람이 마치 로봇처럼 취급당한다는 것이다. 사람들은 모든 동작과 행동을 감시당하고, 컴퓨터 프로그램의 알고리즘이 바뀌면 똑같이 따라야 한다. 이런 대량 감시 체제에 현재 시험 운영 중인 행동 조정 프로그램이 결합하면 특정 생산성 지수 (예컨대, 1인당 한 시간에 적재하는 화물 수 등)가 향상될 수는 있겠지만, 측정되지 않는 다른 측면에는 오히려 해를 미칠 수 있다(예컨대, 정신적, 신체적, 사회적 건강 등).

감시가 지나치면, 고용주와 직원 사이에 의심과 스트레스, 불신이 일어난다. 아울러, 직원의 자율권이 감소되면 동기 부여와 성과 향상에도 심각한 악영향을 미친다(맥레이, 펀햄, 2017년). 어디서나 횡행하는 감시는 고용주가 직원의 독립적인 업무 능력을 믿지 못한다는 메시지로 받아들여진다.

아마존의 경우, 직원들이 끊임없는 스트레스와 '낮은 수준의 공포'에 시달린다는 보고가 있다(오픈마켓 인스티튜트, 2020년). 게다가 이런 일은 단지 그들의 직장 생활에서만으로 그치지 않는다. 아마존은 그런 강력하고 효과적인 심리 기법으로 직원의 행동을 조종하기 때문에, 직원들의 말을 들어 보면 퇴근 후 집에서까지 심한 스트레스에 시달린다는 것이다. 심지어 직장에서 손목 밴드 등의 웨어러블 기기에 얼마나 시달렸는지 집에서도 비슷한 자극 때문에 잠을 제대로 이루지 못할 때가 많다고 한다. 보고서에 따르면, 아마존 작업장에서 다치는 비율이 다른 물류 기업들의 다섯 배에 달한다고 한다.

감시, 감독, 성과 관리

—

우리가 업무와 관련된 행동과 성과에 관심을 기울이는 한, 데이터를 모으고 감독하는 활동이라고 해서 모두 비도덕적이거나, 달갑지 않거나, 비생산적인 것은 아니라는 점을 분명히 해 둘 필요가 있다. 감시란, 무차별적인 데이터 수집 활동을 말한다. 대개 감시 활동은 절도나 꾀병, 심지어 엉뚱한 일로 시간을 보내는 등의 부정적인 행동을 줄이기 위한 것이다. 그러나 감시를 통해 성과가 개선된다는 증거는 극히 제한적이다.

사람의 행동을 아주 가까이에서 관찰하는 것으로, 과연 절도 행위를 예방할 수 있을까? 드 브리스De Vries와 젤더Gelder의 연구(2015년)에 따르면, 근로자 개인의 성격 차이(약 34퍼센트)가 감시 문화(10퍼센트)보다 직장 내에서의 나쁜 행실을 훨씬 더 효과적으로 예측하는 요인이라고 한다. 직장 내 윤리 문화(15퍼센트)도 감시 활동보다 나쁜 행동을 예방하는 데 더 큰 효과를 발휘했다. 이것은 감시 활동이 효과가 '있을 수도' 있지만, 그 이점이 상대적으로 약하다는 것을 말해 준다. 그 소소한 이점조차 과연 직원의 신체적, 심리적 건강이라는 대가를 만회할 수 있는지에 대해서도 의문이 든다.

나쁜 행동을 줄이기 위해서라면 감독이 더 좋은 방법이다. 일반적으로 거의 모든 사람은 올바르게 행동하며, 독립성과 유연성을 보장하고 성과에 대한 보상을 뚜렷하게 제시할수록 그럴 확률은 더욱 높아진다(맥레이, 편햄, 2017년). 감독은 감시보다 더 효과적이다.

감독은 지속적이고 거슬리는 감시 없이 나쁜 행동을 적발하는 시스템과 메커니즘으로 이루어진다.

거기에는 위험을 완화하고 나쁜 행실을 예방할 뿐만 아니라 긍정적인 행동을 유도하고 장려하는 시스템과 프로세스가 존재한다. 그러면서도 감시 문화에 따르는 부정적인 결과도 없다. 감시는 포괄적으로 작동하는 운영 체제인 데 비해, 감독은 잠재적인 문제점을 해결하는 좀 더 구체적이고 유연한 구조로 되어 있다는 점에서 둘 사이에 차이가 있다. 여기에 더해서, 프로세스와 데이터 수집을 통해 긍정적이고 바람직한 행동을 장려하는 데 초점을 맞추는 성과 관리라는 것이 있다([표 1] 참조).

[표 1] 감시와 감독의 구성 요소

	감독	성과 관리	감시
특징	적극적	적극적	수동적
목적	다양한 문제의 근본 원인을 파악하고 예방하는 데 필요한 유연한 구조를 마련한다.	훌륭한 성과와 바람직한 행동의 구체적인 척도를 관찰하여 그 기준을 달성하고 강화한다.	직원의 모든 행동을 (나쁜 것과 좋은 것) 파악, 기록, 관찰한다.
구조	잠재적이고 현실적인 문제 파악에 필요한 구조, 책임, 관리 수준을 규명하여 개인과 상황에 따라 적용한다.	핵심 행동, 산출량, 결과 또는 성과물을 파악, 정의, 측정하고 관찰하여 성과를 추적하고, 그로 인해 목표를 달성한다.	직원의 행동에 관한 모든 데이터를 기록, 저장하여 각종 사건과 데이터에 대응하기 위한 감시 시스템
책임	시스템이 제 기능을 다하도록 하기 위해 다양한 개인과 집단이 책임을 진다.	고용주가 성공의 기준을 정의하고, 고용주와 직원이 함께 그 기준을 달성할 계획을 수립한다.	모든 개인과 선별 집단의 데이터를 관찰하고 기록하는 책임은 기술자와 기술에 있다.

문화	모든 개인은 뚜렷이 정의된 역할과 책임에 따라 시스템 내에서 독자적으로 일하는 주체이다.	모든 개인은 뚜렷이 정의된 역할과 책임에 따라 시스템 내에서 독자적으로 일하는 주체이다.	직원들은 '좋은' 행동에는 보상이 따르고 '나쁜' 행동에는 '처벌'이 따른다는 것을 배운다.
체계	변화에 대응할 수 있는 유연한 구조	고용주와 직원의 관심사에 따라 분명하게 정의된 구조, 대상 및 목표로 구성된다.	금지되거나 규정된 행동이 있는 경직된 구조

● 예시

1. **감독:** 기업이 감독을 통해 거두고자 하는 효과는 주의 깊게 지켜보며 많은 정보를 얻어 내려는 것이다. 그러기 위해서는 모종의 피해나 탈선을 알리는 신호를 미리 감지해야 한다. 여기에는 문제가 발생해서 너무 해결하기 어려울 만한 지경이 되기 전에 미리 조치하거나 해결할 책임을 특정 인물에게 맡기는 일도 포함된다. 예를 들어, 대기업의 이사회는 경영진에게 적절하면서도 과도하지 않은 위험을 감수하고, 적절한 전략 목표를 수립하도록 해야 한다. 그렇다고 경영진이 일상 업무에 직접 간여하거나 강권하지는 않는다. 그들은 감시와 통제보다는 관찰하고 지도하는 역할을 할 뿐이다.

2. **성과 관리:** 성과 관리가 제대로 운영되면, 개인과 팀의 목표가 지속해서 개선되는 결과를 낳게 된다(암스트롱Armstrong, 2017년). 이것은

직원의 기술과 능력을 개선하기 위해 구체적인 척도에 따라 그들의 성과를 꾸준히 검토하고 진단하는 과정이다.

3. **감시:** 감시 시스템의 한 예로, 회사가 전 직원의 이메일을 수집, 저장하는 것을 들 수 있다. 물론 이러한 관행은 모든 직원의 의사소통 내용을 관찰, 수집, 저장한다는 것 외에 어떠한 명시적인 목적이 없을 수도 있다. 아울러 조직 내에 다른 사람이 그것을 사용하거나, 읽거나, 분석할 수도 있고, 그렇지 않을 수도 있다.

현실 세계의 연장

―

가상 세계와 현실 세계의 통합이 가속화됨에 따라, 이 둘을 서로 분리하거나 양측이 서로에 미치는 영향을 구분하기가 점점 어려워지고 있다. 가상 사회 환경은 직접 대면 환경과 따로 떼어서 생각할 수 없고, 그중 어느 한쪽에서 감시 및 통제에 사용되는 방식은 다른 쪽에도 분명히 영향을 미치게 되어 있다. 사람들은 업무 현장에서 감시와 간섭 등의 방식으로 나쁜 처우를 받으면, 그것이 비록 가상 기술을 통해서라고 해도 그 신체적, 사회적, 심리적 효과가 삶의 다른 영역, 예컨대 가정생활이나 대인 관계에까지 영향을 미칠 수밖에 없다.

전혀 다른 삶을 살거나 독립된, 또는 상상의 세계를 경험하려고 사이버 공간을 이용하는 사람은 거의 없다(물론 그런 사람도 일부 있기는 할 것이다). 사람들이 맺고 있는 사회적 관계와 인맥은 직접 대면 환경과 사이버 공간 양쪽에 복합적으로 걸쳐 있다. 온라인과 오프라인에서 나타나는 성격이나 자아의식을 굳이 나눠서 연출하려는 사람은 극히 드물다. 사람들은 현실 세계와 가상 세계를 모두 이용하면서 자신의 배경과 성격을 그때그때 알맞은 환경에 맞춰 표현할 뿐이다.

리더의 성공 요인

성공을 예측하거나 측정할 수 있는 단 하나의 공식은 존재하지 않는다. 성공이나 성취는 상대적이고 주관적인 가치로, 구체적인 결과와 환경에 따라 달라지고 다양한 요인의 영향을 받는다.

그러나 업무를 통해 거둔 성공과 성취를 살펴보면, 대체로 성과를 예측할 수 있는 공통 요소가 분명히 존재한다. 성격도 그중의 한 요소이며, 잠재적인 성과와 그 주체, 이유를 예측하는 데 도움이 되는 핵심적인 심리 특성도 있는 것이 사실이다.

성공에 영향을 미치는 요소를 파악하기 위해서는 우선 성공이 무엇인지 분명하게 정의해야 한다. 어떤 사람이나 팀에 성공적, 또는 '높은 잠재력'이라는 꼬리표를 붙이는 것은 적절한 자격 기준이 없다면 아무 의미도 없는 일이다. 가장 중요한 질문은 바로, 무엇을 위한 잠재력인가 하는 것이다. 그 사람이 이루고자 하는 목표나 그들이 특정 직책을 통해 달성해야 할 일이 무엇인지를 먼저 정의해야 한다. 목표를 정의하는 데는 다음과 같은 지표가 사용될 수 있다.

- 바람직한 성과 유형
- 높은 성과가 무엇인지를 보여 주는 기존 사례
- 고성과자들이 결과를 얻는 데 사용하는 프로세스
- 특정 성과의 중요성이 상황에 따라 달라지는 이유

성공을 정의하기 위해서는 직책과 성공 기준이 정의되어야 한다. 막연히 성과를 제시하기보다는 성공에 이르는 단계와 최종 목표가 포함된 경로가 분명하게 정의되어야 한다. 그런 다음, 특정 직책별로 성공의 모습이 어떤 것인지 정의한 후에야 비로소 해당 영역에서 성공을 가늠할 수 있는 기준이 무엇인지 검토할 수 있다. 전략적 리더십이 필요한 직책에 있는 고위급 간부의 경우, 오랜 성공 이력과 실패로부터 학습하여서 장기간에 걸쳐 호혜 관계를 쌓는 것은 물론, 목표를 설정하고 달성하여 직원과 주주에게 이익을 제공할 만한 전략을 수립할 수 있는 역량 등이 필요하다. 이처럼 성공을 예측할 만한 공통되고 일관된 특징이 존재한다.

지능

지능은 업무 현장에서의 성과를 예측하는 것으로는 가장 오랫동안 연구되고 철저하게 입증된 척도라고 할 수 있다. 지능은 생존과 직결된 기본적인 능력이기도 하다. 일정한 패턴을 인지하고 주변 환경을 이해하여 생존과 번영을 위해 행동을 조정하는 능력은 비단 인간에게만 국한된 것이 아니다. 우리는 동물들이 정보를 받아들여 행동을 결정하거나 판단하는 방식으로 여러 가지 복잡한 문제를 푸는 능력을 지켜보면, 그들의 지능도 파악할 수 있다.

다른 사람보다 빠르고 날카로운 판단력과 뛰어난 통찰력을 타고난 사람들이 있다. 또 어떤 사람은 남들보다 문제 해결 능력이 뛰어나다. 물론 그중에는 엔진 수리에서 컴퓨터 코드 작성, 사업적 의사결정, 개인 간의 갈등 해결, 또는 과학 실험 계획 등에 이르는 다양한 문제가 있다.

일반적으로, 지능 지수가 높은 사람은 지식을 습득하거나 정보를 처리하고 사용하는 속도가 남보다 빠르다. 여기에는 신경 과학적 요소도 한몫한다. 지능이 높다는 것은 두뇌 신경이 정보를 전달하는 속도가 빠르고, 전체적인 두뇌 자원을 좀 더 효율적으로 사용한다는 말이다(디어리Deary 외, 2010년). 지능은 추리와 문제 해결, 적응 및 학습 능력 등과 밀접한 관계가 있다. 이런 능력은 모두 업무에서 좋은 성과를 내는 데도 꼭 필요한 특성이다.

그러나 여기에는, 이른바 천장 효과Ceiling Effect가 개입한다. 지능이 높다고 해서 반드시 업무 능력도 뛰어난 것은 아니다. 다른 특징도 마찬가지겠지만, 지능에는 최적 지점, 즉 '충분히 좋은' 수준이 있다. 간단한 일을 처리하는 데는 높은 지능이 필요 없지만, 복잡한 과업일수록 지능이 높으면 그 분야에서 성공할 가능성이 커진다. 높은 지능이 오히려 생산성에 역효과를 내는 상황도 존재한다. 특히 똑똑한 사람들이 자기 능력을 과대평가할 때 이런 일이 발생한다. 이 주제에 관한 탁월한 연구 문헌으로는 데이비드 롭슨David Robson의 책 『지능의 함정*The Intelligence Trap: Why People Do Stupid Things and How to Make Wiser Decisions*』을 추천한다(2009년).

지능이 높은 사람은 경험에서 배우는 속도도 빠르고, 탁월한 훈련 성과를 보이며, 평균적으로 업무에서도 남보다 나은 성과를 올린다. 인지적으로 더 복잡하고 어려운 일일수록 지능이 우수한 사람이 일의 성과도 더 훌륭한 편이다(버투아Bertua 외, 2011년). 쉽게 말해, 지능은 업무의 성공 여부를 가늠하는 가장 정확한 예측 지표다. 물론 이것은 어떤 면에서도 성공을 보장하거나 유일한 지표가 될 수는 없지만, 훌륭한 지표라는 것은 틀림없는 사실이다.

지능과 관련해서 제기되는 또 다른 문제는 동기 부여와 잠재적 성격 장애다. 심리적 특성은 항상 독립적으로 존재하는 것이 아니라 다른 요소와 함께 작용한다. 지능이 우수한 사이코패스는 업무 성과가 훌륭할 수 있지만, 한편으로는 대단히 비생산적이거나 파괴적인 면을 보일 수도 있다. 멍청한 사이코패스는 체포되지만, 똑똑한 사이코패스는 국회의원이 된다는 미국 속담도 있다.

성격 특성

이 책은 성격 장애가 업무에 미치는 영향을 많이 거론하지만, 정상적인 성격 특성도 사람들의 일하는 방식에 깊은 영향을 미친다는 점을 언급해 둘 필요가 있겠다. 성격 장애 중에도 실제로 특정 직무나 업무 유형에 잘 어울리는 종류가 있듯이, 정상적인 여러 성격 특성과 잘 어울리는 일의 유형이 따로 존재한다.

성격 특성은 지능 다음으로 업무 성과를 가늠하는 가장 안정적인 지표이며, 리더십의 잠재력을 알 수 있는 훌륭한 잣대이기도 하다(맥레이, 편햄, 2018년). 그러나 모든 성격 테스트가 똑같은 효과를 내는 것은 아니다. MBTI나 인사이트Insights와 같은 성격 테스트 방식은 예측 타당성 면에서 그리 큰 점수를 줄 수 없다. 반면에, 빅 파이브Big Five 성격 모델은 대체로 가장 우수한 효과와 예측 정확도를 보인다고 평가받고 있다.

● 빅 파이브

빅 파이브 성격 모델은 심리학 연구에서 가장 보편적으로 사용되는 성격 파악 방법이다. 이것은 1980년대에 개발과 연구가 시작되어, 이른바 5대 성격 특성이라는 타당성 모델로 발전했다. 각각의 성격은 그것을 구성하는 몇 가지 측면으로 다시 나뉜다. 빅 파이브 성격 모델의 각 요소와 측면을 [표 1]에 정리했다.

[표 1] **빅 파이브 성격 모델의 요소와 측면**

특성(요소)	측면
성실성	능력, 질서, 충실, 성취, 노력, 수양, 신중함
신경증적 성질	불안, 적대감, 우울함, 자의식, 충동, 취약성
경험에 관해 열린 마음	공상, 심미안, 감정, 행동, 아이디어, 가치
외향성	온화함, 사교성, 적극성, 활동, 자극 추구, 긍정적 감정
우호성	신뢰, 정직, 이타심, 규정 준수, 겸손, 다정함

● 잠재력 특성 지표HPTI

빅 파이브 모델과 이론을 다른 분야에 적용하여 만들어진 대표적인 성격 지표로 HPTIHigh Potential Traits Indicator를 들 수 있다. 이것은 업무 환경에서 드러나는 성격을 여섯 가지 특성으로 파악하는 도구로, 업무 성과와 직접 관련되지 않은 일부 요소나 측면은 배제되어 있다. 예컨대, 외향성은 대인 관계 측면에서는 관심을 기울일 만한 특성이지만, 업무 성과를 가늠하는 척도로는 효과가 없다(배릭Barrick 외, 2001년). HPTI에는 공상이나 심미안과 같은 측면도 빠져 있는 대신, 새로운 아이디어와 태도, 사람, 업무 방법 등에 열린 마음을 측정하는 데 집중한다.

10장 리더의 성공 요인

성격 특성에 관해서는 15장과 19장에서 더 자세히 다룰 예정이므로, 여기서는 직장 환경과 행동의 맥락에서만 간단히 언급하기로 한다.

경험

—

지능이나 성격은 시간이 지나도 잘 변하지 않는 심리적 특성이기는 하지만, 이것만으로 한 사람의 성공이나 잠재력을 온전히 이해하기에는 부족함이 있는 것이 사실이다. 지능 지수와 성격 특성은 아주 우수한데 전문 분야의 지식이나 경험은 전혀 없는 사람을 찾아 다국적 기업의 CEO 자리에 앉히는 일도 물론 가능할 것이다. 그러나 그 결과는 그리 바람직하지 않을 것이다.

경험은 성공의 필수 요소이지만, 날 때부터 이것을 갖춘 사람은 아무도 없다. 오랜 시간에 걸쳐 배우고, 훈련하고, 연습하며, 개발해야 비로소 쌓이는 것이 경험이다. 재능과 능력을 타고난 사람도 있지만, 그렇다고 해도 연습이 없으면 잠재된 재능이 실현되거나 충분히 발현되는 것은 불가능하다. 아주 어린 나이에도(수보트니크Subotnik, 올셰브스키-쿠빌리어스Olszewski-Kubilius, 워렐Worrell, 2011년) 다양한 수준의 실력을 지닌 사람들에게 재능과 기술을 연마할 기회가 주어진다면, 성과를 개선하고 자신감과 동기를 증대할 수 있다.

오랜 시간에 걸쳐 축적된 경험은 한 사람의 전체적인 성과와 잠재력에 영향을 미친다. 지능과 같은 요소는 평생 크게 달라지지 않는 것이 보통이지만, 경험은 지능에 더해져 상승 작용을 일으키거나 심지어 새로운 기술을 습득하는 데 다소 느리더라도 이를 충분히 보완해 줄 수 있다.

경험의 이점은 시간이 흐를수록 복합 작용을 일으킨다. 어린 시절에 사회적인 경험이나 경력상의 경험, 또는 교육적인 경험을 더 많이 쌓은 사람들은 종종 이후에 그 경험들을 발휘할 기회를 더 많이 제공받거나 이점으로 작용하여 동료들보다 우위를 점하고는 한다. 전문 지식도 시간이 지날수록 점점 더 많은 경험을 쌓을 기회를 안겨 준다. 한편, 경험 부족도 시간이 지날수록 복합 작용을 일으킨다. 어린 시절에 기회를 많이 얻지 못한 사람은 성인이 되어서도 필요한 경험을 쌓는 데 어려움을 겪는다. 이것은 두 가지 효과를 낳게 된다.

선순환은 소수의 성공적인 결과나 좋은 기회가 더 많은 성과와 기회로 이어지는 과정을 말한다. 새로운 통찰과 지식, 스킬을 습득하면 더 많은 기회의 문이 열린다. 어린 시절에 재능을 드러낸 사람은 그 능력을 발휘할 기회를 계속해서 부여받게 된다. 그러면 능력과 자신감이 증대되고 더욱 칭찬받게 되며, 그 결과 더 많은 기회가 찾아오면서 상승 작용이 일어난다. '누구든지 가진

10장 리더의 성공 요인

사람은 더 받을 것이요'라는 성경 말씀 그대로다.

반대로, **악순환**은 경험이 거의 없거나 부족해 경험을 쌓을 기회가 점점 더 줄어들어 심각한 성장 장애로 이어지는 현상이다. 초기에 겪는 좌절은 더 악화되는 경향이 있고, 이를 만회하기가 점점 더 어려워진다. 이른 시기에 자신감이나 재능에 손상을 입으면, 오래도록 영향받고는 한다. 이런 일은 아주 어린 시기에도 일어날 수 있으므로, 어린 나이일수록 기회를 포착하는 것이 매우 중요한 이유이다. 초기에 기회가 부족해서 뒤처지는 현상은 복합적인 작용을 일으킨다. 어린 시절에 좋은 교육을 받을 기회나 사회적 프로그램, 방과 후 동아리 활동, 업무 경험 등이 부족한 것은 모두 악순환의 원인이 된다.

물론, 인생에서 하나의 올곧은 길만 간다거나 지속해서 순환하는 경우는 드물다. 누구나 인생과 경력에서 커다란 역경뿐만 아니라 행운도 맞이하게 마련이다. 경험은 부정적인 결과를 최소화하고 기회 활용법을 알려 주며, 상황에 따라 어떻게 대응할지 지침을 제공해 준다.

● 1만 시간의 법칙?

경험은 중요하지만, 그 가치는 여러 가지 요소에 좌우된다. 말콤 글래드웰Malcolm Gladwell의 『아웃라이어Outliers』라는 책은 경험과 전문 지식의 관계를 알기 쉽게 설명한 것으로 유명하다. 이 책은 전문가가되거나 어떤 기술을 터득하는 데 필요한 가장 중요한 요소로, 연습을 꼽는다. 여기에서 등장한 것이 바로 1만 시간이다. 1만 시간 동안 적절한 지도와 의도를 가지고 체계적으로 연습하면, 전문가가될 수 있다는 것이다. 이것은 1주일에 약 20시간씩 10년간 꾸준히 연습하는 것을 이른다.

이 개념은 악기 연주나 스포츠, 체스에 이르는 모든 분야의 대가들이 한 가지 공통점을 가지고 있었다는 사실에서 출발했다. 그것이 바로 1만 시간의 계획적인 연습이다. 글래드웰은 선천적인 재능보다는 연습이 더 중요하다고 말한다. 이것은 투지와 결의를 품고 자신의 재능을 갈고닦는 데 시간을 투자하면, 누구나 못 할 일이 없다는 매우 미국적인 사고방식과도 통하는 점이 있다. 자신이 선택한 기술을 완벽하게 터득하지 못한 사람은 아직 연습량이 충분치 않거나 올바른 연습 방법을 따르지 않았기 때문이라는 것이다.

물론 연습은 중요하다. 그러나 그것만으로는 충분치 않다. 훌륭한 코치와 성실한 노력, 올바른 연습 계획 등은 모두 성공에 중요한 요소지만, 선천적인 재능과 능력, 역량 없이 연습만으로는 성공에 이를 수 없다. 거의 모든 분야에서 연습은 그 누구도 극복할 수 없는 한계를 지니고 있다. 아주 좋은 예가 바로 운동 능력이다. 농구, 멀리뛰기, 육상, 수영 등의 선수들은 모두 선천적인 신체적 특징 덕분에 본질적인 우위를 점한다. 키가 150센티미터도 안 되는 사람도 물론 훌륭한 농구 선수가 될 수 있고 연습을 통해 기술을 향상할 수도 있지만, 아무리 많이 연습해도 최고 중의 최고가 되는 데 꼭 필요한 키만큼은 얻을 수 없다.

연습에 투입한 시간만으로는 뛰어난 성과를 올리는 전문가들 사이의 실질적이고 뚜렷한 차이를 설명할 수 없다. 무작위로 선택한 10명의 사람에게 잘 고안되었으나 대단히 힘든 1만 시간의 훈련 프로그램을 동일하게 부여했는데, 어떤 이는 스타가 되는가 하면 다른 이는 겨우 훈련을 마칠 뿐이었다. 지능이라는 요소에도 똑같은 한계가 있다. 지능이 비교적 낮은 사람도 의지와 연습, 고된 노력으로 분명히 성과를 개선할 수 있다. 그러나 환경을 통해 배우고 변화하는 데 어려움을 겪을 정도라면, 큰 회사를 운영할 만한 자격이 있다고는 볼 수 없을 것이다.

더구나 최근 연구에 따르면, 연습이 꼭 완벽을 만들어 낸다고 볼 수 없고, 연습에 투자하는 시간이 꼭 장인에 가까이 다가가는 길이라는 증거도 없는 반면, 선천적인 능력이 실제로 더 중요하다는 사실이 드러나고 있다. 맥나마라Macnamara와 마이트라Maitra 연구진은 글래드웰이 자신의 1만 시간 이론을 뒷받침하는 가장 중요한 연구라고 언급한(2009년) 1993년의 바이올리니스트 대상 연구를 재현해 본 적이 있다(2019년). 최근에 진행한 이 연구는 최고의 자리에 올라서는 유일한 요인이 연습량뿐이라는 글래드웰의 이론을 뒷받침해 주지 않았다.

맥나마라와 마이트라의 연구 결과, 연습량은 양호한 수준과 최고 수준을 나누는 기준이 아니었다. 양호한 성과를 올리는 사람과 최고 수준의 성과를 올리는 사람이 연습에 투입한 시간은 대체로 비슷했다. 따라서 이 경우 연습량은 기술을 훌륭한 수준까지 향상하는 데는 분명히 효과가 있었지만, 최고 수준의 전문가적 기량에 도달하는 이유를 설명하지는 못했다. 연구진은 최고 수준의 성과에 영향을 미치는 요소는 단순한 연습량이 아니라 해당 분야의 성격과 밀접하게 관련되어 있음을 지적했다. 예컨대, 체스에서는 지능과 작동 기억이 결정적인 역할을 하지만, 스포츠 분야에서는 선수의 심리가 더 중요하다.

물론, 이 연구진도 성과 향상에서 계획적인 연습이 차지하는 역할을 깎아내리지는 않는다. 경험은 모든 개인의 발달에 중요한 부분을 차지하는 것이 틀림없다. 사람들이 성과를 개선하고, 개인 기록을 경신하며, 기술을 향상하는 것은 얼마든지 가능하다(샘플 Sample, 2019년). 단지 최고의 성과를 올리거나 기술력에서 동료나 경쟁자를 앞서는 방법이 꼭 연습에만 있지는 않다는 것이다. 남보다 유리한 재능을 타고난 사람도 분명히 있기 때문이다.

동기

—

성격 특성이 한 사람의 평생에 걸쳐 거의 변하지 않고 안정된 특징을 보이는 데 비해, 동기는 좀 다르다. 동기는 시시때때로 달라지며, 주변 환경에 크게 영향을 받는다. 동기는 '행동을 유발하는 강력한 힘'이다(파크스리덕Parks-Leduc, 과이Guay, 2009년). 지능과 성격이 어떤 일에 반응하는 사람들의 방식을 설명하는 것이라면, 동기는 사람들의 특정한 행동에 숨은 이유를 말해 준다. 아울러 동기는 다양한 성격과 지능을 지닌 사람들의 행동이 제각각 다른 이유를 설명해 주기도 한다. 대단히 똑똑하고 성실한 두 젊은이가 있다고 해 보자. 둘 중 한 사람은 언제나 풍족하게 살다 보니 생계나 직업의식으로 돈을 벌어야 한다는 동기 부여를 받은 적이 없는 반면, 다른 사람은 돈을 벌어서 자립해야겠다는 의욕이 충만하다고 가정해 보자. 이런 경우 두 사람이 경력의 초반기에 일과 진로에 관해 보이는 태도는 전혀 다를 가능성이 크다. 둘 다 똑똑하고 최고의 성과를 올릴 만한 역량을 보유하고 있지만, 동기가 부족한 쪽은 성공할 가능성이 작다.

동기에 관한 연구가 시작된 지도 이미 반세기가 넘었지만, 단 하나의 이론이 이 분야의 연구를 압도하면서 지금도 동기 이론에 관한 가장 많은 연구와 인용, 적용을 창출해 내고 있다. 그것은 바로, 동기 요인에는 기본적으로 내적인 요인과 외적인 요인이 있다는, 매우 효과적이면서도 단순한 이론이다. 내적 동기 요인이 증대되면 직무 만족도가 증가하는 반면, 외적 동기 요인의 결여는 불만족의 주된 요인이 된다.

직업이 우리에게 안겨 주는 가치는 성취, 독립, 지급 능력, 각종 혜택, 안전, 안락함 등 여러 가지가 있다. 직무 만족도와 몰입도는 주로 독립이나 팀에 대한 공헌과 같은 내적 가치를 얻음으로써 향상된다. 반대로, 낮은 급여와 열악한 직업 안정성, 불충분한 혜택 등은 직무 불만족으로 이어진다.

내적 동기로 인해 만족하면서도 동시에 외적 동기의 부족으로 직무에 만족하지 못할 수도 있다. 즉, 이 둘은 상호 배타적인 관계가 아니다. 자신이 하는 일의 내용에는 만족하면서도 급여에는 만족하지 못하는 일자리도 많다. 물론, 그 반대도 마찬가지다. 외적 보상은 충분히 환영하면서도 여전히 외적 동기에 목말라하는 사람들이 많다.

동기는 크게 두 가지 요소로 나뉘고, 다시 동기의 여러 가지 측면이나 개별 동기 요인으로 구분할 수 있다.

내적 요소란, 사람들이 과업이나 일에서 얻는 즐거움, 또는 만족에 가치를 부여하는 내적 동인을 말한다. 그런 일은 주로 팀의 일원으로 공헌하는 데서 오는 자부심이나 만족, 자율권, 독립, 나아가 권력과 영향력까지 얻을 수 있는 힘든 일인 경우가 많다. 내적 요소는 직무 만족도나 업무 몰입도와 같은 긍정적인 직무 요소를 증대하며, 다른 여러 가지 긍정적인 업무 성과와도 깊은 관련이 있다.

외적 요소는 한 사람의 성과에 영향을 미치는 외부의 투입 요인이다. 이것은 어떤 직업에나 존재하는 핵심 요소로, 이것이 없으면 심각한 불만족이 발생한다. 직업 안정성, 근로 조건, 급여, 혜택 등이 여기에 해당한다. 이것은 직무 불만족을 예방하기 위한 기본적인 요건이지만, 외적 요소가 아무리 풍부하더라도 내적 동기 요인의 결핍을 보완해 줄 수는 없다.

맥레이와 펀햄(2017년)은 이런 요소를 더욱 자세히 연구하여, 직무와 관련된 내적, 외적 동기 요인의 다양한 측면을 아래와 같이 설명했다.

| 내적 요소 |

자율권은 직무와 관련한 개인의 발달과 성장에 관한 것으로, 업무 몰입, 적극적 참여, 자극 등과 같은 핵심 요소와 연관된다. 자율권이 동기의 주된 요인인 사람은 개인의 발전이나 자기표현 등의 가치에 부합하는 직무를 원한다.

성취감은 업적이나 발전, 또는 가시적인 성공에서 동기를 얻는 것을 말한다. 이것은 주로 승진, 권력, 지위, 인정 등을 향한 갈망과 관련이 있다. 성취감에 많은 가치를 부여하는 사람은 회사나 팀 내에서 자신의 업무 성과를 통해 남들에게 이름이 알려지기를 원한다.

소속감은 사회적 책임, 지식 전수, 가르침, 지도, 또는 동료와의 협력 등에서 얻는 동기다. 소속감을 중시하는 사람은 다른 사람과 함께 일하는 편을 선호하고 지식과 경험을 전달하기 좋아하며, 일의 사회적인 측면에 가치를 부여한다.

| 외적 요소 |

안정은 직무 안정성과 개인의 안전에 더하여 일관성, 규칙성 등과 관련된 개념이다. 오랜 역사와 꾸준한 평판, 또는 뚜렷한 조직 문화가 성립된 회사 혹은 그런 직무를 맡았을 때가 여기에 해당한다. 안정에 가치를 두는 사람은 주로 안정성, 일관성, 신뢰성 등에 많은 관심을 기울인다.

보상에는 급여, 보험, 보너스, 직무 혜택 등과 같이 측정과 계산, 정의가 쉬운 금전적인 보상이 우선적으로 포함된다. 그뿐만 아니라 직장 생활에 편의를 더해 주는 각종 혜택이나 지리적 편의성, 좋은 사무실, 또는 유리한 근무 일정 등도 이에 해당한다.

조건에는 안전과 보안, 개인적 편의 등과 같은 요소가 있다. 조건에는 직무 내용이 개인의 생활 방식에 맞고, 근무 환경이 그들의 필요와 편리함에 부합할 것 등이 포함된다.

10장 리더의 성공 요인

이런 요소들은 어떤 것이 사람들에게 동기를 부여하며, 그들이 직무와 경력을 통해 이루고자 하는 것이 무엇인지를 설명해 준다. 일반적으로, 내적 요소는 업무 몰입도와 성취도 같은 긍정적인 업무 요소를, 외적 요소의 결핍은 직무 불만족을 일으킨다고 알려져 있다. 물론, 성취도는 아주 높은데도 급여나 안전성, 설비 등의 부분에서 매우 열악한 직업도 존재한다.

참고: 자신의 동기가 어떤 추세를 보이는지 알고 싶은가? 그렇다면, highpotentialpsych.co.uk 사이트에 들어가서 무료로 테스트해 볼 수 있다.

사례 연구: 신임 관리자

—

이런 기준들 하나하나가 가지는 중요성은 어느 정도일까? 최적의 심리적 요인들을 갖추지 못한 사람도 훌륭한 관리자가 될 수 있을까? 이것은 최근 필자가 유럽의 한 기술 기업에서 최고의 성과를 올리고 있는 한 젊은 직원으로부터 받은 질문이다. 이 회사는 최근에 틈새시장을 겨냥하여 빠르게 성장하면서 높은 수익률과 눈부신 성공을 거두고 있는, 작지만 전도유망한 스타트업이다. 그 젊은이는 기술 분야의 교육을 이수하고 기술 직책에서 일하다가 최근 리더십 관련 직책을 제안받고 수락을 진지하게 고민하던 참이었다.

그는 그러한 일이 근본적으로 다르다는 정도는 알 만큼 자신을 잘 파악하는 사람이었다. 그가 쌓아온 경험은 회사의 기술 분야에 한정된 데다가, 아직 20대 중반에 불과한 그에게 사람이나 조직을 이끌어 갈 만한 경륜은 턱없이 부족한 것이 사실이었다. 그는 몇 가지 심리 테스트를 받아보았고, 인력 관리 유형이나 기술에 관해서도 상당한 독서와 자기 계발로 노력을 기울여 온 터였다. 그는 경험에 비추어 볼 때, 자신이 기술 관리자 유형에 좀 더 가까운 사람이라는 생각이 들었다(그가 속한 회사나 국가가 다행히 자신의 방식을 존중해 주는 곳이었다).

그의 정신적 특성을 객관적으로 파악한 결과, 그의 잠재력은 대체로 높은 것으로 드러났다. 지적 능력과 성실성이 우수했고 감성 지능과 대인 관계 기술을 개발하려는 의지도 대단했다. 그의 성격이나 태도로 봐서는 그 직책을 원하는 것 같았지만, 한편으로는 조심스러운 부분도 있어 보였다. 그 일에는 무거운 책임이 따른다는 것도 알고 있었고, 더 많은 것을 배워 꼭 성공하고 싶다는 마음도 있었다. 자기가 겪은 경험이나 인력 관리 업무를 통해 맞이할 과제 모두 분명한 한계가 존재한다는 것도 잘 알고 있었다.

결국, 그에게 남은 고민은 어떤 직책에 필요한 자질을 '완벽하게는' 아니지만, 적당히 잘 갖춘 사람도 과연 성공할 수 있느냐 하는 점이었다. 이 고민의 해답은, 물론 동기 부여 문제와 관련 있었다. 나는 과연 그 일을 하고 싶은가? 그렇다면 이유는 무엇인가?

10장 리더의 성공 요인

어떤 직무를 맡는 데 따르는 어려움을 알면서도 여전히 그 일을 하고 싶다면, 성공할 가능성이 분명히 있다. 경험을 통해 배우려는 의지가 있고 이미 어느 정도 익혔으나 완벽히 터득하지는 못한 기술을 연마하려는 동기도 있다면, 이미 발전과 성장의 핵심 요소를 갖춘 셈이다. 앞으로 스트레스와 시련이 닥칠 것임을 알면서도 내가 원하는 것이 무엇이며, 왜 그 일을 해야 하는지를 분명히 안다면, 그것 역시 매우 중요한 요소다.

반대로, 어떤 일을 싫어한다고 해도 전혀 문제될 것이 없다. 때로는 하기 싫거나 능숙하지 못한 일, 심지어 전혀 관심이 없는 일도 꼭 해야 할 때가 있다.

이 사례에서 그 젊은이는 그 직무를 진정으로 하기를 원했고, 실제로 그 일을 맡았다. 결정을 망설였던 이유는 주로 경험 부족에서 오는 불안감 때문이었다. 그러나 약간의 불안감이 있어도 자기 계발이나 경력 개발을 통해, 충분히 적응해 나갈 수 있다.

리더의 실패 요인

분야를 막론하고 직원을 선발하기 위해서는 원하는 기준을 미리 마련해 두어야 한다. 이 기준에는 성격과 자질, 기술, 지식 등이 포함된다. 모두 앞 장에서 이미 다룬 내용이다. 해당 분야에 필요한 지능과 성실성, 경험 등이 바로 바람직한 자질들이다. 그러나 이때, 바람직한 자질을 선택하는 데 있어, 긍정적인 특성에만 관심을 집중하는 경우가 많다. 물론 이것도 꼭 필요한 일이지만, 배제할 요소를 고려하는 것도 긍정적인 면 못지않게 중요하다. 관심이 없는 정보를 알아차린다는 것은 여간 어려운 일이 아니다. 똑똑하고 양심적이며 열심히 일하는 사람을 보면, 누구나 훌륭한 직원이 될 수 있겠다고 생각할 것이다. 그러나 그가 과거에 사람을 괴롭힌 전력이 있다면, 어떻겠는가? 그가 지금까지 일해 온 모든 직장에서 항상 문제를 일으켰다면, 어떻겠는가? 이런 점은 분명히 확인해서 골라내야 한다.

또, 그가 장차 잘못된 길로 빠질 수 있는 요소를 미리 파악하는 것도 중요하다. 일반적으로, 업무 현장의 개발은 긍정적인 속성을 창출, 개선, 강화하는 과정이다. 여기에는 기술 형성과 가치 육성, 경험 확대, 숙련도 향상 등이 포함된다. 물론 모두 유용하고 바람직한 요소지만, 개발에는 나쁜 습관이나 비생산적이고 파괴적인 행동을 도출해 내지 않도록 하는 법도 꼭 포함해야 한다.

리더십의 실패나 일탈 행위에는 몇 가지 공통된 패턴이 존재한다. 앞에서 살펴봤듯이, 사람들은 자신이 가진 능력의 한계치를 넘어서는 직책을 맡는 경우가 있다(6장, '피터의 법칙' 참조). 평소에는 환경에 잘 어울리는 성격을 가진 이도, 때때로 극심한 스트레스나 역경을 마주쳤을 때는 그 최적의 성격 뒤에 숨어 있던 어두운 측면을 드러내고는 한다.

이 장의 후반부에는 닛산의 회장과 CEO를 역임했던 카를로스 곤Carlos Ghosn의 사례를 통해, 뛰어난 성공을 거두던 리더조차 잘못된 길로 빠져들 수 있으며, 처음에는 훌륭한 리더십의 구성 요인이었던 성격 특성도 충분히 잘못된 길로 접어들 수 있다는 점을 살펴보기로 한다.

자만 증후군

영국 외무 장관이었던 데이비드 오언David Owen 경은 리더들이 잘못된 길로 빠지는 원인에 관해 방대한 저술을 남겼다. 결국, 리더들이 몰락하게 되는 원인은 애초에 권력을 차지할 수 있었던, 바로 그 성격 때문이라는 것이다. 오언은 이런 현상을 '자만 증후군Hubris Syndrome'으로 명명했다(2008년).

오언은 어떻게 권력이 중요한 영향력이나 권력을 지닌 사람들을 둘러싸고 있는 적절한 조건과 결합하여 잘못된 의사 결정과 비효율적인 리더십을 유발하는 유해하고 배타적인 환경을 조성하게 되는지 이야기한다.

오언은 리더로서 성공할 수 있는 성격에조차 어두운 측면이 있다고 이야기한다. 매력과 카리스마, 주변 사람에게 미치는 영향력, 기꺼이 위험을 감수하는 태도, 높은 자신감의 원천이 되는 열망 등은 모두 대단히 매력적인 성격임이 틀림없다. 이런 성격이 심해지면 극적이거나 자신감이 강한 성격 유형으로 발전할 수도 있다.

오언은 이런 성격의 어두운 면을 남의 의견을 듣지 않는 것(지나친 자신감), 충동적인 태도(과도한 위험 감수), 또는 세부 사항에 관한 무관심(대국적 사고) 등으로 본다. 이런 성격은 리더에 야합하는 추종자가 있을 때, 독특한 형태의 무능력을 자아내게 된다. 리더의 주변 사람이나 바깥에서 바라보는 사람들로서는 그 리더의 성과가 저조하거나 무너질 조짐이 조금만 보여도, 그가 이제 힘을 잃었다고 생각하

11장 리더의 실패 요인

게 된다. 외부의 시선으로는 잘못된 길로 들어서는 모습이 뚜렷이 보이게 마련이다. 그러나 심각한 자만심에 빠진 리더 본인은 위험한 길로 들어서면서도 그 사실을 미처 알아차리지 못하는 경우가 많다. 그들은 자신이 항상 일관된 길로 나아가고 있으며, 의사 결정도 늘 논리적이고 변함없는 과정을 거쳐서 얻은 것이라고 착각한다. 그들이 최고의 위치에 올라설 수 있었던 것은 바로 그 완고한 태도와 목적을 향한 한결같은 집중력 덕분이었다. 그런데 왜 그것을 포기하겠는가!

리더가 큰 성공을 거둘수록 그들의 성격이 흔들리거나, 추종자와 조력자들이 행동에 의문을 제기하거나, 자리에서 물러나거나, 나아가 그런 비효율적이고 파괴적인 행동을 제지하는 사람이 나타나는 일은 점점 지연된다.

자만심이 형성되는 과정은 성격 장애와는 좀 다르다. 성격 장애는 주로 성년기의 초반부에 시작되어 평생에 걸쳐 광범위하게 나타나는 패턴을 띤다. 오언이 말하는 자만심은 특수한 맥락에만 적용되는 독특한 의미를 지닌다. 그것은 오랫동안 막강한 권력을 누리는 사람에게 나타나는 현상으로, 다음과 같은 특징을 보인다.

1. 이 세상은 권력을 이용하여 자신의 영광을 추구하는 곳이라는 관점으로 본다.
2. 자아상을 강화하기 위해 행동하는 편이다.
3. 이미지와 외모에 지나치게 신경 쓴다.

4. 세상을 구하고자 하는 열망과 자신을 격상하려는 욕망이 발언에 묻어난다.

5. 자신을 국가나 조직과 동일시한다.

6. 대화에서 '우리'라는 말을 거창하게 표현한다.

7. 자신감을 지나치게 드러낸다.

8. 다른 사람을 경멸하는 태도가 역력하다.

9. 자신을 심판할 주체는 오로지 숭고한 존재(역사, 신 등)뿐이라고 생각한다.

10. 그런 존재 앞에 서더라도 자신은 절대로 결백하다는 확고한 신념이 있다.

11. 현실감이 없다.

12. 차분하지 못하고, 무모하며, 충동적인 행동을 일삼는다.

13. 실질적인 비용이나 성과를 고려하기보다는 도덕성을 앞세운다.

14. 정책 결정의 세부 사항에 어두운 면을 드러낸다.

오언은 권력과 적당한 조건이 결합하면, '나쁜 통'이 될 수 있다는 것을 보여 주었다. 오언은 자만심에 관한 초기 연구에서 조지 부시 George W. Bush와 토니 블레어Tony Blair가 2001년 9·11 테러 사건부터 이라크 전쟁에 이르기까지 국제 관계를 다루는 장면을 예로 들어 설명한 적이 있다(오언, 2012년). 이후 오언은 자만 증후군의 정의와 관련해 트럼프의 사례를 들어 설명했다. 그러나 대중과 언론의 눈에 비친 트럼프의 평생에 걸친 행동을 놓고 볼 때, 트럼프의 자만 증후군은 최근에 형성된 것으로 보기에는 무리가 있다. 그의 성격 장애와 행동 패턴은 평생에 걸쳐 형성되어 왔다고 보는 편이 좀 더 정확할 것이다. 트럼프의 리더십을 보면, 역할이 그의 행동을 바꾸었을 가능성은 희박하다. 물론, 스트레스와 역경이 행동을 악화했을 가능성은 있지만 말이다.

자만 증후군은 오히려 블레어와 부시 사례에서 더 잘 드러난다. 두 사람 모두 지지자들로부터 카리스마와 활력이 넘친다는 평을 들었던 인물이다. 그들은 대중에게 가까이 다가가면서 많은 사랑을 받았으며, 정열적이고 따뜻한 태도를 보여 주었다. 두 사람의 스타일은 비록 상당한 차이가 있었지만, 각자 자라난 나라와 지역의 문화를 잘 대변하는 인물이었다. 느긋하고 친근한 성격이었던 부시는 주변 사람의 조언에 많이 의존하면서도 세부 사항에는 그리 연연하지 않았다. 블레어는 9·11 테러 사건 이후, 동맹국인 미국과의 결속과 자유세계 수호자로서의 위상을 보여줌으로써, 세계 무대에 자신의 매력과 카리스마를 알리고 영국을 넘어 국제 사회 리더로서의 자신의 비전을 내세우려고 기회를 엿봤다.

그러나 아무리 거대한 꿈과 야망을 지녔어도 구체적인 계획과 복잡미묘한 세부 사항을 잘 챙기지 못하면, 결국 큰 실수를 낳게 된다. 연이은 실수와 오해를 일삼던 블레어는 급기야 유엔 결의안에 서투르게 대처하는 바람에 자신의 평판을 완전히 망치고 말았고, 이후 총리 재임 기간에는 오로지 정권을 보존하고 대중의 존경을 회복하는 데만 급급할 뿐이었다. 부시가 이라크에서의 승전을 호언

장담하던 장면에는 그의 자만심이 훨씬 더 공공연하고 우스꽝스러운 형태로 드러나 있었다. 부시가 서 있던 캘리포니아 해변 상공에는 '임무 완료'라고 쓰인 거대한 현수막을 매단 수송기가 날았다. 그러나 이후 8년이 지난 2011년 12월이 되어서야 마지막까지 남아 있던 미군 부대가 이라크를 떠났고, 결국 2014년 12월에 미국은 완전히 손을 떼고 돌아와야만 했다.

요컨대, 리더십을 둘러싼 환경에 절대적인 권력이 동반되면 심각한 문제를 일으킬 수 있다는 것이다. 일반적으로, 민주적인 공동 지배 체제는 권력 남용과 권력자의 위험에 대해 견제 기능을 발휘하도록 고안된 것이다. 그러나 인기 있는 지도자는 주로 규칙과 규범에 상관없이 '일을 처리하는' 능력이 있는 사람으로 인식되는 것이 보통이다(이 장의 후반부에서 이에 해당하는 사례를 살펴본다). 더구나 사람들은 대체로 그런 위법 행위조차 선의에 의한 것으로 판단되면 묵인하는 편인데, 시간이 흐를수록 그런 관행은 점점 권력을 보호하고 권력자 개인의 이익을 위해 사용되는 경향을 띤다.

잘못된 리더를 추종하고 지지하며 뒷받침하는 사람일수록 그 잘못된 리더십이 자신을 향하리라고는 미처 생각지 못한다는 것도 안타까운 역설이 아닐 수 없다. 그들은 늘 이런 식이다. "아 글쎄, 다른 사람들을 내치라고 이번 리더를 뽑아 놨더니, 나한테까지 그럴 줄은 몰랐다니까!"

사례 연구: 카를로스 곤의 부상과 몰락

—

이 글을 쓰는 현재까지도 닛산자동차의 전 회장 카를로스 곤은, 모든 일은 일본 사법부의 조작이었을 뿐 자신에게는 정당한 변호의 기회도 없었다며 결백을 주장하고 있다(둘리Dooley, 2020년).

그러나 가택 연금에서 탈출하여 전직 특수부대 용병들의 도움으로 바퀴 달린 상자에 몸을 숨긴 채 한 나라를 빠져나오는 신세가되었으니(레이먼드Raymond, 셰퍼드슨Shepardson, 2020년), 경력에 큰 오점을 남긴 것만은 틀림없을 것이다.

엄청난 몰락을 경험한 사람들이 흔히 그렇듯이, 곤 회장 역시 화려한 출세 가도를 달린 사람이었다. 그는 자동차 업계에서 자수성가하여 최고의 자리에 올라, 마침내 '글로벌 자동차 업계에서 가장 강력하고 화려하며 카리스마 넘치는 인물'이 되었다(〈오토카Autocar〉, 2020년).

곤은 브라질 태생으로 어린 시절을 레바논에서 보내다가 17세에 프랑스 파리로 가서 대학을 다녔다. 24세에 미쉐린 타이어에서 경력을 시작한 그는, 이후 공장 관리자와 연구 개발 부문 책임자까지 거침없는 승진을 거듭했다. 30세에는 모국인 브라질로 돌아가서 당시 경영에 어려움을 겪고 있던 미쉐린 브라질 지사의 최고 운영 책임자가 되었다.

곤은 계속해서 고속 승진을 이어갔다. 1989년, 미쉐린은 타이어 제조 회사 유니로열-굿리치Uniroyal-Goodrich를 인수하여 세계 최대 타이어 기업이 되었고(힉스Hicks, 1989년), 곤에게 미쉐린 북미 지사의 회장 겸 최고 운영 책임자의 자리를 맡겼다. 이후 이 회사는 수년간 구조 조정과 대량 해고를 겪으며 힘겨운 시절을 보냈다. 곤은 이 과정에서 합병과 구조 조정 작업을 무난히 치러 낸 업적을 인정받아 미쉐린 북미 지사 최고 경영자의 직위에 올랐다.

1996년, 당시 막 민영화된 프랑스 자동차 회사 르노가 곤에게 주목했다. 그는 르노의 부회장 겸 남미 본부장으로 합류하며, 타이어 업계에서 자동차 업계로 자리를 옮겼다(당시 르노는 제조 부문을 브라질로 이전하는 중이었다). 르노는 이전부터 수익성 악화 문제에 시달려 온 데다가 민영화로도 문제를 해결할 수 없었던 터라, 비용 절감과 수익성 개선에 일가견이 있다는 평을 듣던 곤은, 결국 르노의 CEO가 되기에 이르렀다.

그는 예전과 다름없는 방식을 밀어붙이는 바람에 르노에서 '코스트 킬러Le Cost Killer'라는 별명까지 얻었다(앤드루스Andrews, 1999년). 곤의 지휘 아래 '손실과 비효율에 허덕이던' 르노는 비로소 1990년대 후반기에 수익 구조를 제대로 갖출 수 있었다. 그러나 그런 결정을 모두 곤의 공으로 돌리기에는 무리가 있다. 여전히 르노 지분의 44퍼센트를 보유하고 있던 프랑스 정부는 프랑스 지역의 실업률을 최소화하기 위해 르노가 추진하는 해고의 대부분을 주로 벨기에 공장의 몫으로 돌리도록 결정했다.

1990년대는 글로벌 기업들 사이에 대규모 합병이 유행하던 시대였고, 그 추세는 주로 자동차 업계가 주도했다. 당시에는 몸집을 키우는 것이 만능이라는 생각이 횡행했지만, 메르세데스와 크라이슬러의 예에서 보듯이 그것이 모든 업체에 똑같이 적용되는 진리가 될 수는 없었다. 그러나 곤이 이끄는 르노는 병들어 가던 일본 자동차 회사 닛산에 50억 달러를 투자하게 된다.

1999년, 곤은 닛산 재팬에 대해서도 똑같은 방식을 취했다. 그리고 2001년까지 회사가 수익을 회복하지 못하면, 자신을 포함한 경영진 전원이 사임하겠다는 약속을 내걸었다. 그는 수익성 회복을 위해 일본 내에서 4개 공장을 폐쇄하여 수천 개에 달하는 닛산의 일자리를 삭감한다는 계획을 세웠다(《블룸버그Bloomberg》, 1999년). 당시에도 서류상으로는 닛산이 수익을 회복할 기회는 많이 있는 것으로 보였지만, '실제로 그런 방법이 효과가 있을지는 아무도 확신하지 못했다.'(앤드루스, 1999년)

그러나 닛산은 곤의 리더십 아래 2000년대에 실제로 수익을 회복했을 뿐만 아니라, 혼다를 추월하여 일본의 2대 자동차 제조업체로 성장하기에 이르렀다. 곤은 일본에서 일약 유명 인사가 되었다. 그러나 그의 사업 방식과 현란하고 독선적인 스타일을 향한 의혹의 시선은 여전히 남아 있었다. 그의 튀는 스타일과 개인적인 부를 화려하게 과시하는 태도는 일본의 문화나 가치와는 전혀 동떨어진 것이었다(초직Chozick, 리치Rich, 2018년).

성공을 거듭할수록, 그의 사치스러운 소비와 기벽도 더 심해졌다. 이는 처음부터 '코스트 킬러'로 쌓아 온 자신의 평판과도 전혀 맞지 않는 모습이었다. 2000년대에 닛산의 동료들은 그가 비판이나 주변 사람의 의견에 전혀 귀를 기울이지 않고, 콧대가 하늘을 찌르는 사람이라고 말했다. 그의 개인 소비도 늘어만 갔다(물론 공금 집행도 마찬가지였다). 그는 레바논에 사는 자신의 미술가 친구에게 요코하마의 닛산 본사 입구에 설치할 조각상 제작비 명목으로 88만 8,000달러를 지급했다. 2017년에 그가 재혼할 때는 베르사유 궁전에서 화려한 연회를 개최하기도 했다(그가 베르사유 궁전에서 마리 앙투아네트 풍의 파티를 연 것은 누가 보더라도 자만심이 지나치다거나, 적어도 '코스트 킬러'라는 자의식이 결여된 모습이라고 볼 수 있다).

곤의 보수 규모도 일본에서는 충분히 논란이 될 만한 소재였다. 특히 일본은 회사에서의 자부심과 일 그 자체가 급여 못지않게 중요한 나라다. 더구나 일본의 최고 경영자들이 받는 연봉은 다른 나라 경쟁사들보다 그리 높지 않은 것으로 유명하다. 2019년에 카를로스 곤이 수령한 연봉은 1,690만 달러로, 제너럴 모터스의 CEO 메리 바라Mary Barra가 받은 2,200만 달러보다는 적었으나 세계 최대 자동차 회사 도요타의 다케시 우치야마 회장의 연봉에 비하면, 무려 11배나 더 많은 금액이었다.

곤은 닛산에서 일하는 동안 경영자의 보수에 관해 일본 규제 당국과 늘 다툼을 벌였다. 다른 글로벌 자동차 업체에 비해 자신이 받는 급여 수준이 너무 낮다는 것이 골자였다. 그러던 2019년 가을, 닛산의 내부 고발자 한 명에 의해 곤이 사실상 두 개의 급여 체계를 만들어 두고 있었다는 사실이 드러났다. 회사 공식 문서에 드러난 '공식적' 보수와 별도로, 곤이 닛산을 떠난 후에 받게 될 또 다른 보

11장 리더의 실패 요인

상 프로그램이 존재했다는 것이다. 미국 증권 거래 위원회는 '곤이 닛산으로부터 받을 1억 4,000만 달러 규모의 은퇴 후 보상금을 빠뜨린 채 허위로 재산을 공개한' 문제로, 곤과 민사 소송을 벌여 합의한 바도 있었다. 일본 검찰 당국은 현재 회사 재정 관리상의 부실과 개인 부채를 회사 계좌에 떠넘긴 문제, 그리고 보상금 은닉 문제 등 총 4개의 혐의로 곤을 수사 중이다.

● 리더십의 전후 맥락

그러나 곤이 닛산에서 일으킨 문제는 다소 사치스러운 소비뿐만이 아니었다. 그가 닛산에 혜성처럼 나타나 환상적인 성공을 거둔 자체가, 결국 몰락의 길을 예견한 것이었다고 해도 과언이 아니다. 이런 경우가 늘 그렇듯이 그의 리더십이 실패하게 된 근본 원인은 바로 성공에서 오는 자만심이었다.

2000년대 초반까지만 해도 그의 성공과 리더십 스타일에 대한 칭찬이 산을 이루고 있었다. 2005년에 밀리킨Millikin과 후Fu가 진행한 사례 연구를 보면, 당시 곤은 이미 문화적 충돌과 가치의 차이를 어느 정도 예견하고 있었으며, 적절히 대응했다면 충분히 긍정적인 변화의 동력으로 삼을 수도 있었음을 알 수 있다. 그의 방식은 건설적인 갈등과 문화적 차이의 성격을 띠는 것으로, 적절한 통로와 속도를 유지했다면 꼭 필요한 변화를 실현할 수도 있었을 것이다. 곤은 여기에 다른 3가지 기본 원칙을 결합하여 사업을 추진했고, 닛산은 그 덕분에 회생할 수 있었다.

1. **투명성:** 조직은 부하들이 리더의 생각이나 말과 행동이 일치한다고 생각해야만 성공할 수 있다.

2. 어떤 일이든 실행이 95퍼센트의 비중을 차지한다. 전략은 기껏해야 5퍼센트에 지나지 않는다. 조직의 성공은 품질, 비용, 고객 만족 등의 개선과 밀접한 관련이 있다.

3. **회사의 방향과 우선순위에 관한 명확한 의사소통:** 전사적 단결과 몰입을 끌어내는 유일한 방법이다. 심지어 회사가 대량 해고 사태를 겪을 때도 의사소통은 효과를 발휘한다.

(밀리킨, 후, 2005년, 128쪽)

그는 일본의 기업 문화와 문화적 전통이라는 규칙을 과감하게 깸으로써 성공을 거두었는지도 모르지만, 그가 몰락한 것도 잘못된 버튼을 눌러 그 잘못된 규칙을 깼기 때문에 벌어진 일이었다. 약 2005년쯤부터 그는 경영진과의 의사소통을 강화했지만, 나머지 회사 구성원과의 거리는 점점 벌어지기만 했다. 결국, 전사적 의사소통이 효과적이지 못했기 때문이다(이케가미Ikegami, 마즈네프스키 Maznevski, 2020년). 사실 그가 오랫동안 성공을 거두어 온 것은 초창기에 구축한 신뢰와 네트워크 덕분이었는데도 말이다.

회사가 큰 성과를 올리고 있던 2010년대 초반부터 곤의 신뢰도는 이미 무너지고 있었다. 다시 말해, 사람들이 곤에 대해 느끼는 불편함은 회사의 성과와는 무관한 것이었음을 시사한다. 이미 이때부터 곤의 리더십 스타일이 달라지면서 여러 가지 문제를 일으키고 있었다는 것이다. 과거, 그가 닛산에서 놀라운 성공과 업적을 거두었다는 것은, 한편으로는 그가 점점 가까이 다가가기 힘들고 비판이나 불만을 용인하지 못하는 사람이 되었다는 것을 의미했다. 곤과 현장 근로자나 일선 리더들과의 사이는 시간이 지날수록 점점 더 크게 벌어졌다. 곤은 닛산에 부임한 초기만 해도 열린 마음과 겸손한 태도로 유명했으나, 나중에는 완전히 다른 사람이 되어 버렸다. 그는 이제 거만한 품성과 꽉 막힌 사고로, 고위 경영진에 둘러싸인 채 자신의 위신에만 매달리는 사람이었다.

2010년대를 거치며 경영진이 하나둘씩 사임하기 시작하자, 그는 빈자리를 채울 믿을 만한 사람을 구하는 데 어려움을 겪었고, 결국 최고 경영층에서 그와 소통할 만한 사람은 극히 소수만 남게 되었다. 그의 리더십은 회사 전체와 점점 단절되었고 곤은 반대자들을 결코 용납하지 않았다. 닛산 내부에서는 곤의 리더십 스타일을 풍자하는 의미로 '황제의 새 옷' 우화가 회자하기 시작했다. 그는 닛산에 부임하던 초기부터 구축해 온 극소수의 핵심 측근들에게만 의지했을 뿐, 새로운 인맥을 쌓는 일은 소홀히 했던 탓에, 회사 전체적으로 자신이 얼마나 고립되어 있는지 미처 깨닫지 못했다(이케가미, 마즈네프스키, 2020년). 사업상의 잇따른 판단 착오와 여러 계층의 직원, 관리자 및 경영진과의 관계 악화가 점점 쌓이면서, 곤은 문제를 해결하기는 커녕 이런 문제가 있다는 사실조차 모르는 상태로 점점 빠져들었다.

권력자들이 가까운 동료나 친구들에 둘러싸여 점점 소수 집단으로 고립될 때 보여 주는 공통된 현상이 있다. 리더의 실수에 관해 그 측근에 끼지 못하는 사람들로부터 엄청난 비난이 쇄도한다는 것이다. 자만심과 오만은 다른 사람의 비난을 부르고, 리더는 점점 더 고립될수록 자신의 명령이 다른 관리 계층에 먹혀들지 않는 현상에 점점 더 역정을 내게 된다. 그러면 희생양을 찾게 되고, 사람들을 비난하며, 서로 믿을 수 있는 최고 경영층은 점점 더 소수 집단으로 전락한다. 그리고 급기야 리더의 지도력을 향한 회의감이 그 소수 경영층에까지 스며들게 된다. 그러나 리더가 전횡을 일삼는 순간부터 이미 모든 사람은 그 리더가 비판을 피해 갈 수 없으리라는 것을 안다.

곤은 닛산의 고위 경영층뿐만 아니라 직원들과 완전히 단절되었고, 그들은 결국 그의 부패 혐의를 고발하게 된다. 얄궂게도 곤이 몰락하게 된 원인은 그가 닛산에서 성공을 거둘 수 있었던 바로 그 요인들이었다. 그는 과거에 문화적 규범에 기꺼이 도전하고 회사의 미래를 스스로 계획했다. 사람들의 의견에 귀를 기울이고 그 지식과 정보를 회사가 성공하는 데 필요한 의사 결정에 적극적으로 반영했다. 그러나 좋은 의사 결정을 거듭할수록 그는 '자신의' 결정을 성공의 가장 큰 요소라고 주장하기 시작했다. 그는 적응과 혁신의 주요 원인이 바로 개방과 혁신, 경청의 문화였다는 사실을 망각한 듯 보였다. 그는 자신과 닛산이 거둔 초기의 성공 때문에 주변 사람의 말을 점점 듣지 않게 되었고, 처음에는 회사 덕분으로 생각하던 모든 미덕을 점점 자신의 것이라고 착각하면서 초기에 추구했던 투명성도 점점 빛을 잃어 갔다.

오랫동안 선순환 구조를 지속할 수는 있어도 그것이 언제까지나 보장되는 것은 아니다. 선순환 구조를 당연한 것으로 여기는 순간이, 바로 동력이 감퇴하는 시점이다. 일본의 기준에서 독특했던 곤의 스타일이나 문화적 충돌은 그가 회사를 성공적으로 이끄는 동안에는 용인할 수 있는 것이었으나, 안타깝게도 닛산의 행운은 2010년대 말을 기점으로 꺾이기 시작했다. 그리고 그 모든 규칙 파괴와 마찰, 팀워크 악화 등이 성공과 동떨어진 것으로 드러나자 사람들은 곤의 기벽을 더 이상 참아 내지 못하는 것 같았다.

곤은 여전히 자신은 아무런 잘못이 없으며, 단지 마녀사냥의 희생자일 뿐이라는 입장이다. 그러면서도, 미국 증권 거래 위원회가 제기한 소송에서는 향후 10년간 어떤 상장 기업에서도 경영에 참여하지 않겠다는 조건으로 합의에 도달했다. 닛산은 총 9,000만 달러에 달하는 손실을 만회하기 위해 고군분투 중이고(창Tsang, 2020년), 일본 검찰 당국의 수사도 여전히 진행 중이다. 곤은 닛산의 내부 인사들이 일본 검찰과 결탁하는 바람에 자신이 체포된 것이라고 주장한다(내부 고발자에 관한 아주 흥미로운 설명 방식이라고 생각한다). 그러나 아무리 그렇게 주장해 봐야, 그가 레바논에 숨어 있는 한 효과는 미미할 것이다.

곤은 레바논의 카슬릭 생테스프리 대학교Université Saint-Esprit de Kaslik에서 비즈니스 리더를 양성하고 기술 스타트업 일자리를 장려하는 프로그램을 맡아 운영하고 있다(길크리스트Gilchrist, 2020년). 곤 부부는 자신들을 주제로 한 다큐멘터리 미니시리즈 제작에도 동의한 바 있다(암로Amro, 2020년).

일탈 예방

—

사람들이 잘못된 길로 접어드는 이유와 상황은 제각각 다르다. 그러나 대체로 나쁜 리더를 만들어 내는 체계는 다들 비슷한 경로를 따르게 마련이다(21장에서 더 자세히 설명한다). 마찬가지로 파괴적인 인물이 여러 단체나 조직을 사로잡지 못하도록 하는 일반적인 규칙이나 원리도 존재하며, 이런 규칙은 비록 그들이 잘못된 길로 접어들었더라도 더 큰 해악을 미치기 전에 경고 신호를 감지하거나, 심지어 그들이 권력을 차지하기 전에 미리 제거할 수도 있다.

일탈 행위를 예방하는 데는 네 가지 요소가 중요하게 작용한다.

1. 적절한 감독

좋은 지배 구조는 일탈이나 리더십의 실패를 방지하는 데 결정적인 역할을 한다. 그래서 정부 구조를 보면, 대개 견제와 균형, 감독과 책임이 서로 중첩되는 구조를 취함으로써 이런 기능을 달성한다. 리더 주변에는 그가 규칙을 준수하는지 감독하는 독립적인 기구와 조직이 별도로 마련되어 있다. 따라서 리더가 규칙을 위반하면, 그에 따른 결과에 책임을 지게 된다. 기업의 이사회도 마찬가지다. 이사회는 CEO의 생각을 무조건 보증하는 거수기 역할을 할 것이 아니라 강력하고 적극적인 감독 기구가 되어야 한다. 이사회는 뛰어난 통찰력을 지녀야 하고 상황이 잘못되었을 때는 합리적인 수준으로 개입하여 권위를 행사해야 한다.

2. 정교한 선발

선발 과정에 사용하는 기준은 바람직한 자질(특히 앞 장에서 설명한 내용들)을 보유한 사람을 선발하는 기능을 당연히 지녀야 한다. 하지만 동시에 나쁜 행동을 저지른 이력이 있는 사람을 배제하는 기능도 그 기준에 포함되어야 한다. 선발 위원으로 참여하는 사람은 여러 종류의 선발 과정에 깊은 이해를 지녀야 하며, 그중에서도 고위직 분야에 정통해야 한다. 고위급 리더를 선발할 때는 광범위한 참고인 조사와 배경 확인이 절대적으로 필요하다. 고위급 리더의 자리에 앉아 있는 사람들이 자신의 성공을 과장하거나 자격 요건을 조작하고 일탈 행위를 일삼았던 전력이 얼마나 많은지 알면, 아마 다들 놀랄 것이다. 심지어 그들이 회사에서 큰 혼란을 일으키기 전까지도 그런 이력을 적발해 내는 사람이 아무도 없는 경우가 허다하다.

3. 개인적 지지

사회적 네트워크와 신뢰하는 사람들, 또는 개인적 지지로 연결된 건설적인 인간관계 등은 일탈을 방지하고 완화하는 중요한 방어막이 될 수 있다. 자만 증후군에서 비롯되는 공통된 문제 중 하나는, 리더는 권력이 강해질수록 오히려 점점 더 고립된다는 것이다. 그들의 처지나 힘든 사정을 아는 사람이 드물어질수록, 리더는 의견이 충돌하거나 반대에 직면하는 상황을 피하려고 점점 더 사람들을 배척하게 된다. 그러나 그럴수록 가까운 친구나 동료, 파트너가 곁에서 직언해 줄 수 있어야 그들의 파괴적인 행동과 일탈을 미리 방지할 수 있다.

또 다른 문제는, 리더는 자신의 행동이 뭔가 잘못되었다는 것을 알거나 눈치챌수록 다른 사람에게 솔직히 털어놓기를 꺼린다는 사실이다. 스트레스와 어려움이 많고 영향력이 큰 지위에 오른 사람들이 강력한 유대와 신뢰할 만한 친구, 개인적인 지지 등을 간절히 원하는 이유가 바로 이것이다. 지위, 권력, 권위 등과 무관하면서 튼튼한 신뢰 관계를 쌓는 것은 무척이나 어려운 일이다.

11장 리더의 실패 요인

4. 자기 인식

리더라고 모두 일탈하는 것도 아니고, 그 원인이 개인적 특성에 있는 것은 더더욱 아니다. 사람의 성격은 경험에 따라 형성된다. 성격 패턴은 일정하고 안정적이지만, 그렇다고 영원히 변하지 않는 것은 아니다. 환경의 영향은 분명히 존재하고, 극심한 스트레스와 역경은 더욱 깊은 영향을 미친다.

자기 인식은 일탈을 방지하는 중요한 완충제가 될 수 있다. 자기 인식은 스스로 잘못된 길로 들어서려 할 때 이를 감지할 수 있는 자신감과 이해, 겸손의 원천이 된다. 일탈은 스트레스가 극심한 상황에서만 나올 수 있는 행동이기도 하다(보통은 성격 특성이 잘못된 길로 들어면서 발생하는 현상이다). 또는 평소 건전했던 대처 전략(연습, 유머, 사회적 지지 등)이 그렇지 못한 대처 전략(약물 남용, 과식 및 거식, 회피 등)으로 바뀔 수도 있다. 일탈을 미리 감지할 수 있는 신호는 여러 가지가 있으나, 이것은 사람마다 다르게 나타난다. 평소 사람들과 만나기를 좋아했던 사람이 갑자기 이를 피하기도 한다. 수면이나 식사 습관이 무너지는 사람도 있다. 이런 신호는 먼저 신체적 증상으로 나타나는 경우가 많으므로, 잠재적 문제가 눈덩이처럼 불어나기 전에 미리 파악하려면 신체적, 심리적 신호를 주의 깊게 살펴보는 습관이 꼭 필요하다.

d@rk social

3부

성격 유형과 일

다소 별나고 특이한 성격으로 다른 사람과 구별되는 집단을 일반적으로 'A 성격군'에 속한다고 한다(미국 심리학회, 2013년). 이러한 성격군의 장애를 지칭하는 적당한 단어로는 '괴짜', 혹은 '특이 성격' 등을 들 수 있다. 이런 성격 장애 그룹에 속하는 사람들은 대체로 자신을 외톨이나 외부인으로 여기는 경향이 있다. 그들은 사고방식도 다르고, 다른 사람과 같은 관점으로 세상을 보려 하지도 않는다. 그들 중에는 자신을 정상이라고 생각하는 사람도 드문 편이다.

그들은 다른 모든 사람과 다르며, 자신도 그런 사실에 매우 만족한다. 또, 다수에 의한 사회적 압력에 시달리지 않기 위해 다른 사람과 감정적, 사회적 거리를 두려고 온갖 수단을 동원한다. 그들은 스트레스를 받으면 다른 사람을 적대적으로 보기 때문에, 다양한 방법으로 다른 사람에게서 떨어지려 하거나 그들 스스로 자신을 멀리하도록 애쓴다. 그들은 이렇게 다른 사람과 거리를 두는 것 외에도 신체적, 심리적, 영적 측면에서 자신을 위로하는 등으로 과도한 생존 전략을 개발해 왔다. 그들은 턱없이 미숙한 대인 관계 전략 탓에 다른 사람을 향해 마음을 열거나 사귀는 데 큰 어려움을 겪는다. 자신만의 세계나 상상 속에 갇히는 편을 선호하며, 다른 사람에게 도움이나 지지를 구하는 경우는 극히 드물다.

업무 면에서도 그들은 자신만의 기준으로 평가받는 독립적인 직무에 더 잘 어울린다. 뛰어난 기술자나 책략가일 가능성이 크지만, 다른 사람과 팀을 이뤄 일하기는 어려워하는 편이다. 비록 창의적이고, 독립적이며, 항상 경계를 늦추지 않는 성격이지만, 한 팀의 의사소통 구조에 통합될 필요가 있다. 팀에서 떨어져서 혼자 지내다 보면, 그들은 쉽게 자신만의 세계에 빠져들어 점점 외부와 단절된다. 이 범주에 속하는 사람은 팀과 꾸준히 의사소통하며 연결되면서도, 한편으로는 자신만의 공간과 시간을 충분히 확보하는 것이 서로 균형을 이루어야 한다.

A 성격군에 해당하는 세 가지 성격 유형은 조심성, 고독, 그리고 파격적 성격 유형이다.

조심성 강한 성격 유형

—

조심성이 강한 사람은 일반적으로 다른 사람의 동기를 불신하거나 의심한다. 이들에게 신뢰란 언제나 공짜로 얻는 것이 아니라 노력이 필요한 일이다. 이들은 기본적으로, 다른 사람은 자신과 전혀 무관한 존재여서 그들의 나쁜 의도로부터 자신을 지키겠다는 태도로 세상을 대한다.

이런 태도는 업무에도 그대로 이어져, 사람을 만나 관계를 맺거나 평소 익숙한 집단 외의 사람을 알아 가는 일이 평균적인 다른 사람에 비해 훨씬 더 어려울 수밖에 없다. 정보를 남과 공유하는 데에도 매우 조심스러워하며, 특히 개인 정보에 관해서는 더욱 심하다. 직속 부하로서는 방어적인 태도를 보이고, 관리자로서는 지나치게 간섭하며 온갖 일에 직원을 감시하려 드는 편이다.

이들은 분석 능력이 필요한 일이나 늘 경계를 늦추지 않아야 하는 일, 또는 위험이 따르는 일 등에 적합하다. 만사에 의심을 거두지 않는 태도 덕분에 잠재적 방해 요소나 역경을 미리 내다볼 수 있고, 때로는 낙관적인 동료가 미처 생각지 못한 잠재적 위험을 감지할 수도 있다. 사람들과 신뢰 관계를 쌓은 후에는 부정적인 피드백을 제공하거나 실수를 통해 얻은 교훈을 다음 프로젝트에 반영하는 일을 맡으면 된다.

다른 사람에게 속마음을 모두 보여 주고 신뢰하는 관계가 모든 일에 도움이 되는 것은 아니다. 인적 요소와 기계 장비, 디지털 시스템 등은 언제든 잘못될 수 있으므로, 모든 일에 조금이라도 걱정하고 최악의 시나리오에 대비하는 태도는 잘못을 예측하고 예방해야 하는 안전 감시관, 위험 관리자, 보안 담당자 등의 직무에 대단히 중요한 덕목이라고 할 수 있다. 비이성적인 피해망상과 충분히 합리적인 의혹이나 경고를 구분하는 것도 꼭 필요한 일이다. 어느 조직이나 내부든 외부든 나쁜 의도를 품은 사람이 있게 마련이다. 실제로 은행에 강도가 들고, 네트워크의 기능이 정지되고, 직원들이 절도나 사기를 저지르고, 장비 고장이 발생하며, 사람이 다치는 일 등도 비일비재하다. 모든 조직에는 정도의 차이가 있을 뿐 수많은 위험이 존재한다. 그런 위험을 관리하는 자리에 있는 사람에게 조심성과 경계심이 많은 것은 장애가 아니라 자산이 분명하다. 문제는 그런 접근 방식이 지나쳐 전혀 위협이 아닌 일이나 사람에 관해서까지 편집증적인 태도를 보이는 것이다.

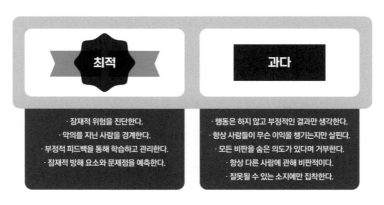

[그림 1] 조심성 강한 성격 유형의 최적 특성과 과다 특성

● 온라인에서 드러나는 모습

조심성이 강한 사람들이 가장 빠져들기 쉬운 곳이 바로 음모론과 그것을 부추기는 소셜 네트워크 공간이다(이 장의 후반부에서 〈인포워스InfoWars〉 사례를 다룬다). 이들은 자신이 다른 사람보다 더 똑똑하고, 감각이 뛰어나고, 더 정의롭다고 생각하며, 다른 사람들은 모두 나쁜 의도를 품고 있을 거라고 걱정한다. 세상에 일어나는 나쁜 일은 모두 서로 연관이 있으며, 자신은 원래 이런 연관성을 파악하는 재주가 있다고 생각한다. 실제로는 존재하지 않는 패턴을 찾아내고는 편안함과 안전함을 느낀다. 세상은 두렵고 위험한 곳이지만, 자신은 그 실체를 알기에 안심할 수 있다고 생각한다.

그 결과, 이들은 온라인에서 늘 새로운 정보와 정보원을 찾아 헤매고, 뭔가 색다르거나 숨어 있는 정보, 또는 정상적인 주류 세력에 적극적으로 대항하는 것처럼 보이는 내용에 이끌린다(항상 최악의 경우를 가정하거나 외부 세력이 자신을 노린다고 생각하는 사람들이 바로 이런 사각지대에 쉽게 넘어간다).

고독한 성격 유형

—

고독한 성격을 지닌 사람은 혼자 있는 편을 선호하고, 직장에서도 개인 공간을 충분히 확보하기를 원한다. 이들은 남들과 멀리 떨어져 혼자 일하는 환경을 대단히 환영한다. 사람들과 만나는 것을 피곤하게 여기고, 누군가와 갈등을 빚는 일을 극도로 꺼리며, 혼자 재충전할 시간을 많이 확보하려고 한다. 감정 표현에는 그리 적극적이지 않다. 업무 현장에서도 남들과 떨어져 있으려 하고, 열정적으로 일에 임하는 문화나 다른 사람과 감정적으로 끈끈하게 결속하는 데에는 별 관심이 없는 것처럼 보일 수 있다.

개인 간의 다툼이나 조직 갈등에는 가능한 한 관여하지 않으려고 한다. 즉, 이들이 어떤 갈등을 빚고 있다면, 그것은 이들의 감정적 거리감이나 팀원들과 단절된 것처럼 보이는 태도가 원인일 가능성이 크다. 그러나 이들은 결코 문제를 일으키거나 갈등의 원인이될 사람이 아니다. 이들은 갈등이 일어나면, 간여하기보다는 차라리 물러서는 편을 택한다. 그러나 의견 차이나 원한이 해결되지 못하면, 이런 태도가 오히려 문제가 될 수 있다.

이런 성격을 지닌 리더는 문제를 회피할 수 있다. 그런 태도는 인간관계나 감정뿐만 아니라 물리적으로도 드러난다. 사무실 문을 닫아 두거나, 멀리 출장을 떠나거나, 병가를 내는 등 할 수 있는 모든 방법을 동원해 다른 사람과 문제로부터 거리를 두려 한다. 고독한 성격을 지닌 사람이 인력 관리 업무를 맡기가 대단히 어려운 것은 바로 이런 이유 때문이다.

고독한 성격에 잘 맞는 업무는 독립적으로 일할 수 있고 분석 능력과 객관적인 의사 결정 능력이 요구되며, 정치적인 능력이 거의 필요치 않은 분야다. 그런데도 이들이 인간관계를 효과적으로 관리할 수 있다면(강한 신뢰 관계로 구성된 소규모 팀을 예로 들 수 있다), 위기 상황에 대단히 유용한 존재가 될 수 있다. 그들은 해결책을 중심으로 문제를 대하고, 겉으로는 여유 있고 침착한 태도를 보이므로, 팀원들을 안심시키는 역할을 할 수 있다.

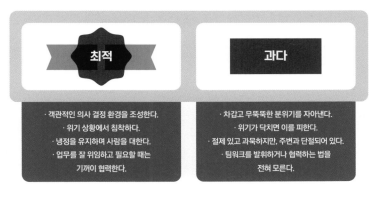

[그림 2] 고독한 성격 유형의 최적 특성과 과다 특성

● 온라인에서 드러나는 모습

남들이 다 하는 소셜 미디어는 하지 않고 혼자만 아는 온라인 네트워크에 들어가는 사람이 바로 이들이다. 개인적인 취향을 추구하고, 사람과 만나더라도 인간관계 외의 다른 목적을 더 중시하는 편이다. 온라인에서 이들의 가장 큰 걱정거리는 자신의 개인 데이터를 사용하고, 수집하며, 때로는 훔치는 회사가 많은 것이다. 온라인에

서 벌어지는 별난 행동을 따라 하느니 차라리 로그아웃하고 차단하거나, 아예 소셜 프로필을 내려 버리는 편을 택한다. 고독한 성격의 사람들은 소셜 미디어에서 다른 사람과 연락을 주고받는 빈도가 낮다는 연구도 있으나, 실제로는 자신의 계정에 글을 더 많이 쓰는 경우가 많다(마틴Martin 외, 2013년).

이들은 온라인에서 하는 활동 역시 주로 혼자 하는 것이 많다. 온라인 비디오 게임을 하더라도, 중간에 끼어들어 방해하는 사람 없이 광활한 무대를 배경으로 혼자 상상의 나래를 펴면서 자신만의 세계를 창조하는 종류일 가능성이 훨씬 더 크다. 사람들과의 만남이나 간섭을 피할 수 있다면 어떤 방법이든 쓰는 편이다. 그래서 온라인에서 누리는 익명성에 큰 가치를 부여한다. 아무도 모르고, 누구도 상관하지 않는 사람이 되려는 것이다.

혹시 소셜 미디어 계정을 가지고 있는 경우에도 이들은 감성을 추구하기보다는 사실 위주의 콘텐츠를 제작하고 공유하는 편이다. 이들은 자신의 감정이나 생각을 남에게 드러내는 일이 좀처럼 드물다. 온라인 친구가 적은 것은 물론이고, 새로 관계를 맺으려는 시도도 거의 하지 않는다. 많은 사람이 보는 곳에 공개적으로 쓰는 글보다는 개인적인 메시지를 직접 보내는 편을 선호한다. 이들은 대체로 사생활을 중시하고 자신을 드러내지 않으며, 내향적이다.

파격적 성격 유형

—

파격적인 성격의 사람들은 남 앞에 나서기 좋아하고, 자신의 별나고 독특한 면모를 드러내려고 한다. 이들은 이런 성격 때문에 여러 사람이 있는 곳에서도 유독 눈에 띄지만, 그것은 긍정적인 이유일 수도, 그렇지 않을 수도 있다. 자신이 지닌 에너지를 제대로 다스리지 못하면, 맡은 임무의 우선순위를 설정하는 데 어려움을 겪을 수 있다. 여러 가지 아이디어를 내놓는 일은 잘하지만, 제대로 실천하는 데는 약할 수도 있다.

주로 다른 사람이 어떻게 생각하는지와 상관없이 개인주의적 성향을 보이는 편이다. 이런 성향의 장점은, 한번 생각한 일은 주변의 도움이나 격려가 없어도 끈덕지게 밀고 나간다는 것이다. 그러나 한편으로는, 정신이 산만해지거나 궤도에서 벗어나는 경우가 있고, 결국 팀과 조직에 별로 도움이 안 되는 일에 너무 많은 시간을 소모하게 된다.

고집을 부리는 일이 많으며, 다른 사람과 타협하거나 중간 지점을 찾지 못하고는 한다. 이런 점이 이들과 함께 일하기 어려운 가장 큰 이유다. 특히 주변 사람과 생각이 전혀 다르거나 팀의 목적과 완전히 다른 방향을 추구할 때가 그렇다. 사람들이 이들의 이런 괴짜 같은 면모를 좋아하기는 그리 쉽지 않다. 게다가 이들은 다른 사람들이 자신의 독특한 면모를 이해해 주기를 바라면서, 정작 자신은 다른 사람을 좀처럼 용납하지 않는다.

직장에서 겪는 가장 큰 어려움은 사람들이 이들을 진지하게 대하지 않는다는 점이다. 이들은 별난 행동을 즐기고 튀는 것을 좋아하는 바람에 다른 사람을 불편하게 만든다. 이런 태도는 일종의 양면적인 대처 전략에서 나온다고 볼 수 있다. 즉, 이들은 많은 사람 가운데 자신만 유난히 도드라지기를 원하면서도, 한편으로는 자아의식과 정체성을 지키기 위해 다른 사람과 감정적으로 거리를 두려고 한다.

달리 생각하면, 이들이 다른 사람과 타협할 의지가 있고 자신의 독특한 재능과 팀의 우선순위 사이의 접점을 찾아낼 수만 있다면, 이들은 재미있고 활력이 넘치며 생산성과 혁신에 도움이 되는 동료가 될 수 있다.

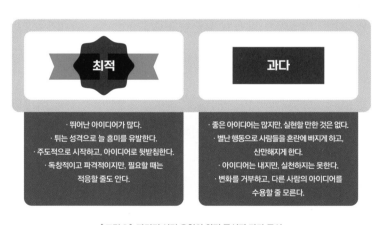

[그림 3] 파격적 성격 유형의 최적 특성과 과다 특성

● 온라인에서 드러나는 모습

수정구슬, 타로카드, 숫자점, 또는 특이한 영적, 종교적 콘텐츠 등은 파격적 성격의 사람들이 온라인에서 쉽게 매력을 느낄 만한 분야이다. 실제로 온라인에는 이상하고 별난 콘텐츠가 많이 존재하는데, 이들은 다양한 아이디어를 찾고 검색하여 파격적인 그룹과 이념, 메시지 등에 빠져드는 경우가 다른 사람보다 더 많다.

이들은 사회적 압력을 단호하게 거부하는 편이어서, 자기 계발 프로그램이나 영적 추구, 종교, 사이비 종교 또는 이데올로기에 한번 빠져들면 좀처럼 자기 생각을 바꾸지 않는다. 게다가 다른 사람이 거부감을 보일수록 오히려 그런 신념이 더 강해진다. 다른 사람과 감정적으로 거리를 두려는 것이 파격적인 생각에 사로잡히는 이유 중 하나이기도 하다.

소셜 미디어 환경

—

● 포챈

오늘날 페이스북, 인스타그램, 트위터, 링크드인 같은 크고 멋진 소셜 미디어 회사들이 인터넷을 장악한 채 사람들의 눈과 시간을 사로잡고 있다. 그러나 인터넷에는 좀 더 혼란스럽고, 거칠며, 다소 지나친 내용이 오가는 커뮤니티가 다수 존재한다.

포챈4chan은 유명 소셜 미디어 사이트에 비해 사용자 수는 훨씬 적지만, 전체 인터넷 지형에는 무시할 수 없는 영향력을 미치는 비주류 사이트다. 포챈은 이미지 게시판을 중심으로 운영되는 웹 사이트로, 사용자가 이미지와 토론 주제를 게시하면 다른 사람들이 역시 이미지와 텍스트로 댓글을 달 수 있게 되어 있다. 사용자의 실명은 드러나지 않고 게시물이 정렬되는 순서도 오직 시간과 날짜뿐이므로, 주류 소셜 미디어 플랫폼에 비해 콘텐츠가 대단히 무질서하고 혼란해 보일 수 있다.

포챈의 게시판은 크게 7개의 범주로 나뉘며(일본 문화, 비디오 게임, 성인, 창작물, 관심사 등), 여기에 수십 가지의 하위 범주가 있다. 예를 들면, 아니메와 망가, 기술, 음악, 무기, 비즈니스 및 금융, LGBT, 과학 및 수학 등이다. 이외에도 상당히 비주류로 분류되는 범주가 많이 포함되어 있다. 다양한 주제를 포괄하지만, 이른바 PCPolitical Correctness(정치적 정당성)를 벗어나는 이미지 게시판이 특히 인기 있다. 그 이유는 거의 제한 없는 콘텐츠와 사용자 익명성, 그리고 게시물의 짧은 수명 등이 어우러져 극단적인 악플러들과 그들이 몰고 다니는 밈이 활개 치기에 최적의 장소이기 때문이다. 음모론과 피해망상, 의혹, 또는 이상하고 별난 콘텐츠와 이를 둘러싼 환경에 관심이 많은 사람은 이런 이미지 게시판에 끌리기 마련이다. 이곳은 또 온갖 종류의 해커들(어나니머스Anonymous 같은)과 극단주의자(대안 우파 등)가 자라나고 활약하는 공간이기도 하다.

자네토Zannettou와 그의 동료 연구자들은, 비록 인터넷에 떠도는 수 많은 밈 중에 28퍼센트는 출처를 명확히 알 수 없지만, 대체로 밈이 생산되는 가장 보편적인 출처는 유튜브(21퍼센트)와 포챈(12퍼센트)이 라는 사실을 규명했다(2018년). 아울러 포챈에서 생산되는 밈 중 상 당수는 레딧으로 옮겨 가서 더 넓게 확산한다는 사실도 알아냈다.

PC를 조롱하는 포챈의 게시판은 오랫동안 인터넷의 은어와 문 화, 밈, 콘텐츠 등의 주요 생산 기지 역할을 담당했다. 최근에는 '훌 륭한 황제 트럼프'와 같은 우파 콘텐츠를 다량으로 생산하고 전파 하는 통로로 주목받기도 했다. 파파사바Papasavva 연구 팀은 3년 6개 월에 걸쳐 포챈에 올라온 총 1억 3,450만 개 이상의 게시 글을 조 사했는데, 이는 흥미로운 연구의 출발점이 되었다(2020년). 그 이유 는 이런 범죄에 가까운 활동이 결코 무시하지 못할 만한 비중으로 '비주류' 플랫폼에서 비롯된다는 결론을 도출했기 때문이다.

이런 콘텐츠의 상당수는, 결국 다른 플랫폼으로 흘러 들어간다(자 네토 외, 2017년). 트위터는 주류 언론의 뉴스 기사(예: 〈BBC〉 뉴스, 〈가디 언〉, 〈CNN〉, 〈뉴욕타임스〉 등)를 가장 먼저 널리 알리는 영향력 있는 원 천이다. 반면, 포챈과 레딧은 비주류 음모론이나 대안 뉴스 기사(〈브 레이트바트Breitbart〉, 〈RT〉, 〈스푸트니크Sputnik〉 등) 등을 대중화하며 영향력 있는 원천이 되려고 한다.

사례 연구: 〈인포워스〉
| 소셜 미디어 회사는 가짜 정보에 어떻게 대처할까? |

〈인포워스〉 사례가 흥미 있는 이유는, 이 사이트와 알렉스 존스가 부상하는 과정을 따라가 보면 음모론의 부상과 소셜 미디어를 통한 확산 과정을 알 수 있으면서, 또 한편으로는 2018년에 소셜 미디어 기업들이 그곳의 콘텐츠를 삭제하려는 움직임을 보였기 때문이기도 하다.

〈인포워스〉는 1999년에 출범한 사이트로(《블룸버그》, 날짜 불명), 여러 미국 우파 언론들의 스타일과 콘텐츠를 모방한 뉴스 포맷을 취하고 있다. 이 사이트는 음모론과 지어낸 뉴스를 취급하지만, 수익은 주로 영양 보조 제품 판매에서 나온다. 예를 들면, 두뇌 기능을 개선한다는 '브레인포스 플러스'나 남성 정력제로 알려진 '슈퍼 메일 바이탤리티' 같은 것들이다. 방송 시간의 상당 부분을 이런 보조제 판매에 할애한다.

이 사이트는 확실히 피해망상이나 분열형 성격을 지닌 사람들의 취향에 들어맞는다(어찌 보면, 그들을 이용한다고 볼 수도 있다). 이곳은 온갖 종류의 음모론을 한껏 펼쳐 놓고 이용한다. 예를 들면, 수많은 일루미나티Illuminati와 뉴 월드 오더New World Order 비밀 조직이 세계를 조종하고 있으며, 그들이 사람들의 정신을 조종하는 약품을 비행기에 싣고 공중에 뿌려 댄다는 식의 이야기다. 이런 이야기는 당연히 사실이 아니며, 철회된 적도 한두 번이 아니다. 예를 들면, 한 요구르트 제조 회사가 고의로 해외에서 성범죄자를 고용했다는 내용을 실었다가 정정한 적도 있다(몬테로Montero, 2017년).

이 장에서 〈인포워스〉 사례를 언급하는 이유는, 이 사이트에는 음모론과 대단히 공격적인 표현, 그리고 가짜 뉴스와 오락이 교묘하게 뒤섞인 특징 등이 모두 나타나기 때문이다. 이 사이트가 그토록 진지한 태도를 보이지 않았다면, 사람들은 그곳의 콘텐츠를 거의 풍자로 여겼을 것이다. 그러나 이곳은 우파 취향의 괴상한 신념과 음모론에 매력을 느낀 사람들을 정확하게 겨냥하여 만들어진 사이트다. 이 사이트의 콘텐츠가 소셜 미디어에서 그토록 활발하게 확산하는 이유 중 하나는 스타일이나 콘텐츠가 우스꽝스러워서 사람들이 재미있게 여기기 때문이다. 워낙 많은 밈과 비디오, 세련된 콘텐츠들이 온라인에 퍼져 수백만 회의 조회 수를 기록하다 보니 알렉스 존스의 좀 더 악명 높은 외침이 뮤직비디오로 제작되기도 했다. 이 글을 쓰는 현재, '알렉스 존스, 인디 포크 송으로 외치다'라는 영상은 640만 회, '게이 녀석들(알렉스 존스 리믹스)'이라는 영상은 1,400만 회의 조회 수를 각각 기록했다. 구글의 설계 윤리 책임자로 일했고 인도적 기술 센터Center for Humane Technology의 공동 창립자이기도 한 트리스탄 해리스Tristan Harris에 따르면, 페이스북 알고리즘이 사용자들에게 알렉스 존스의 콘텐츠를 추천한 횟수는 무려 150억 회에 이른다고 한다(패트리코프Patricof 외, 2019년).

오늘날 인터넷에 떠도는 알렉스 존스의 밈이나 비교적 온건한 영상은 음모론과 증오 발언 등의 골칫덩이 콘텐츠가 가지는 훨씬 어두운 면을 감추는 역할을 한다. 그것은 온라인 판매 및 광고 플랫폼에 퍼져 있는 음모론 중 빙산의 일각에 불과하다. 이것이 소셜 미디어 회사들에 큰 문제가 되는 이유는, 그들이 만들어 내고 홍보하는 콘텐츠의 독자층이 전 세계에 퍼져 있기 때문이다.

2018년, 유튜브와 페이스북, 애플 등은 자사 플랫폼에서 알렉스 존스와 〈인포워스〉의 콘텐츠를 금지했다(물론 지금도 볼 수 있는 방법은 많다). 그들이 금지 이유로 내세운 논리는 음모론이 아니라, 스포티파이Spotify가 말했듯이 '특정 그룹과 개인을 상대로 증오와 폭력의 표현을 사용하거나 이를 홍보, 지지, 언급했기 때문'이라는 것이었다(코스톤Coaston, 2018년).

그것은 소셜 미디어 회사들이 표현을 완화하고 자사의 서비스 규정을 위반한 유명인의 콘텐츠를 삭제하는 방향으로 한 걸음 내디뎠다는 점에서 중요한 발전이라고 볼 수 있다. 아울러 소셜 미디어 회사가 이제는 소규모 개인 네트워크의 틀을 벗어나 대중 언론이나 광고 플랫폼에 더 가까운 형태로 변모해 가는 움직임으로도 볼 수 있다. 지역 규모의 소셜 네트워크에서 벌어지는 콘텐츠보다는 가장 인기 있고, 따라서 논란도 많이 따르는 콘텐츠가 우선시되기 마련이다. 그러나 소셜 미디어 플랫폼이 원천 뉴스 제공처로 널리 알려짐에 따라, 오늘날 다섯 사람 중 한 명은 자신이 가장 즐겨 찾는 뉴스 매체로 소셜 미디어를 들고 있는 것이 현실이다(미첼Mitchell 외, 2020년).

거의 모든 플랫폼이 어떤 콘텐츠도 삭제하기를 꺼렸던 것이 현실이지만, 일부 플랫폼은 내용을 완화하거나 심지어 사용자를 퇴출하기도 하는 등 조금씩 적극적인 역할을 보이기 시작했다. 최근 몇 년간, 특히 2020년 미국 대선 직전까지 그들은 스팸과 봇, 악성 메시지 계정 등을 집중적으로 삭제했고(《BBC》, 2018년), 증오 발언에 대해서도 똑같이 조치했다(와그너Wagner, 2019년). 트위터는 2020년 대선 이전에 트럼프가 올린 1만 7,000개에 달하는 트윗을 부정확한 언사로 규정했고, 낙선한 후에는 그를 플랫폼에서 퇴출했다.

온라인에 출현하는 독특한 사고

—

인터넷은 연결된 누구나 정보에 쉽게 접근할 수 있도록 해 준다. 그러나 문제는, 온라인에서 가장 많은 정보를 제공하는 주체는 소셜 미디어 회사인데, 이들에는 진실성이나 책임감을 바탕으로 정보를 선별하는 기능이 거의 없다는 것이다. 사실, 소셜 미디어 회사는 주로 감정적인 반응을 촉진하여 콘텐츠를 홍보하는 경향을 띤다(이 부분은 22장에서 상세히 다룰 예정이다). 온라인에 가장 널리 퍼진 콘텐츠는 대개 가장 강렬한 감정적 반응, 즉, 두려움, 욕망, 분노, 의분, 조소 등을 불러일으킨다.

독특한 신념을 지니고 있거나 음모론을 찾아다니고 편집증적 반응이 자연스럽게 나오는 사람, 또는 다른 사람을 자신의 심리적, 신체적 안전을 위협하는 존재로 여기거나, 스스로 보통 사람과는 확연히 다르다고 생각하는 사람들은 자신이 원하는 것이 무엇이든 온라인에서 다 찾을 수 있다. 옳든 그르든 상관없이 두려움을 확증해 주는 정보를 쉽게 찾을 수 있다. 찾으라, 그러면 구할 것이다. 온라인이 그 길이 되리라.

B 성격군 – 적극적인 성격 유형

적극적이고 외향적이며, 다른 사람에게 영향력을 발휘하려는 성격 집단을 일반적으로 B 성격군이라고 한다(미국 심리학회, 2013년). 사람들이 성격 장애를 생각할 때 가장 쉽게 떠올리는 것이 바로 'B 성격 장애군'이다. 그중에서도 자기애와 소시오패스는 심리학을 잘 모르는 사람도 알 수 있는 유명한 성격 장애다.

B 성격군에서도 적응력이 매우 높은 사람은 외향적이고 사교성이 강하며, 매력을 발산하고 적응력이 뛰어나다. 그들은 매력적인 사람이고 다재다능한 사람이며, 협상가이자 카리스마 넘치는 리더의 유형이다. 특히 도덕 기준이 명확한 경우에는 자신의 재능을 건설적인 일에 활용할 수 있다.

그러나 B 성격군에서도 성격 장애에 무척 가까운 사람들은 도덕 기준이 빈약하거나 전혀 없을 수도 있다. 더 극단적인 경우에는 이기적이고 오만하며 인간관계에 능하나, 단지 자신의 이익에 도움이 되는 한에서만 관계를 유지한다. 그들은 필요하다면, 무슨 수단을 동원해서라도 권력을 쥐려는 사람이다. 따라서 거짓말, 조작, 과장, 약속 위반 등을 거리낌 없이 저지르고 다른 사람을 이용하려 든다. 물론 이런 행위에는 상응하는 결과가 따르고, 그만큼 혜성처럼 나타났다가 비참하게 몰락하고는 한다. 부정직한 방법을 동원하면 단기적으로는 이익을 꾀할 수 있으나, 장기적으로는 언제나 그에 맞는 결과를 초래한다. 파괴적인 성격을 감추는 것도 그때뿐이다.

B 성격군에 해당하는 네 가지 성격 유형은 공격적, 극적, 자신감, 충동적 성격 유형이다.

공격적 성격 유형

—

공격적인 성향의 사람은 모험 정신이 뛰어나고 기회를 환영하며, 새로운 일에 거침없이 뛰어든다. 힘이 넘치고, 흥분하면 시비를 걸거나 도발하면서, 결국 갈등을 빚는 경우가 많다. 이들은 모든 위험을 기회로 보는 경향이 있으며, 크고 작은 갈등에 휘말려도 별로 개의치 않는 편이다. 이들은 충분한 보상이 따르는 계산된 위험과 짜릿한 기분만 맛보려고 할 뿐이고, 별로 건질 것 없는 행동을 잘 구분할 줄 모른다.

이들은 물리적 용기와 대담한 결정, 위험에 초연한 점을 과시하고 싶어 하면서, 위험을 감수하며 저지르는 행동을 으스대는 경향이 있다. 나아가 남에게도 위험을 감수하라고 종용하는데, 다른 이의 한계를 시험이라도 하려는 듯 강하게 밀어붙인다.

일을 잘 벌여 놓지만, 워낙 싫증을 잘 내기 때문에 금세 더 새롭고 신나는 일로 옮겨 가고 이전에 추진하던 일은 남에게 떠맡기는 편이다. 새로운 일에 뛰어들어 한바탕 소란을 벌이다가 곤경에 빠질 때도 많지만, 일이 지루해지거나 어쩔 수 없다고 생각하면 또 금세 다른 일로 관심을 돌린다.

실수를 감추거나 다른 사람에게 비난의 화살을 돌리는 데 익숙하므로, 문제가 발생하면 제일 먼저 이런 방법을 동원할 수 있다. 모호한 표현을 잘 쓰고, 다른 사람이나 팀 전체가 오명을 뒤집어써도 자신만 책임을 면할 수 있다면 아무렇지도 않다. 말을 잘하는 대신 진실 존중 원칙이란 애초에 없어서, 일상처럼 겪는 위기가 찾아오면 늘 교묘하고 매끄러운 언변으로 빠져나가곤 한다.

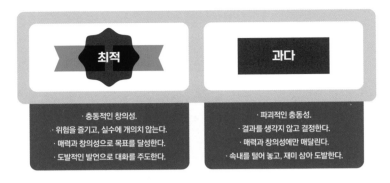

[그림 1] 공격적 성격 유형의 최적 특성과 과다 특성

● 온라인에서 드러나는 모습

이런 성격은 전형적인 온라인 악플러들의 유형이다. 여기에 익명성만 더하면(혹은 없더라도), 늘 나쁜 짓을 일삼고 문제를 일으키며, 다른 사람에게 부정적인 감정 반응을 유발하는 사람이 된다. 온라인에는 이미 격한 감정적 반응과 의견 충돌이 쉽게 일어날 수 있는 곳이 너무나 많다. 이런 곳은 언제라도 문제를 일으킬 수 있어 재미있는 일이 없나 찾아다니는 사람들의 표적이 되곤 한다.

그러나 이런 행동에도 다양한 정도의 차이가 있다. 익명의 계정을 쓴다고 해서 누구나 공격적이고, 폭력적이며, 위협적인 메시지를 남발하지는 않는다. 직장이나 회사 소셜 미디어 플랫폼에서는 공격성이 항상 분명하게 드러나지는 않는다. 공격적인 사람처럼 보이지 않으면서도 분란을 일으키는 데 뛰어난 사람들이 있기 마련이다. 그들은 교묘한 말과 적대적인 언급을 인용하는 식으로, 시각이 서로 다른 동료들을 온라인 논쟁으로 끌어들이는 솜씨가 뛰어나다. 겉으로는 드러내지 않은 채 사람들에게 개별적으로 메시지를 보내 조직 내에 갈등을 유발하기도 한다. 그들은 그렇게 뒤에 숨어 친구인 척하면서도 실제로는 파괴적인 결과로 이어질 수 있는 행동을 부추긴다.

어떤 행동을 하느냐에 따라, 그것이 분란을 일으키는 시도가 분명하다면 쉽게 찾아낼 수 있을 것이다. 그러나 그것이 늘 쉬운 일은 아니며, 특히 어떤 동기로 그런 행동을 했는지는 쉽게 판단하기 어렵다. 이때, 분명히 짚고 넘어가야 할 점이 있다. 겉으로 드러난 자신만만한 태도 이면에 의도적이거나 유용한 목적이 있느냐, 아니면 그저 혼란이 일어나는 광경을 보는 것이 즐거워 시작한 일이냐 하는 점이다.

극적 성격 유형

—

극적인 성격을 지닌 사람의 가장 큰 특징은 화려하고, 대담하며, 멋들어진 표현을 즐겨 쓴다는 점이다. 이들은 사람들의 이목과 관심을 끌고 칭송받는 것을 좋아한다. 그래서 매력적이고 유쾌하며, 흥겨운 모습을 보여 주는 것이 그들의 장점이다. 이들은 매사를 과장

13장 B 성격군 – 적극적인 성격 유형

하고 부풀리는 습관이 있으므로, 사람들에게 흥분과 기대를 안겨 주는 데 능숙하지만, 그 환상에 어울리는 삶을 실천하지 못하는 경우가 많다.

주변에서 훌륭한 팀이 도와 준다면, 이들은 의욕을 고취하는 연설과 상품 판매, 투자 유치 같은 일을 잘할 수 있다. 거창한 계획을 내걸고, 주변 사람에게 매력을 발산하며, 특히 신속히 신뢰 관계를 끌어내는 재주가 있다. 이들의 화려한 언변에다가 진실성만 조금 갖춘다면, 대단한 성공을 거둘 수 있을 것이다. 그러나 훈련과 주의가 부족하다면, 아무리 멋진 쇼를 해도 현실성이라고는 조금도 찾아볼 수 없을 것이다.

이들은 항상 주인공이 되려고 애쓰기 때문에, 이들이 주변에 있으면 다른 사람들이 팀에 공헌할 기회를 찾기가 어렵다. 게다가 자신이 소속 집단의 관심을 독차지하려는 바람에 좋은 아이디어가 있어도 알아보지 못하는 경우가 많다. 극적인 성격을 상사로 둔 사람은 자신이 목소리를 높여 봐야 좋을 일이 없으며, 누군가가 상사 대신 주목이라도 받았다가는 큰일 난다는 것을 금방 깨닫는다.

이들은 일에 집중하고 끝까지 마무리하는 성격이 아니다. 거창한 발언과 큰 약속은 잘한다. 물론 고의로 남을 속이려는 의도는 아니었겠지만, 그저 남의 눈에 잘 보이려고 약속을 남발하며, 또 너무나 쉽게 망각한다. 한편으로는, 다른 사람들에게서 매우 쉽게 영향을 받기도 한다. 즉, 이들은 다른 사람의 호감을 사려는 욕망이 워낙 강해 상대방이 원하는 것을 꿰뚫어 보고 금세 그 역할을 해낼 줄 안다. 이런 성격 때문에 인간관계에서 카멜레온처럼 변신하는 데 능하고, 소속 집단의 환경에 쉽고 빠르게 적응한다.

그러나 그런 성격은 지속적이고 건설적인 인간관계를 맺는 데는 오히려 불리하다. 첫인상은 훌륭하지만, 주변 사람과 환경이 달라지면 금세 변한다는 것을 다른 사람들도 다 안다. 이들이 오랫동안 시시때때로 태도를 바꿔 가며 사람들에게 좋은 모습을 보여 왔다는 사실은, 이들을 오랫동안 지켜본 사람들에게는 이들의 매력과 후광이 그저 피상적일 뿐 '본모습'을 파악하기가 매우 어렵다는 것을 의미한다. 더구나 이들은 실속이 전혀 없는 모습으로 비칠 수 있고, 이들에게 지속적으로 관심을 보일 만한 믿음이나 확신을 얻기도 힘들다.

이들 중에서도 비교적 건전한 편에 속하는 사람은 긍정적인 감정과 건설적인 행동을 보이기는 하지만, 대부분은 부정적인 감정과 파괴적인 행동으로 관심을 얻으려는 것이 보통이다. 무력감을 느끼거나 사람들이 자신을 외면한다고 생각하면, 희생자를 자처하거나 부정적인 감정을 크게 드러낸다. 자신감 넘치는 유형과 공격적인 유형의 사람들이 자기 잘못을 시인하는 것을 싫어하는 데 반해, 극적인 성격의 사람은 사과와 절망의 몸짓을 연출하여 목적을 달성하는 것을 오히려 즐긴다. 이들이 연출하는 감정은 단지 레퍼토리의 일부이며 재미일 뿐이다.

13장 B 성격군 – 적극적인 성격 유형

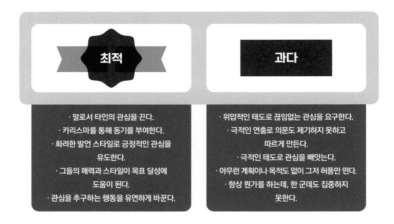

[그림 2] **극적 성격 유형의 최적 특성과 과다 특성**

● 온라인에서 드러나는 모습

소셜 미디어는 극적인 성격을 지닌 사람이 활약하기에 완벽한 무대다. 이들이 세상 사람들에게 거창한 무언가를 보여 주는 데 필요한 모든 경험과 감정이 갖춰져 있는 곳이 바로 소셜 미디어다. 그곳에서는 다른 사람들로부터 원하는 반응을 끌어내는 데 필요한 요소를 완벽하게 골라내고, 다듬고, 개발할 수 있다.

이들은 매사를 더 크고 대담하게, 또 그 누구보다 더 강렬하게 표현하는 사람들이다. 그러나 그것은 대부분 피상적이고 지어낸 것이다(통제하기 어려운 강렬한 열정을 실제로 지닌 충동적인 성격과는 좀 다르다). 그들이 소셜 미디어에 게시하는 사진이나 글은 모두 거대한 서사의 일부이며, 세상에 영원토록 남겨 놓을 기록물이다(충동적 성격 유형의 사람은 과거의 행동을 진심으로 후회하여 과거 게시물을 삭제하기도 한다).

자신감 강한 성격 유형

—

자신감이 매력적인 특성이라는 점을 부인할 사람은 아무도 없다. 수많은 자기 계발 서적들이 사람들에게 강조하는 것도, 바로 자기 자신과 배짱을 믿고 꿈을 포기하지 말라는 내용이다. 그러나 『적극적 사고방식*Power of Positive Thinking*』과 『시크릿*The Secret*』 사이의 어디에선가 재능은 현실과 만나게 된다. 건강한 자부심과 자신감을 가질수록 도움이 된다는 것은 누구에게나 분명한 사실이다. 그러나 지나친 자신감은 심각한 문제를 일으킬 수 있다. 게다가 언제나 자신만 옳고, 사실을 포함한 다른 모든 것은 희생해도 좋다는 지나친 자신감과 신념은 분명히 커다란 문제를 일으킨다.

유달리 자신감이 강하고 우월감과 확신의 기운을 내뿜는 사람은 다른 이들에게 영감을 안겨 준다. 사람들은 누군가가 자신감이 넘치는 태도를 보이면, 그 배경에는 분명히 그럴 만한 이유가 있으리라고 생각한다. 물론 그럴 수도 있지만, 그렇지 않을 때도 있다.

자신감이 강한 사람은 종종 그 자신감이 너무 지나쳐서, 경험을 쌓거나 다른 사람으로부터 배우는 데 점점 어려움을 겪기도 한다. 이들은 주변에서 일어나는 일과 정보 중 오로지 자신의 관점에 들어맞는 것만 받아들인다. 이렇게 되면 자신만 새로운 것을 배우기 어려운 것이 아니라, 주변 사람들이 그에게 정보를 제공하거나 함께 의견을 나누기가 점점 힘들어진다. 이것은 독재자들이 겪는 전형적인 문제이다. 즉, 리더가 자신감이 지나치게 강해서 새로운 정보를 배척하고, 그 주변 사람은 오로지 리더의 관점과 믿음에 맞는 정보만 제공하게 되는 현상이 일어난다.

자신감이 지나치게 강한 사람은 일이 잘될 때는 자기 덕분이라고 생각하고, 잘못될 때는 남의 탓으로 돌린다. 성공은 모두 자신의 명석한 두뇌와 능력, 의지 때문이고, 잘못된 일은 모두 다른 누군가의 탓인 것이다. 실패의 책임을 면하기 위해서는 한때 가까웠던 사람조차 서슴없이 희생양으로 삼는다. 이것은 자신의 이미지뿐만 아니라, 그만큼 깨지기 쉬운 내면의 자아를 지켜 내기 위해 일어나는 과정이다. 즉, 이들은 자신을 남보다 능력 있고 현명하며 나은 존재로 여겨야 할 필요가 그만큼 간절한 것이다. 그 어떤 부정적인 정보도 자신의 자아상과는 어울릴 수 없으니, 현실 왜곡과 비난, 희생양 삼기 등은 당연한 반응일 수밖에 없다. 모든 논쟁과 실수는 자신의 존재에 대한 위협이자 자신을 지키는 싸움으로 간주한다. 사과는 약점을 드러내는 것으로 보기 때문에, 자신의 이미지를 훼손하느니 (스스로 생각할 때) 차라리 관계를 끊어 버리는 편을 선택한다.

문제가 발생하는 시기는 대개 처음에 어느 정도 성공을 거둔 다음이다. 초기의 성공과 업적을 거둔 공식에 매달려 사람에 관해서나 일에 관해서나 초기의 성공 모델을 강요한다. 따라서 변화를 거부하고, 자신의 방식에 어울리지 않는 인간관계나 권위를 위협으로 간주한다. 자신의 한계를 인식하지 못하기 때문에, 그 공식이 새로운 환경에서 작동하지 않으면 주변 사람을 비난하게 된다.

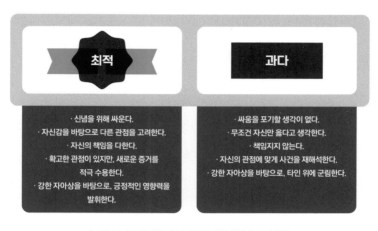

[그림 3] 자신감 강한 성격 유형의 최적 특성과 과다 특성

● 온라인에서 드러나는 모습

온라인 환경에는 재능에 비해 자신감이 더 큰 사람들이 이용할 기회가 무궁무진하다. 성격 장애라는 의학적 범주에서는 자신감이 지나친 성격을 자아도취라고 부른다.

자아도취는 성격 장애 중에서도 온라인 행동에 근거하여 파악하기가 매우 쉬운 종류에 속한다. 총 62개 연구를 메타 분석Meta

Analysis(연구 결과를 대상으로 삼는 연구 방법 – 옮긴이)한 결과(매케인McCain, 캠벨Campbell, 2018년), 자아도취는 다음과 같은 내용과 연관이 있는 것으로 나타났다.

- 소셜 미디어에서 보내는 시간이 더 많다.
- 소셜 미디어에 새 소식을 올리거나 트윗을 게시하는 빈도가 높다.
- 소셜 미디어의 친구·팔로워·인맥이 더 많다.
- 소셜 미디어에 자기 사진을 올리는 빈도가 높다.

자신감이 지나친 사람들이 소셜 미디어에서 보이는 행동에 관한 호크Hawk 연구 팀의 연구에서(2019년) 드러난 문제 중 하나는, 그들이 온라인에서도 변함없이 공격적인 태도를 보이고 지나치게 관심을 추구하는 행동이 소셜 플랫폼에서 거부감을 불러올 수 있다는 점이다.

이것이 바로 여러 가지 성격 장애 행동에 포함된 원천적인 역설이다. 그들은 다른 사람들로부터 끌어내고자 했던 자신의 의도와 정반대되는 행동을 한다. 그러면서도 자기 행동에 문제가 있다는 사실을 깨닫지 못한다(사람들이 그들을 멀리하는 이유는 그들이 지나치게 으스대고, 허세를 부리며, 자신을 과시하기 때문이다). 그들은 전략을 바꿀 생각은 하지 못하고 그저 노력이 부족했다고만 생각한다. 그래서 자기 행동이 계속해서 나쁜 결과만 낳는데도 똑같은 방법으로 점점 더 세게 밀어붙이기만 한다.

소셜 미디어가 자아도취를 부추기는 원인이라는 주장에는 전혀 근거가 없다는 사실도 알아야 한다. 어떤 사람이 소셜 미디어에서 만난 사람들이 모두 정상으로 여기는 행동을 따라 할 수 있는 것은 사실이다. 그러나 소셜 미디어 활동이 성격 장애의 원인이 된다는 것은 사실이 아니다. 이미 성격 장애를 안고 있는 사람은 구체적인 수단을 이용해 자신이 좋아하는 행동을 할 뿐이다. 소셜 미디어가 자기를 과시하거나 다른 이들의 칭송과 관심에 매달리는 사람에게 좋은 수단인 것만은 분명하다.

충동적 성격 유형

—

충동적인 성격을 지닌 사람의 가장 큰 특징은 행동과 감정이 일정하지 않고, 예측 불가능하며, 극성맞다는 점이다. 이런 성격은 사건이나 사람에 관한 감정이 열정적이고, 따라서 행동도 마찬가지다. 이들에게 중립이나 어정쩡한 태도란 있을 수 없고, 회색 지대도 용납할 수 없다. 모든 것은 흑백과 선악으로 나뉘고, 사람도 반드시 어느 한편을 선택해야 한다.

특정 개념이나 계획, 사람에게 집착할 때도 있지만, 이들의 충성과 감정은 수시로 바뀔 수 있다. 또 이들의 헌신도 누구와 관계를 맺느냐에 따라 달라진다. 굳센 결의로 한 가지 행동을 꾸준히 이어나갈 수도 있고, 그 명분을 지지하는 사람이나 집단과 깊은 관계를 맺을 수도 있다. 그리고 그것이 옳은 방향이라는 굳은 믿음으로 흔들림 없는 태도를 보여 주기도 한다. 그러나 그중 핵심 인물 한 명이라도 의견을 달리하는 사람이 나오면, 언제 그랬냐는 듯이 돌변한다. 충동적 성격 유형의 사람은 불같은 성미 탓에 차분하게 머리를 식힐 때까지 기다리는 것이 아니라, 그토록 열렬히 지지했던 노선(또는 관련된 사람들)과 정반대 방향으로, 또 그만큼 급하고 열렬하게 달려간다.

심하면 방금까지 지지했던 사람이나 집단, 또는 사상을 노골적으로 배신한 다음에 정반대 진영으로 달려가기도 한다. 이들의 적대감과 정서로는 반대 진영의 개념이나 사상, 전략 등이 갑자기 너무 매력적으로 보이는 것이다. 그리고 사람도 마찬가지여서, 어느새 반대 진영에서 새로운 동지를 찾는다.

이런 패턴이 오래 지속될 수도 있지만, 역시 핵심 요소는 이들의 감정이나 인간관계가 너무나 불안정하다는 점이다. 이러한 성격 유형의 사람이 다른 사람을 관리하거나 같이 일하기 어려운 이유는, 그들의 감정이나 성과가 사람들과의 관계에 지나치게 좌우되기 때문이다. 관리자나 리더가 충동적인 성격을 지니고 있으면, 주위 사람들은 일에 집중하기보다는 상사와의 관계를 원만하게 관리하느라 그들의 기분을 살피는 데만 온 신경을 집중하며 시간을 낭비해야 한다.

직장 내에 이런 성격인 사람이 있으면, 심각한 병목이 발생한다. 사람들은 그들에게 나쁜 소식을 전하지 않으려 하고, 그들도 특정 주제를 회피하거나 특정 인물이나 집단을 언급하는 데 조심하기 때문이다. 그들이 누구를 좋아하고 싫어하는지는 거의 주간 단위로 바뀌는 바람에 도무지 종잡을 수가 없다. 사람들은 점점 그와 거리를 두려 하고, 따라서 동료들과의 관계에도 부정적인 영향을 미친다. 충동적 성격 유형인 사람의 기분을 상하게 할 만한 정보를 피하느라 모든 사람이 매일 살얼음판을 걷는 기분일 테니 말이다.

이 성격이 앞서 설명했던 다른 성격들과 크게 다른 부분은, 자신의 감정을 제대로 통제하지 못한다는 점이다. 극적이거나 자신감이 강한 성격의 사람은 강렬한 감정적 반응을 의도적이고 치밀한 방식으로 이용하거나 가끔은 가볍게 써먹는 경우가 많다. 그들은 원하는 결과를 얻기 위해 자신의 반응을 계획하고, 예측하며, 선별할 줄 안다. 그러나 충동적 성격 유형인 사람들은 자신의 감정이 어떻게 바뀔지, 행동이 어떻게 변할지 자신도 도무지 알 수 없다. 자신과 가까운 사람은 세상에서 둘도 없는 사람이고 영원히 그럴 것으로 진심으로 생각하다가도, 그들에 관해 조금만 새로운 사실을 알게 되면 하루 만에도 강렬한 반감을 품을 수 있다.

이들의 행동에는 한 가지 역설이 숨어 있다. 이들은 아주 짧은 시간 안에 누군가에게 자신도 모르게 강렬하게 이끌린다. 이들은 다른 사람을 이상적이고 영웅적인 존재로 그리면서 관계를 촉발하도록 한다. 그러나 그런 강렬하고 열정적인 태도는 오히려 상대방을 자신에게서 멀어지게 만든다.

[그림 4] 충동적 성격 유형의 최적 특성과 과다 특성

● 온라인에서 드러나는 모습

이들의 불안정한 모습은 직접 대면뿐만 아니라 온라인 행동에도 고스란히 드러난다. 물론 온라인에서는 그 정도가 조금 완화될 수 있다. 이런 성격이 효과적으로 통제될 수만 있다면, 그들의 열정을 생산적인 아이디어와 일에 쏟을 수 있다. 새로운 일에 열정을 품고 집중력을 유지하면서 그들의 분노와 실망이 일을 망치지 않도록 조심만 하면 된다. 올바른 대처 기법을 익힌 사람이라면 합리적인 자기 인식을 바탕으로, 모든 사람이 보는 온라인상에서 자기 감정을 드러내기 전에 먼저 찬찬히 생각해 볼 여유를 가질 수 있다.

그러나 자기 인식이 충분치 않고 효과적인 대처 전략을 개발하지 못했다면, 이들은 온라인에 개인적인 관점과 욕망을 그대로 표현할 가능성이 크다. 장문의 게시 글을 작성하거나 자신의 좋고 싫은 감정을 가감 없이 드러낼 것이다.

또한, 이들은 과거에 했던 행동을 크게 후회하거나 자신이 어떻게 그런 감정을 품었는지 도무지 이해할 수 없다는 반응을 보일 때도 있다. 소셜 미디어 계정을 만들었다가 삭제하거나 게시 글을 작성했다가 지우는 일을 반복한다. 사람들에게 쉽게 다가가고 자기 생각을 표현하지만, 한편으로는 자신을 향한 다른 사람의 비판에 민감하게 반응한다. 즉, 이들이 온라인상에서 지인이나 낯선 사람과 치열한 논쟁을 오랫동안 이어간다면, 감정 조절에 문제를 일으킬 가능성이 커진다.

이들은 격정적이고 열정적이면서 기복 있는 감정 때문에, 술(혹은 다른 약물)에 중독된 채 소셜 미디어 활동을 하면, 매우 위험한 처지에 빠질 수 있다.

사례 연구 1: 소셜 미디어에 빠진 네트워커

—

소셜 미디어는 자아도취에 빠진 사람들에게 흥미로운 도전의 장을 마련해 주었다. 그들은 그곳에서 사람들에게 자신을 자랑하고, 자기 이미지를 가꾸며, 사람들과 끊임없이 소통할 훌륭한 기회를 찾았다.

이번 사례 연구는 한 사람의 어두운 성격이 어떻게 축복과 저주가 될 수 있는지를 보여 주는 훌륭한 사례다. 사실 잘 살펴보면, 누구에게나 이런 면이 있다는 것을 알 수 있다.

그녀는 눈에 띄는 이력을 보유한 훌륭한 네트워커였다. 비영리 단체 분야에서 혜성처럼 나타난 그녀는 이미 같은 또래에 비해서도 꽤 인상적인 업적을 거두고 있었다. 그녀는 여러 직책과 위원회에서 종횡무진 활약하며 각종 심사와 선발, 판정 등과 관련 있는 직책에서 영향력과 '소프트 파워Soft Power(가치를 중심으로 드러나는 힘 - 편집자)'를 발휘해 왔다.

그녀의 대단한 매력과 미모는 분명히 도움이 되었다. 소셜 미디어도 십분 활용했다. 그녀는 대체로 소셜 미디어를 자신과 조직에 고루 도움이 되는 방향으로 이용해 왔다. 그녀는 소셜 미디어에서 자신이 일하는 조직의 이미지도 좋게 만들었지만, 기본적으로는 자신을 가장 전면에, 그리고 중앙에 내세웠다. 사실 그녀의 역할이 별로 없었던 프로젝트도 소셜 미디어상에서는 어떻게든 자신의 역할을 크게 부풀려 놓곤 했다. 겉으로는 아주 훌륭한 관계로 보일 수도 있었다. 그렇게 해서 그녀의 소셜 미디어 친구들이 일에 합류한 적도 있었으며, 후원자들과 수다를 떨고 적절한 단체와 네트워크를 맺으면서 인맥을 형성해 갔다.

불특정 다수를 상대로 사담을 나누고 네트워크를 맺으며, 은근히 설득하는 일을 누구나 그녀처럼 자연스럽게 할 수 있는 것은 아니다. 따라서 그런 일을 해 줄 사람이 필요한 조직 입장에서는 분명히 도움이 된다고 볼 수 있다. 우리의 이 매력적인 네트워커는 '항상 인터넷에 접속한 채' 인맥을 맺고 사람들을 설득하는 일에 탁월한 솜씨를 보여 주었으므로, 훌륭한 인물로 보이기도 했다. 문제는 그녀가 '모든 것'을 소셜 미디어에 공개한다는 것이었다. 소셜 미디어에서 만날 수 있는 '모든 사람'과 인맥을 맺었고, 남들이 다 볼 수 있도록 쉴 새 없이 글을 써 댔다.

심지어 병가를 낸 날에도(그냥 감기 정도가 아니라, 항상 그럴듯한 사정이 있었다) 일상 활동을 소셜 미디어에 올렸다. 오전 10시에 운동하러 체육관에 간 일, 오후에 여러 친구와 샴페인을 곁들여 점심을 먹은 일, 그리고 아끼고 신뢰하는 가족들의 온갖 이야기를 오후 내내 장황하게 포스팅한 후, 저녁에 참석한 칵테일파티 이야기를 또 써 놓는 식이었다. 그녀의 동료들은 이런 게시 글을 보고도, 그녀가 다음 날 또 버젓이 병가를 내리라는 것을 다 알고 있었다.

그녀의 경력이 점점 쌓이는 동안에도 이런 행동에는 변함이 없었다. 단, 주로 영향력과 소프트 파워를 결집하여 능수능란하게 행사하는 방향으로 이루어졌다. 그러나 그녀의 얼버무리는 태도와 소셜 미디어에 상주하다시피 하는 버릇은 여전했고, 따라서 주변 사람들은 그녀를 점점 신뢰할 수 없게 되었다. 그리고 진짜 일은 회피하지만 특정 분야에만 능력을 발휘하면서 자신이 좋아하는 사람들에게 영향력을 발휘하려는 사람이라고 생각하게 되었다. 이제 이 사례에서 생각해 볼 몇 가지 흥미로운 질문이 있다. 왜 사람들은 그녀에게 맞서지 않는 걸까? 왜 사람들은 계속해서 그녀에게 힘과 영향력이 있는 자리를 맡기는 것일까? 여기에는 다섯 가지 이유가 있다.

- **좋은 첫인상을 주는 기질:** 이런 경우 사람들의 뇌리에 강렬하게 남는 첫인상은 바로 매력이다. 적재적소에서 첫인상을 관리하는 데 남다른 주의를 기울인 결과라고 볼 수 있다.

- **인맥을 형성할 기회:** 직장에서 인맥이 중요하다는 것은 모두가 알지만, 누구나 여기에 능숙한 것은 아니다. 대인 관계에 능하고 영향력이 있는 사람의 도움과 호의를 마다할 사람은 별로 없다.

- **총애를 잃을 위험:** 자기 영향력을 부도덕하게 이용할 의지가 있는 사람은 기회가 오면 반드시 그렇게 한다. 그런데도 사람들은 순진하게도 늘 이렇게 생각한다. "저 사람이 다른 사람에게 못되게 행동하는 것을 봤지만, 설마 나한테까지야 그러겠어." 다른 사람을 조종하는 데 능한 사람들은 달콤한 말로 사람을 끌어들인 다음에는, 자신의 손아귀에서 벗어나면 나쁜 일이 일어날 거라고 협박하는 식으로 옭아맨다.

- **인간관계를 중시하는 경향:** 사람들이 해로운 관계를 이어가는 이유가 꼭 권모술수에 넘어가서 그런 것만은 아니다. 상황이 바뀌거나 정반대되는 증거가 나오더라도, 한번 관계를 맺었다고 생각한 사람에 관한 첫인상을 쉽게 저버리는 것은 어렵다.

- **안전과 안정을 추구하려는 갈망:** 이것은 앞에 말한 요소들과도 다소 연관된다. 그 누구도 특정 시점에 '한 가지' 문제만 안고 있는 사람은

없다. 현상을 흔들지 않는 편이 훨씬 더 쉬울 때도 있는 법이다. 회사나 팀이나 사람에게 '좋지 않은 시기'라고 생각할 수도 있다. 시간이 흘러 저절로 정리될 때까지 기다리는 편이 훨씬 더 낫다고 판단하는 것이다.

다른 경우와 마찬가지로, 이 사례에서도 파괴적인 성격의 인물이나 리더의 주변에 있는 사람들은, 결국 그의 행동이 지닌 어두운 면을 깨닫게 된다. 어떻게든 속임수가 드러나거나, 이번 사례에서처럼 자신이 먼저 소셜 미디어에 다 공개한다. 그들은 좀처럼 실수하지는 않겠지만, 주변 상황을 잘못 해석하는 일은 언제든 일어날 수 있다.

사례 연구 2: 어느 핀테크 기업 상사의 조작 행위

—

북미 지역에서 최고의 수익률을 자랑하며 급성장하는 핀테크 기업의 인사 관리 책임자와 이야기를 나눈 적이 있다. 그녀의 상사인 최고 운영 책임자Chief Operations Officer, COO 겸 평판 관리 책임자Chief Reputation Officer는 '처음에는 매력과 호감이 넘치고 지원을 아끼지 않는' 사람이었다. 그는 사람을 만날 때마다 훌륭한 첫인상을 남겼다. 그러나 그 매력이 오래 간다고 느끼는 직원은 거의 없었다.

그 COO는 의견 충돌을 참지 못했고, 자신의 의견에 도전하는 사람을 극도로 싫어했다. 그가 팀 내의 의견 충돌을 관리하는 방식은 두 가지였다. 자신과 의견이 다른 직원을 즉시 해고할 때도 있었다 (또는 인사 책임자에게 그 일을 맡기기도 했다). 두 번째 방법은 자신의 권위에 도전한 사람을 서서히 깎아내리면서 무너뜨리는 것이었다.

그녀는 이런 상황에서 많은 사람이 저지르는 실수를 똑같이 반복했다. "저의 가장 큰 실수는, 그가 일하는 방식을 바꾸거나 적어도 영향을 미칠 수 있다고 생각했다는 점입니다." 사람들의 행동을 직장 동료나 동종 업계 동료의 전문적인 조언을 통해 영향을 미치거나 변화를 끌어 낼 수 있다고 생각하는 것은 충분히 이해할 만하다. 하지만 성격 장애를 안고 있는 사람을 바꾸기는 어렵거나 아예 불가능하다. 그들은 일정한 양식의 고착화로, 융통성이 없기 때문이다. 게다가 그들이 힘과 권위를 지닌 지위에 올라가서 목표를 달성하기 위해 파괴적인 행동을 일삼는다면, 변화할 가능성은 더욱 희박해진다.

23장에서 다루게 될 한 정유 업계 리더의 메시지를 여기서 소개할 필요가 있을 것 같다. "사람들은 자신이 변화하지 않을 때 미칠 결과가 변화의 필요성보다 더 커야만 비로소 변화한다."

사람들을 괴롭히고 조작하는 사람들이 흔히 그렇듯이, 이 사례의 COO도 '윗사람에게 아첨하는 일'을 아주 잘했고, 윗사람과 아랫사람을 대하는 태도가 전혀 다른 사람이었다. 그 COO는 자신이 CEO와 연락하는 유일한 통로가 되려는 속셈으로, 의도적으로 CEO를 고립시켰다. 이것은 조직의 악당들이 부하와 직원을 교묘히 따돌리고 윗사람에게 환심을 사는 전형적인 전술이다. 그들은 친절한 이인

자의 가면을 쓴 채 여러 가지 과업과 책임을 떠맡아 여러 팀과 부서를 산산조각 내면서까지 정보를 자신에게 유리하게 조작해 낸다.

그 COO는 직원들에게 무리한 요구를 일삼으며, 업무의 경중을 막론하고 사사건건 간섭했다. 직원들은 밤낮없이 그의 전화에 대기 상태를 유지해야 했으며, 아무 때나 불쑥 이메일을 날리기 일쑤여서 어떤 직원은 그것을 '피눈물 나는 편지'라고 부르기도 했다. 그러나 그가 직원들에게 무리한 요구를 하는 이유는 단지 그들을 통제하기 위해서였다. 그는 아무 때고 원할 때면 직원들을 데리고 식사했고 식사 비용은 당연히 회사 경비로 처리했다. 그러면서도 직원들의 휴식 시간은 전혀 무시했고, 사람들은 그가 원하면 언제든 무슨 일이나 해야 했다.

주변 사람들은 그의 공격적이고 위압적인 행동이 우발적인 것이 아니라, 모두 계획적으로 나온 것을 알았다. 그의 갑작스러운 분노나 직원의 사기를 꺾는 행동에는 다 목적이 있었으며, 그가 원하는 문화를 조성하기 위해 정교하게 계산한 것이었다.

실제로, 그는 자신과 비슷한 이미지의 직원들을 선별해서 조금씩 파벌을 형성해 나갔다. 그는 업무 능력은 뛰어나지만, 자신처럼 사람들을 모질게 대하는 '똑똑한 악동들'을 선호했다. 기본적으로 공격적인 성향을 좋아했고, 또 그런 태도를 권장하면서도 정작 자신을 향한 도전은 용납하지 않았다. 그는 다른 사람이 자신의 변덕에 맞추도록 했으면서도 의도적으로 이야기 나눌 기회를 주지 않았으며, 다른 사람이 의제를 주도하도록 내버려 두지도 않았다. 자신은 슬랙이든 이메일이든 거들떠보지도 않으면서, 뭔가 원하는 게 있으면 언제든 회의에 불쑥 끼어들었다가 나가기를 반복했고, 발언하지 않는 사람들을 향해 고래고래 고함을 지르며 회의를 완전히 망쳐 놓곤 했다.

그의 전략은 사람들을 끊임없이 압박하여 잘못하면 응징당한다는 두려움을 심어 주는 한편, 일종의 드라마를 창조하여 사람을 통제하는 수단으로 삼는다는 것이었다. 여기에는 숨은 역설이 있다. 급속히 성장하는 회사는 오히려 사악한 리더와 나쁜 문화가 자라나는 토양이 된다는 것이다. 사업이 호황을 구가할 때는 여러 가지 문제들이 묻히게 된다. 그리고 급속히 성장하는 기술 기업들은 성장세가 지속되는 한 오히려 파괴적인 환경을 조성하며, 나쁜 행동은 외면한다고 알려졌다. 파괴적인 행동에 따르는 위험이나 대가는 사업을 영위하는 데 따르는 비용쯤으로 여기는 문화마저 있다. 12개월 동안 이 회사를 거쳐 간 이사는 모두 여덟 명이었다(일곱 명은 해고되었고, 한 명은 사임했다). 같은 기간에 네 건의 인종 차별 사건이 발생했다(그 COO는 다양성이나 포용과 관련된 정책은 아무런 가치가 없다는 이유로 이를 번번이 반대했다). 그리고 그 COO의 최측근 직원들을 상대로 대여섯 건의 불만이 제기되었다(괴롭힘, 성희롱 등).

인사 관리 책임자는 점점 모든 일에 환멸과 좌절감을 느꼈고, 이제 회사를 떠날 때가 가까워졌다는 예감이 들자 다른 일을 알아보기 시작했다. 어느 날 아침, 그 COO는 그녀를 비롯한 일부 직원에게 몇몇 부서에 걸쳐 총 여섯 명을 해고해야 한다고 알린 다음, 마감 시한을 오전 10시로 못 박았다. 그들이 임무를 완수하자, 이번에는 그들도 정각 10시에 해고되었다. 그것은 모두 미리 계획된 일이었다. 후임 인사 관리 책임자가 바로 그다음 날 부임해 왔기 때문이다.

결론

—

이런 상황에서 오는 손해는 이루 헤아리기 어렵다. 이런 사람 밑에서, 또는 이런 환경 속에서 일하는 직원들은 심각한 피해에 시달리게 된다. 사람들에게 미치는 부정적인 영향이 실로 심각한데도, 사업에 도움이 된다는 이유만으로 간과하고 넘어가는 일이 많다. 그러나 사업에 미치는 영향도 좋다고는 볼 수 없다. 높은 이직률에 따르는 비용만 해도 연평균 직원 급여의 30퍼센트에 달하며(카펠리 Cappelli, 2019년), 고위급 경영자를 대체하는 비용은 그들이 받는 연봉의 200퍼센트에 이른다(매클레인MacLean, 2013년)고 한다. 특히 기술력이 우수하고 연봉이 높은 직원을 고용하는 핀테크 업계로서는 이런 비용이 상당할 수밖에 없다. 변덕스러운 상사에 맞춰야 하는 직원들의 시간과 에너지, 노력이 낭비되는 것도 생산성 저하와 직결되는 문제다. 그에 따라 업무 진척도와 집중력이 떨어지면, 성장도 둔화한다. 그뿐만 아니라 잠재적 법률 비용과 평판 가치 저하는 신생 기업에 치명적인 결과를 몰고 올 수도 있다. 이런 환경은 결코 정당화될 수 없으며, 직원과 수익 양면에 미칠 부정적 영향은 간과할 수도, 변명할 수도 없는 일이다.

C 성격군 – 불안감을 느끼는 성격 유형

C 성격군은 자신과 다른 사람에 관한 불안과 걱정에 사로잡힌 사람들이다. 정상적인 성격 범주 내에서라면, 남들보다 스트레스에 취약한 사람들의 특징인 불안해 하는 성격 유형이라고 설명할 수 있다. 다른 사람이 자신을 어떻게 생각하는지를 걱정하거나, 자기 행동이나 성과에 크게 신경을 쓴다. 그중 두 가지 유형, 즉 예민하거나 이타적인 성격은 주로 대인 관계를 많이 걱정하는 경향이 있다. 반면, 완벽주의 성격은 자아의식이 강하고, 주로 일과 생산성에 관계된 걱정이 많은 편이다.

앞 장에서 설명한 B 성격군이 도덕성에 약하고 공감에 어려움을 겪는 데 비해, 불안감을 느끼는 성격 유형(C 성격군)은 완전히 반대되는 특징을 보인다. 그들은 자신이 하는 일이 옳고 도덕적인지, 자신이 다른 사람에게 되움이 되고 그들과 공감대를 형성하는지 대단히 걱정한다. 그들의 충동과 걱정이 효과적으로 발휘되고 적절히 관리될 수만 있다면, 확실히 관계 지향적인 성격이라고 말할 수 있다. 그러나 성격 장애에 관한 부분에서 이야기했듯이, 선한 성격이 지나치면 오히려 파괴적인 성격이 될 수도 있다(그 영향은 다른 사람과 자신에게 모두 미친다). 이 성격군에 속하는 사람은 자기 파괴적인 범주에 들 가능성이 크다. 올바르게 행동해야 한다는 집착이 의도치 않게 바람직하지 못한 결과를 불러올 수 있다는 것이다.

지나치게 도덕적이고, 너무 양심적이며, 다른 사람을 도우려는 의지가 지나치다는 것은 과연 무슨 말일까? 다른 사람을 돕는 일은 분명히 존경할 만한 자질이지만, 그 정도가 지나친 사람이 있을 수 있다. 다른 사람이 도움을 요청할 때 돕는 것은 훌륭한 일이지만, 외부의 개입을 원치 않는 사람에게도 억지로 끼어들어 도와 주려 한다면 분명 바람직하다고는 볼 수 없을 것이다. 혹은 지나치게 이타적인 사람은 너무 사람을 믿거나 자신을 희생해 가면서까지 다른 사람을 도우려는 마음 때문에 문제를 일으키기 쉽다. 자신의 경제적, 물리적, 심리적 안녕보다 다른 사람의 필요를 우선시한다면, 그 자체로 충분히 문제가 될 만하다. 너무 성실한 사람들은 자신에게 옳고 도덕적인 것이 무엇인지 너무나 잘 안다고 생각하기 때문에, 다른 사람도 다 그럴 것으로 지레짐작하고는 한다. 그들은 자신의 엄격한 행동 기준을 고집하다가 주변 사람을 질책하고, 폄훼하

14장 C 성격군 - 불안감을 느끼는 성격 유형

며, 망신을 안겨 준다. 자신은 옳은 일을 하고 있다고 생각하겠지만, 실제로는 다른 사람과의 관계를 해치고, 나아가 자신의 생산성마저 떨어뜨린다.

C 성격군에 해당하는 세 가지 성격 유형은 예민함, 이타적, 완벽주의 성격 유형이다.

예민한 성격 유형

—

성격이 예민한 사람은 익숙함(장소든, 사람이든)이나 틀에 박힌 습관을 좋아한다. 가정이나 일, 인간관계에서도 편하고 안전한 것을 좋아하며, 위험한 일은 별로 좋아하지 않는다. 이들은 남의 시선을 지나치게 의식해서 친구, 가족, 동료들에게 옳은 일을 하려고 애쓰며, 잘못된 말이나 행동을 하게 될 것을 걱정한다.

업무에서는 친숙한 사람들과 함께 있거나 자신의 역할과 책임을 뚜렷이 알아야 비로소 최고의 성과를 낸다. 즉흥적이거나 준비가 안 된 일에 질색하는 편이며, 압박받는 상황을 못 견딘다. 보통 사람은 안전지대를 벗어나서도 별로 불편함 없이 일하지만, 이들은 완전히 얼어붙어 제 역할을 해내지 못한다. 주로 따뜻하고 신뢰감 넘치는 소규모 그룹에서 일을 잘하고, 갈등 상황에 대처하는 능력이 떨어지는 편이다. 논쟁이 일어나면, 자신이 틀렸거나 잘못했다고 단정 짓고(사실은 그렇지 않음에도) 너무 쉽게 사과하는 버릇이 있다.

이들이 협력을 잘하는 이유는 남의 이목을 받거나 무대의 중심에 서기를 원치 않기 때문이다. 팀의 리더가 되거나 공을 독차지하기보다는 소속 집단의 성공에 공헌하는 쪽을 훨씬 더 선호하므로, 다른 사람의 공을 가로채려는 생각은 꿈에도 하지 못한다.

리더십을 발휘해야 하는 직책에 예민한 성격이 적합하다거나 실제로 맡기는 경우는 드물지만, 규모가 작고 친밀한 팀에서라면 관리직을 충분히 잘 감당할 수 있다. 이들이라면, 아마 팀이 돌아가는 상황을 누구보다 더 날카롭게 파악할 수 있을 것이다. 이들은 주로 뒤에서 이끌며 팀원들을 격려하고 성공의 공을 골고루 나누는 방식을 선호한다. 이런 방식은 팀의 단결과 신뢰, 충성도 등에 강력한 영향을 미친다.

이들은 또 잘못된 일이나 위험, 갈등의 소지 등을 미리 파악해야 하는 일에도 적합하다. 빠르고 신속한 결정이 필요한 일에는 서투르지만, 토론과 숙고를 거쳐야 하거나 사실을 먼저 규명해야 하는 일은 잘 해낸다. 다시 말하면, 최선의 성과를 추구하기보다는 최악의 시나리오를 방지하는 데 지나치게 신경 쓰느라 일이 늦어질 수도 있다.

항상 걱정하고, 다른 사람의 의견을 물으며, 계획을 세우는 데 매달리느라 실제로 하는 일은 별로 없으면서 늘 '바쁘다'는 인상을 줄 수 있다. 이들의 동분서주하는 모습 때문에 뭔가 일이 진행되고 있는 것같이 보이지만, 실제로는 일이 진척되는 게 아니라 헛심만 쓰고 있을 뿐이다.

예민한 성격인 사람은 대개 어떤 일을 시작하고 끝맺는 데 어려움을 겪는다. 따라서 무엇보다 중요성과 시급성에 따라 목표와 목적을 잘 설정할 필요가 있다. 그들은 가장 어려움이 적은 길을 택하려 하고, 실패의 두려움 때문에 일을 시도하지 않으려는 유혹에 빠질 수 있다. 지나치게 위험한 일을 시도하다가는 이러지도 저러지도 못하는 상황이 찾아올 수 있으므로, 세심한 계획에 따라 합리적인 수준의 위험을 감수하는 것이 중요하다. 불가능한 일을 무조건 추진하다가 실패해 놓고는 그것 때문에 다른 일을 회피하는 핑계로 삼아서는 안 된다.

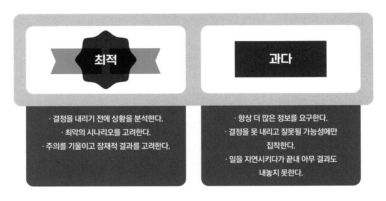

[그림 1] 예민한 성격 유형의 최적 특성과 과다 특성

● 온라인에서 드러나는 모습

예민한 성격인 사람은 서로 사이가 가까운 소규모 집단을 선호한

다. 이들은 매사에 걱정이 많아, 혼자서나 집단에서나 편안하고 안전한 분위기를 좋아한다. 그래서 말썽과 논란이 많거나 공격적인 플랫폼은 피하는 편이다.

그러나 어쩌면 이들은 집단에서 탈퇴하거나 사람들의 말을 막고, 상대를 차단하거나 삭제하기가 싫어서, 또는 혼자 자신을 지켜 내야 한다는 생각에서 일에 끌려 들어가는지도 모른다. 누군가가 올린 글이 매우 공격적이고 동의할 수 없는 내용인데도, 이들은 오히려 그 게시 글을 감췄다가 상대방이 공격받을지도 모른다는 점을 걱정한다. 페이스북을 비롯한 여러 소셜 미디어 사이트는 사람들에게 가족, 친구는 물론 업무, 사교 모임부터 수십 년 전의 옛날 친구들에 이르는 광범위한 사람들과 인맥을 맺으라고 부추긴다. 예민한 사람들은 이 모든 이와 친구를 맺어야 할 것 같은 의무감에 시달린다. 심지어 그중에는 너무 거리가 멀어서 속 깊은 생각과 정치적 관점까지 공유하고 싶지는 않다고 생각하는 사람이 있는데도 말이다. 그러면서도 뭔가를 놓치거나 거절당하는 것이 두려워, 혹은 누군가를 공격하거나 거절하는 것으로 비칠까 봐 걱정되어 애를 태운다. 이들의 태도는 수동적으로 보이지만, 사실은 자신에게 걱정과 근심을 안겨 주는 콘텐츠를 끊임없이 지켜본다. 그러면서 관계 단절에서 오는 결과도 똑같이 걱정한다. 이들은 자신이 개입한 일이나 그 일을 떠났을 때 벌어질 문제를 똑같이 걱정한다. 그래서 결국 그 둘 사이를 맴돌며 근심 걱정에 사로잡힌 채 산다.

이러한 성격인 사람은 온라인의 모든 집단에 참여하려고 하지 말

14장 C 성격군 – 불안감을 느끼는 성격 유형

고 자신의 방식과 맞거나 필요를 채워 주는 소규모 그룹 한두 가지
만 선택하는 편이 낫다. 어떤 그룹이나 플랫폼이 더 편한지 잘 생각
해야 하고, 걱정을 안겨 주는 집단에는 그저 들어가지 않으면 그뿐
이라는 것을 깨달을 필요가 있다.

이타적 성격 유형

—

이타적인 사람이나 예민한 사람 모두 다른 사람을 걱정하는 경향
이 있으므로, 서로 공통점이 많은 편이다. 그들은 다른 성격에 비해
수동적이고 남의 말을 잘 듣는 편이며, 다른 사람에게 과감하게 다
가가는 행동에 서투른 면을 보인다. 예민한 사람은 타인을 위협적
이고 비판적인 존재로 보는 데 비해, 이타적인 사람은 다른 이들을
이상적인 존재로 여겨 모든 사람이 따뜻하고 남을 보살피며, 엄청
난 능력을 지닌 것으로 생각하는 것이 차이점이다. 그들은 다른 사
람과 가깝게 지내고 의지하려는 욕구가 지나치게 강하다. 반면에,
자존감과 자립심은 훨씬 부족하다.

　이타적인 사람은 다른 사람에게 지나치게 의존하고, 지나치게 남
을 믿는 경향이 있다. 타인의 승인이나 지지, 의견에 너무 의존하는
탓에 스스로 어떤 일을 결정하기가 어렵다. 이들은 훌륭한 팔로워
이자 충성스러운 동반자이며, 남달리 친구를 보살피고 깊이 공감한
다. 집단 내의 다른 사람을 위해 자신의 이익을 기꺼이 포기하기도

한다. 그런 태도가 건강하고 건설적인 상호 존중 관계로 발전하면, 대인 관계에서 매우 훌륭한 장점이 될 수 있다. 그러나 한편으로, 이들은 누군가를 향한 존경심과 존경하는 대상의 행동을 나눠서 생각하는 데 어려움을 겪을 수도 있다. 누군가를 좋아하면, 그 사람과의 관계와 그의 행동을 별개로 판단할 줄 모른다는 것이다. 즉, 한번 좋아하는 사람이 생기면 그의 좋은 면만 보면서, 그 사람이 어떤 행동을 하더라도 관계를 망치지 않기 위해 무조건 용인한다.

거꾸로 말하면, 이들은 외톨이가 되기를 두려워하고, 스스로 만족할 만한 존재가 되지 못할까 봐 걱정한다. 다른 사람의 독립성과 융통성, 능력 등을 놀랍게 여기면서도 자신이 가진 장점은 알아보지 못한다. 사실은 자신도 그런 자질을 모두 가지고 있지만(그리고 다른 사람도 불안과 스트레스에 시달린다는 사실을 모른다), 다른 사람이 말해주지 않으면 깨닫지 못하는 경우가 많다. 스스로 독립적으로, 유연하게 능력을 발휘해 놓고도 '아니야, 누구누구의 도움이 없었으면 그렇게 하지 못했을 거야'라고 생각한다. 다른 사람의 정당한 공을 인정해 주는 것은 훌륭한 태도이겠지만, 이타적인 사람은 정작 자신에게는 정당한 잣대를 적용할 줄 모른다.

이타적인 사람은 직장에서 주로 중재자나 합의를 끌어내는 역할을 맡으며, 동정의 대상이 되는 동료인 경우가 많다. 팀 내의 조화를 너무 중시해서 다른 모든 것을 도외시할 때도 있다. 가능한 한 갈등을 피하려다가 결국 일을 그르치게 되고, 소란을 일으키기보다는 그저 속으로 삼키는 편이다. 이들은 최선을 다하더라도 직원들의 기분이 좋아야 생산성도 좋아진다고 믿는데(물론 이것은 옳은 생각이다), 이런 태도 때문에 정말 해결해야 할 일도 다툼이 일어날까 봐 두려워서 회피하는 일이 잦다.

이들은 팀 내에서 유능한 리더를 돕고 팀의 단결을 고취하며, 동료를 지지하고 항상 남을 돕는 경향이 있다. 그러나 악당의 표적이나 부역자가 되고, 자신의 의지와 상관없이 나쁜 행동을 유발하는 사람이 되기 쉽다. 이들에게는 무엇보다 먼저, 확고한 가치관과 조직에서 이루고자 하는 목표를 수립하고, 그 가치를 위해 기꺼이 싸우겠다는 결의가 필요하다.

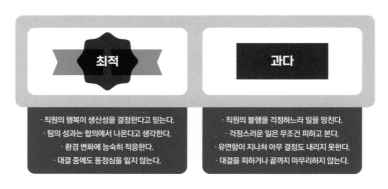

[그림 2] 이타적 성격 유형의 최적 특성과 과다 특성

● 온라인에서 드러나는 모습

이타적인 사람이 효과적인 대처 전략을 갖추었다면, 주로 작고 끈끈한 팀이나 커뮤니티의 일원으로 활동하는 경우가 많다. 이들은 사람들과 가까이하려는 욕구가 강해서 어떤 의사소통 매체를 동원해서라도 그 필요를 충족하고자 한다. 이들은 꾸준한 지지와 가까운 인간관계를 원하므로, 글 게시, 메시지 전송, 콘텐츠 공유 등의 활동을 자주 하는 편이다.

이들은 원하는 만큼 필요가 충족되지 않으면, 관심과 지지를 구하는 활동을 늘릴 것이다. 끊임없이 편안함과 애착, 지지를 갈구하는(심지어 낯선 사람에게까지) 이들의 태도가 분명히 어떤 사람의 눈에는 거슬릴 수도 있을 것이다. 애착과 지지를 갈구하는 빈도와 강도가 높아질수록 오히려 관계의 충실도가 저하되는 역설이 벌어진다. 물론, 전체적으로는 따뜻하고 우호적이며 협력적인 분위기가 형성되지만, 이들의 태도는 비대칭적인 관계를 불러올 수도 있다. 한 사람이 상대방의 감정적 자산을 모두 요구하는 상황은 지속적인 관계의 바탕이 되기 어렵기 때문이다(오버홀서Overholser, 1996년).

이타적인 사람들은 다른 사람과 인간관계를 형성하고 발전시키며 유지하는 일을 지나치게 걱정하기 때문에, 주로 상대방이 질릴 정도로 너무 많이 베풀려고 할 때 문제가 불거진다.

완벽주의 성격 유형

—

완벽주의 성향은 직장에서 여러 긍정적인 결과를 내놓는 경우가 많다. 완벽주의적 성격을 지닌 사람은 스트레스를 효과적으로 다스리고 건전한 대처 전략을 발휘해서, 과업의 우선순위를 적절히 설정할 수 있다면 생산성에 매우 도움이 되는 인물이 될 수 있다. 강력한 추진력과 자기 동기 부여, 그리고 세부 사항에 철저한 태도는 거의 모든 직장에서 환영받는 특질이 아닐 수 없다.

물론 모든 것에는 어두운 측면이 있고, 여느 성격 유형과 마찬가지로 스트레스 상황에서 불거져 나오는 비생산적인 행동이 있을 수 있다. 세부 사항을 꼼꼼히 챙기는 태도가 지나치면 통제와 간섭에 집착하거나 자신과 타인의 자율권과 생산성을 심각하게 제한할 수 있다. 완벽주의자들은 일의 본질보다 사소한 일이나 외견에 더 신경을 쓸 때도 있다. 그러다가 '충분히 좋은' 수준을 받아들이지 못해서, 사람들을 머뭇거리게 하여 일을 지연시키기도 한다. 완벽주의 성향이 취약한 분야가 바로 모호한 일에 대처하는 것이다(휘튼 Wheaton, 워드Ward, 2020년). 그래서 모든 일의 흑백과 선악을 가리고, 완벽하지 않으면 퇴짜를 놓는 분위기로 흘러간다. 이들은 회색 지대를 용납하지 못한다.

완벽주의자를 꼭 필요로 하는 직업이 다양한 것은 당연하다. 항공기 엔진 정비사, 제조업체의 안전 보건 관리자, 생물 보안 연구소 기술자, 원자력 발전소 기술자 등은 실수가 용납되지 않는 일을 하는 사람들이다. 일의 종류에 따라서는 '충분히 좋은 것'에 만족하면, 치명적인 결과가 따르기도 한다. 그러나 작업 유형 대부분은 대략적인 초안을 짜고 신속히 계획을 수립하는 데 좀 더 여유가 많다. 시간과 예산의 제한과 필요한 완성도 사이의 균형은 여러 직무별로 각각 다르다. 완벽주의자들은 세부 사항이 중요한 일은 잘하는 편이지만, 완성도보다 마감 시한이 더 중요한 직무에서는 곤란을 겪게 된다.

이들이 지닌 또 하나의 문제는 사람보다 프로세스에 더 초점을 맞춘다는 것이다. 이들은 리더십을 발휘하는 지위에서도 다른 공백이 모두 메워진다면, 효율을 극대화할 수 있는 프로세스를 수립하는 데 진력할 것이다. 그러나 자신과 스타일이 다른 사람들을 잘 이해하지 못하거나 사람들의 다양한 성격과 업무 수행 방식, 행동 등에 대처하지 못하는 경향이 있다.

일에 대한 자세가 자신에 미치지 못하는 사람을 이해하지 못하고, 원만한 관계도 맺기 어렵다. 사실은 즉흥성이나 임시변통도 업무 현장에는 꼭 필요한 장점인데, 이들에게는 이런 점을 알아보는 눈이 없다.

아울러 좀처럼 일을 손에서 놓을 수 없는 성격 탓에 쉽게 에너지를 소진할 때가 있다. 업무 문제를 내면화하는 버릇이 있어 일을 집에까지 가져간다. 심지어 일 외에는 그 어떤 가치도 찾기 힘들어하며, 우선순위가 다른 사람들과는 인간관계조차 쉽게 맺지 못하기도 한다. 그런 사람들과 시간을 보내는 것은 사적인 일이라고 받아들이므로, 점점 가족이나 사적인 관계에 시간을 할애하기가 어려워진다.

　일과 삶 사이의 균형을 유지하는 것은 누구에게나 어려운 일이다. 더구나 일과 생산성에 집중하는 태도는 경력에도 분명히 도움이 되고, 승승장구를 거듭할 때는 만족감과 성취감을 안겨 주기도 한다. 다만, 경력상에 슬럼프나 실패를 겪을 때는 그 충격이 다른 사람보다 훨씬 더 심해진다. 자아의식과 개인적인 가치가 온통 직업적 성취에만 묶여 있기 때문에, 일에서 실패하면 그 결과를 도저히 감당할 수 없는 지경이 되는 것이다.

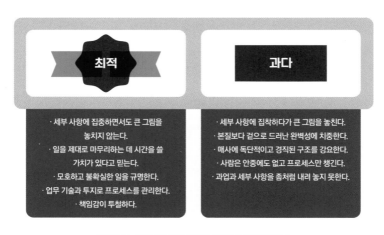

[그림 3] 완벽주의 성격 유형의 최적 특성과 과다 특성

● 온라인에서 드러나는 모습

완벽주의 성격 유형의 어두운 면은 원칙과 규정에 집착하는 모습으로 드러난다. 그래서 항상 원칙과 규정을 강제하는 데만 정신이 팔려 있다. 이른바, 인터넷 자경단은 다른 사람들의 사소한 위반 행위를 적발해 내는 데에만 집착하는 사람들이다.

강박성 성격 장애(완벽주의 유형)를 지닌 사람은 사교 집단과 비주류 그룹에 빠질 위험이 더 크다는 점을 시사하는 흥미로운 연구 결과도 있다(라마니Rahmani 외, 2019년). 사교 집단이나 극단적인 종교 단체들이 자세하고 엄격한 규칙이나 반복된 행동에 집착하는 점은 완벽주의 성격과 일맥상통하는 면이 있다. 더구나 미리 규정된 특정 행동을 강박 관념이나 충동과 싸우는 수단으로 삼는 사람도 많다(예: '불순한' 생각이 들면 하는 행동). 사이비 종교와 음모론이 A 성격 장애군의 세계관과 맞닿아 있는 반면에, 사교 집단의 엄격한 규칙과 구조, 규정된 행동 등은 완벽주의 성격에 더 어울리는 특징이기도 하다.

완벽주의자들은 온라인의 별난 사고방식이나 음모론의 반문화적 요소에 끌리기보다는 사교 집단의 엄격한 규칙과 복잡 미묘한 구조에 더 매력을 느낀다. 또는 음모론에 빠져들게 하는 세부 요소에 끌리기도 한다.

15장

성격 유형과 업무 기능 장애

성격적 특징은 하나의 스펙트럼상에서 측정하고 이해할 수 있다. 한쪽 극단에는 세상을 보는 경직되고 융통성 없는 관점과 과하거나 미숙한 대처 전략이 자리한다. 대체로 건강하고 유연한 쪽에 있는 특징을 성격 유형이라고 하고, 반대로 극단적인 쪽에 있는 특징을 성격 장애라고 한다.

그렇다면, 성격 장애와 '정상적인' 성격적 특징은 어떤 관계가 있을까? 10장에서 우리는 성격적 특징이 업무 현장과 리더십에서의 성공을 가늠하는 강력한 예측 수단이 될 수 있음을 알았다. 이 장에서는 구체적인 성격 특징이 성공과 여러 가지 행동에 어떤 영향을 미치는지 더 자세히 살펴보기로 한다.

이 장의 후반부에서는 성격이 제대로 작용(혹은 작용 장애)하는 데 중요한 구성 요소를 다음과 같은 항목별로 살펴본다.

1. **정체성:** 대체로 자신의 존재와 타인에 미치는 영향을 제대로 인식하고 있으며, 모든 감정을 통제할 수 있다.

2. **자기 방향성:** 타당하고 달성 가능한 목표를 지니고 있으며, 스스로 동기를 부여하고 자기 관리 능력을 발휘하여 그 목표를 달성할 수 있다.

3. **공감:** 타인의 감정과 동기를 이해 및 해석하고, 자신과 의견이 다른 사람의 관점도 이해할 수 있다.

4. **친밀감:** 가까운 사람과의 관계를 꾸준히 관리하고 유지할 수 있다.

이 네 가지를 대체로 잘 해내는 사람은 나머지 일상생활도 꽤 훌륭하게 영위한다고 볼 수 있다. 물론 '꽤 훌륭하게' 산다는 말이 논쟁이나 말다툼도 하지 않고, 간혹 감정이 폭발하거나 기분 나쁜 날이 찾아오는 일도 전혀 없다는 뜻은 아니다. 그런 일은 누구나 겪는 일이고 모두 정상적인 행동 범위에 포함된다. 이 네 가지 영역의 일부, 혹은 전부에서 계속 문제가 발생할 때를 우리는 성격 장애라고 한다.

예를 들어, 고독한 성격을 지닌 사람이 있다고 해 보자. 그는 주로 혼자 지내기 좋아하고, 정말 가까운 사이가 아니면 남에게 감정을 좀처럼 드러내지 않는다. 그렇다고 해도 이런 점이 성격 장애의 징후라고 볼 수는 없다. 아주 친밀한 소수의 인간관계를 선호하고, 사생활이나 직업에서도 스스로 설정한 목표를 잘 추구해 가며, 자신이 선택한 인간관계도 꽤 훌륭하게 발전시켜 나간다면, 그는 전체적으로 아무런 문제가 없는 사람이다. 확실히 모든 사람이 선택할 만한 생활 방식은 아니겠지만, 그렇다고 그것이 비정상적이라고 말할 수도 없다.

다른 성격, 예컨대 극적인 성격도 마찬가지다. 그들은 늘 남에게 즐거움을 선사하고, 많은 사람의 시선을 한몸에 받으려 하며, 여러 사람이 모이는 자리에서는 반드시 자기가 '뭔가를 해야 한다'고 생각하고, 가능한 한 많은 사람과 함께하는 것을 좋아한다. 아는 사람은 많은데 속 깊은 관계는 드물지만, 단 몇 명과도 서로 친밀하고 충분히 공감을 나누며 상호 이익이 되는 관계를 유지하는 한, 그조차 별로 문제가 되지는 않을 것이다. 개인적, 직업적 목표 달성에 방해되지 않는다면, 사회적 활동이 다소 방만한 듯 보여도 전혀 문제는 없다.

업무에서의 정상적인 성격

—

업무와 관련된 정상적인 성격 특징을 측정할 수 있는 것이 바로 빅 파이브 성격 모델을 업무 환경에 맞게 적용한 잠재력 특성 지표이다(맥레이, 편행, 2018년). 업무와 관련된 성격을 측정하면, 사람들이 다양한 분야에서 어떤 잠재력을 지니고 있고 어떻게 최대한 발휘할 수 있는지를 알 수 있으며, 서로 협력하고 이해하는 방법을 찾는 데도 도움이 된다.

아래의 여섯 가지 성격 특징은 성격 유형과 연관 지을 수 있다.

- **성실성:** 스스로 성실성에 높은 점수를 주는 사람은 목표를 설정하고 달성하는 데 전력을 기울인다. 또, 자기 동기 부여에도 능한 편이다. 이런 특성이 약한 사람은 편안한 길을 택하고 새로운 통찰에 개방적인 면이 있다.

- **적응력:** 적응력이 우수한 사람은 압박받는 상황에서도 침착함을 유지하고 스트레스를 겉으로 드러내지 않는다. 거꾸로 적응력이 부족하면, 걱정과 스트레스에 좀 더 시달린다.

- **호기심:** 호기심이 많은 사람은 새롭고 다양한 것을 배우는 것을 좋아한다. 반대로 호기심이 부족한 사람은 검증된 방법과 일관성을 선호한다.

- **위험 대처 능력:** 위험에 대처하는 능력이 우수한 사람은 합리적이고 이성적인 태도로 어려운 상황이나 대화에 대처한다. 이런 능력이 부

족한 사람은 의사 결정을 내릴 때 본능이나 감정에 치우치는 경향이
있다.

- **모호성 수용도:** 모호함을 수용하는 능력이 우수하면, 불확실하고 복
  잡한 상황을 헤쳐 나가는 데 탁월한 성과를 보여 준다. 모호한 상황에
  대처하는 능력이 떨어지면, 딱 떨어지는 정답과 해결책이 있는 일만
  찾아다닌다.

- **경쟁심:** 경쟁심이 강한 사람은 권력과 영향력을 누리고 남에게 인정
  받는 자리를 선호한다. 상대적으로 경쟁심이 약한 사람은 협력과 협
  동을 선택한다. 그들은 주목받는 자리를 싫어한다.

[그림 1]은 성격 유형과 성격 특징의 관계를 보여 준다. 성격 유형
과 그것이 작용하는 수준을 결합하면, 다양한 직책과 업무의 종류
에 따라 적합한 성격 특징이 어떤 것인지 알 수 있다. 예를 들어, 고
독한 성격을 지녔고 위험 대처 능력과 적응력이 다소 떨어지는 직
원은 안전 관리자나 산업용 제어 시스템의 사이버 보안 관리 업무
에 적합하다고 볼 수 있다. 그런 직무는 위험을 싫어하고 일이 잘못
되는 것을 걱정하는 성격에 알맞기 때문이다. 한편, 공격적이거나
자신감 넘치고 극적인 성격은 주로 위험 대처 능력과 적응력이 탁월
해서, 압박이 심하거나 많은 사람 앞에 나서야 하는 직무에 잘 어울
린다.

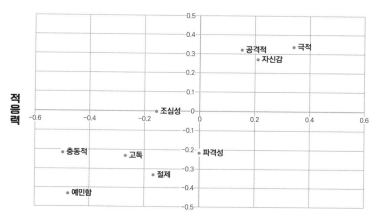

[그림 1] HPTI에서의 위험 대처 능력 및 적응력과 성격 유형과의 관계

[표 1] 성격 유형과 관련하여 주목할 만한 성격 특성

성격 장애 유형	높음	낮음
조심성 강한 성격 유형		모호성 수용도
고독한 성격 유형		위험 대처 능력
파격적 성격 유형	호기심	
공격적 성격 유형	경쟁심	
극적 성격 유형	위험 대처 능력(대인 관계)	
자신감 강한 성격 유형	위험 대처 능력, 경쟁심	
충동적 성격 유형		적응력
예민한 성격 유형		적응력, 위험 대처 능력
이타적 성격 유형		경쟁심
완벽주의 성격 유형	성실성	

2015년, 맥레이 보고서 인용

15장 성격 유형과 업무 기능 장애

성격 특징과 성격 장애

—

지난 수십 년 동안 심리학자와 정신 의학자들이 정상 성격과 성격 장애를 아우르는 통일 모델을 수립하기 위해 애써 왔고, 최근에는 상당한 진척을 이루었다. 하지만 모든 성격을 하나의 뚜렷한 모델로 설명하기까지는 아직 해야 할 일이 너무도 많이 남아 있다.

1980년대와 90년대 초반에 성격 장애와 정상적인 성격 특징 사이의 관계를 규명하는 첫 단계 작업이 이루어졌다(위긴스Wiggins, 핀커스Pincus, 1989년; 코스타Costa, 매크레이McCrae, 1990년). 학계의 이런 움직임은 당시 성격 특징에 관한 연구가 활발해지던 추세에 힘입은 바가 컸다. 이후 수십 년 동안 진단과 치료 목적의 의학적 모델과 빅 파이브 같은 성격 모델을 융합하려는 시도가 꾸준히 진행되었고, 실제로 중요한 합일점을 발견하는 데도 큰 성과가 있었다(모레이Morey 외, 2000년). 미국 심리학회가 가장 최근에 발간한 「정신 질환 진단 및 통계 편람Diagnostic and Statistical Manual of Mental Disorders」(미국 심리학회, 20013년)은 이제 성격 특징에 기반한 성격 장애 모델을 수용하고 있다(왓슨Watson 외, 2013년).

우리는 여기서 여러 성격 장애군에 공통된 추세를 볼 수 있다. 특히 B 성격 장애군은 모든 HPTI 지표가 높다는 데서 뚜렷한 관련성을 보인다.

● A 성격 장애군

독특하고 다소 별나게 생각하는 이 성격 특징에는 몇 가지 공통점이 있다. 즉, 조심성이 많거나 고독한 성격 유형은 적응력이 떨어지고 스트레스에 민감한 경향을 보인다. 그러나 이들과 정상적인 성격 특징 사이의 관계에는 각 성격 내에서도 다양한 차이가 있다. 고독한 성격 유형은 HPTI 항목의 모든 지표가 낮은 편이다. 다시 말해, 그들은 직장 생활의 거의 모든 면에서 잘 나서지 않는다는 뜻이다. HPTI 특성으로 설명하면, 그들은 위험 대처 능력, 경쟁심, 모호성 수용도 등이 떨어진다고 볼 수 있다. 파격적인 성격 유형은 스트레스 민감도(적응력)와는 무관하지만, 모호성 수용도와 위험 대처 능력, 경쟁심 면에서는 우수한 특성을 보인다.

● B 성격 장애군

정상적인 성격 특징들을 서로 비교해 보면, 흥미로운 점을 발견할 수 있다. 긍정적이고 바람직한 특성이라는 맥락에서 준임상적 성격 장애를 지닌 사람들을 측정해 보면, 이 성격군의 사람들은 주로 직장 생활, 그중에서도 리더십 직책에 아주 적합한 특징을 보여 주기 때문이다(충동적인 성격은 예외다). 그러나 공격적, 극적, 자신감 유형은 모두 높은 적응력을 보여 준다. 즉, 그들은 스트레스에 민감하지 않고 위험과 모호성에 잘 대처하며, 경쟁심도 강한 편이다.

● C 성격 장애군

이 성격군에 포함된 예민하고 이타적인 성격 유형은 정상적인 성격 특징과 패턴이 유사하다. 스트레스에 다소 민감한 편이고, 위험과 모호성을 회피하며, 성실성 면에서도 다소 부족하다. 리더십을 발휘해야 하는 직책에는 어울리지 않는 대신, 오히려 자신이 돋보이기보다는 팀에 공헌하기를 원하는 사람이라고 볼 수 있다.

완벽주의 성격 유형은 당연히 성실성 면에서 우수한 특징을 보여준다. 그러나 모호성을 수용하는 면에서는 수준이 매우 낮다. 그들은 성취 지향적이고 세부 사항을 중시하는 경향을 동시에 지닌다.

기능 수준

—

어떤 성격의 적응성 여부를 판단하는 데는 성격 유형 외에도 기능 발휘 여부를 기준으로 삼는 방법이 있다. 이것은 성격별 직종 적합성을 판단하는 데 새로운 시각을 제공한다는 점에서 특히 중요하다. 고용인들은 지능, 지식, 매력, 대인 관계 기술, 직업의식, 과거의 성공 경험 같은 긍정적인 성격을 주로 고려하여 채용을 결정한다.

그러나 바람직하지 못한 특성을 잘 살펴서 걸러내는 작업도 역시 중요하다. 예를 들면, 직장 내 괴롭힘 행위, 회사 자산의 오용, 동료와의 협력 문제, 그리고 독립적 업무 능력 부족 등과 같은 이력이다.

이 문제를 기능 수준이라는 관점에서 살펴볼 수 있다. 예를 들어, 어떤 사람이 극적인 성격을 지니고 있다면, 그는 매력과 호감이 있고, 말이 잘 통하며, 자신의 직업적 목표와 강점을 뚜렷이 밝히는 사람이라고 생각할 수 있다. 그의 약점과 상관없이 실제로 그럴 수도 있을 것이다. 그러나 정말 약점은 살펴보지 않아도 되는 것일까? 이런 장점을 모두 지니고 있지만, 동료와 어울려 지내지 못하는 사람을 과연 채용해야 할까? 그들의 잠재력과 직업적 목표가 시간이 흐를수록 희미해지고 당장 눈앞에 있는 사람이 누구냐에 따라 달라진다면 어떻겠는가? 아마 채용하지 않는 편이 좋을 것이다.

정신 의학자들은 네 단계의 성격 기능 장애를 이용해(미국 심리학회, 2013년) 성격 장애를 진단한다(성격 기능 작동과 성격 기능 장애의 영역에 관해 6장에서 이미 설명한 바 있다). 그러나 사람의 잠재력을 일과 성공이라는 맥락에서 전체적으로 검토하고, 좋은 행동을 포착하는 것 못지않게 나쁜 행동을 걸러내기 위해 살펴보면, 검토 범위를 우수한 기능의 변화 양상을 파악하는 데까지 확장할 수 있을 것이다. [그림 2]에 검토 범위의 한 예가 나타나 있다.

그런 다음에는 이 스펙트럼상에서 매우 성공적으로 보이는 특징과 성격 장애를 서로 비교할 수 있다.

15장 성격 유형과 업무 기능 장애

[그림 2] **기능 장애 및 적합도 수준**

● **정체성**(높은 자기 인식)

이들은 뛰어난 자기 이해를 바탕으로, 자신의 가치를 일관되고 정확하면서도 긍정적으로 평가한다. 즉, 자신의 강점과 그것을 발휘하는 방법을 잘 알고 있다. 그 강점과 긴밀히 연결된 자부심을 바탕으로, 강점을 충분히 활용할 수 있다는 뜻이다. 그들은 자신의 한계도 이해하고, 그것을 자신의 일부분으로 인정한다.

　이들은 자신의 모든 감정을 이해하고 그 감정들을 그 자체로 인식할 뿐만 아니라, 그 감정들에 효과적으로 대처할 줄도 안다. 흥분, 행복, 에너지, 활력 등과 같은 긍정적인 감정을 건강한 행동으로 승화할 수 있다. 물론 부정적인 감정도 경험하지만, 이해한 후 그에 대처하는 건전한 전략을 수립해 낸다. 즉, 그들은 긍정적 감정과 부정적 감정 모두를 자신의 모든 경험으로 받아들인다.

• 자기 방향성

합리적인 목표를 설정하고 이를 간절히 추구한다. 여기서 '합리적인 목표'란 오로지 그가 경험하는 맥락과 관련된 의미라는 점이 중요하다.

이들은 다양한 영역에서 의미 있는 성취를 달성할 수 있다. 즉, 자신에게 부여된 시간과 인간관계를 일정한 한계 내에서, 하나만이 아니라 여러 분야에 적절히 안배할 수 있다는 뜻이다. 예를 들어, 누군가가 일에 우선순위를 지나치게 부여하는 바람에 개인과 가족, 혹은 연애 생활에까지 지장이 생긴다면, 성격 기능이 제대로 작동한다고 보기 어려울 것이다. 혹은 모든 분야에서 무리하게 높은 기준을 세우는 바람에 어느 영역에서도 기준을 충족하지 못한다면, 역시 기능에 이상이 온 것으로 볼 수 있다.

• 공감

이들은 다른 사람의 감정을 이해하며, 자신과 의견이 다른 사람의 견해도 충분히 존중한다. 다른 사람의 생각이나 행동, 신념을 이해할 수 없을 때는 그런 차이점에 대해 호기심을 표현한다. 즉, 자신의 편견을 일단 접어 두고 서로의 차이를 이해하려고 노력한다.

다양한 상황에서 다른 사람이 어떻게 반응할지, 어떤 감정 반응을 보일지를 이해할 줄도 안다. 그런 지식과 능력을 바탕으로, 사람들을 건설적으로 이해하고 공감을 표시한다(사람들의 마음을 읽는 눈은 탁월하나, 그것을 악의적으로 이용하는 사람은 성격 기능 장애가 있다고 말할 수 있다).

● 친밀함

이 기능이 탁월한 사람은 긍정적이고 호혜적인 관계를 형성하고 오래도록 유지할 수 있다. 물론, 그렇다고 그들이 함께 일하는 모든 사람과 잘 지내거나 한번 인간관계를 맺으면 끝까지 유지할 수 있다는 말은 아니다. 다만, 그들은 사회적 환경에 적응할 수 있으며, 그들이 선택한 사람과 가까운 관계를 맺고 오래도록 유지하는 능력과 자율성을 지니고 있는 것만은 분명하다.

온라인에서의 성격 기능 작동 수준

—

이 모든 기능은 온라인 공간에도 그대로 이어진다고 해도 과언이 아니다. 자기 인식, 자기 방향성, 공감, 그리고 친밀감을 형성하는 등의 기능은 온라인 행동을 관찰할 때도 건전한 쪽으로든 해로운 쪽으로든 똑같이 적용된다.

● 정체성

어떤 사람의 뚜렷하고 통일된 자아의식이 온라인과 오프라인에 걸쳐 일관되게 안정성을 유지할까? 물론이다. 9장에서 살펴봤듯이, 사람들은 상황에 따라 자신의 특정 부분을 강조하거나 덜 강조하는 경향이 있다. 심지어 사람들은 게임에서나 친구 관계에서 환상의 세계를 지어내기도 하지만, 그러면서도 한편으로는 그것이 삶의 다른 영역과 어떻게 조화를 이루는지 이해하고 통합하는 능력이 있다.

● 자기 방향성

자기 방향성에는 두 가지 요소가 연관되어 있다.

첫째, 그들의 행동이 온라인에서도 자기 방향성을 유지하느냐 하는 문제다. 그들은 연락할 사람과 사용할 플랫폼, 해야 할 행동, 그리고 온라인 환경에 접근하는 방법 등을 스스로 선택하는가? 아니면, 그들의 온라인 행동은 누군가의 안내나 명령에 따른 결과인가? 만약 업무 메일이나 슬랙 그룹, 또는 기타 플랫폼이 그들의 삶을 완전히 지배하고 있다면, 그래서 그들이 삶의 다른 영역에서조차 자신을 통제하는 것뿐만 아니라 제 기능을 발휘하거나 자신의 목표를 추구하기 어려운 상황이라면, 그것은 분명히 기능에 이상이 발생한 상태로 규정할 수 있다. 혹은 그들의 행동이 온라인상의 어떤 사악한 조직이나 사교 집단에 조종당하고 있을지도 모른다(한 예로, 21장에 등장하는 큐어넌QAnon을 들 수 있다).

둘째, 온라인에 접속하는 이유나 목적이 있는가, 즉 그들의 온라인 활동은 목표 지향적인가? 그저 친구와 대화를 나누고 싶다거나, 가족들과 재미있게 노는 것이 목적일 수도 있다. 아니면 독서, 게임, 영화 감상, 또는 새로운 것을 배우려는 등의 레크리에이션 활동이 목적일 수도 있다. 혹은 아무 목적도 없고 어떤 성취감도 맛볼 수 없는 충동적인 행동일지도 모른다(예를 들면, 끊임없이 페이지 새로 고침을 누르거나, 기계적으로 뉴스나 소셜 미디어 게시판을 클릭하는 등의 행동을 말한다). 온라인 활동은 다른 영역의 필요나 목적을 해치지 않으면서도 일정한 필요를 충족하는 것이어야 한다.

● **공감**

악플은 공감 능력의 결여를 드러내는 대표적인 문제 행위의 예이다. 타인을 의도적으로 놀리거나 괴롭혀 부정적인 감정을 끌어내는 행동은 자신이 다른 사람에게 미치는 영향을 모르거나 무시하는 태도라는 것이다. 물론, 이런 행동을 해석하는 방식은 상황에 따라 크게 달라진다. 온라인 게임이 가장 대표적인 예다. 적을 무찔러야 하는 게 목적인 전투 게임에서는 해당 게임의 규칙과 맥락 안에서의 모든 행동이 친사회적이라고 볼 수 있다. 비디오 게임에 등장하는 폭력에 관해 히스테리에 가까운 반응을 보이는 사람도 있지만(폭력을 주제로 한 비디오 게임이 실제로 폭력을 조장한다는 근거는 없다. 마치, 성경을 읽었다고 이웃 사람을 십자가에 못 박지는 않는 것과 마찬가지다), 폭력적인 비디오 게임 그 자체로는 아무 문제가 없다. 문제는 누군가가 비디오 게임이나 온라인 커뮤니티의 규칙을 깨거나 속임수를 써서, 고의로 사람들을 괴롭히고 모욕을 안길 때 발생한다. 규칙 내에서 즐기는 것은 친사회적인 행위라고 할 수 있으나(규칙이 무엇이든 간에), 반면 규칙과 규범을 위반하는 것은 그렇게 볼 수 없다.

● 친밀함

서로 만족과 이익을 얻는 관계를 온라인에서도 유지할 수 있는가? 이 문제는 오프라인과 온라인상에서 맺는 인간관계 사이의 균형을 어떻게 적절히 유지하고, 특정 인간관계가 전체적인 사회생활에 미치는 영향을 어떻게 관리하느냐의 문제이다. 예를 들어, 누군가가 온라인을 중심으로, 혹은 온라인에서만 맺어서 유지하는 인간관계가 있다고 해서 문제될 것은 전혀 없다. 다만, 그런 온라인 활동 때문에 일상생활의 인간관계까지 힘들어진다면, 분명 문제가 있는 것이다.

● 두 가지 예

성격 유형의 기능을 설명하는 각 영역의 예를 살펴보자. 이것은 12
장부터 14장까지 설명한 성격 유형의 최적 상태와 과다 상태 사이
의 비교를 확장한 내용이다.

	이상 기능	정상 기능
정체성	목적과 의미를 찾기 힘들다. 사회적 상황에서 길을 잃은 느낌이다.	타인의 눈에 다소 별나고 독특해 보이지만, 자신이 누구인지, 무엇이 중요한지를 뚜렷이 인식한다.
자기 방향성	목표와 우선순위를 설정하고, 자신에게 무엇이 중요한지 파악하는 데 어려움을 겪는다.	혼자, 또는 소규모 그룹에 있으려고 하며, 특정 목표나 활동에 오랫동안 집중할 수 있다.
공감	다른 사람들에게 괴리감을 느낀다. 자신을 지키기 위해 다른 사람을 차단한다.	타인을 이해하는 데 시간이 오래 걸린다. 단, 가까운 사이나 중요한 관계를 유지하기 위해 노력한다.
친밀함	인간관계에 거의 관심이 없다. 사람들과의 만남이 재미없다.	친목 동호회가 있고, 개인 공간을 필요로 하지만, 몇몇 사람과는 긍정적이고 호혜적인 관계를 유지한다.

고독한 성격 유형: 정상 기능과 이상 기능

	이상 기능	정상 기능
정체성	타인의 반응과 피드백에 무관한 자아의식을 가지고 있다. 위협에 맞서는 자아가 저절로 형성된다.	위험을 추구하는 본성을 합법적이고 적절한 형태로 바꿔 행동에 옮길 수 있다.
자기 방향성	충동적으로 위험을 추구하고 쉽게 싫증을 내며, 충동을 제어하는 데 어려움을 겪는다.	행동이 가져오는 결과를 이해하고, 긍정적인 결과를 얻기 위해 노력한다.
공감	다른 사람의 감정과 반응을 이해하지만, 이를 이용해 다른 사람에게 상처를 주고 그들을 조종한다.	다른 사람과의 관계를 통해 얻는 결과와 가치에 집중할 수 있다.
친밀함	남과 어울리기를 좋아하지만, 사람에게 쉽게 싫증을 내고 협력 관계를 오래 이어갈 수 없다.	남과 어울리기를 좋아하고 여러 사람을 만나며, 그중의 일부와는 협력 관계를 오래 유지한다.

공격적 성격 유형: 정상 기능과 이상 기능

참고: highpotentialpsych.co.uk 사이트를 방문하면, 자신이 지닌 성격 유형의 어두운 정도를 테스트해 보고 다른 사람의 결과와 비교해 볼 수 있다.

15장 성격 유형과 업무 기능 장애

업무 관련 성격 장애 파악하기

성격과 그중의 일부 장애 요소를 이해하고 측정하며 진단하는 일은 행동을 관리하고 개선하는 데 필수적인 역할을 한다. 과거 20년 동안 이와 관련해 많은 연구가 진행되어 왔지만(푸르니에Fournier, 2015년), 성격을 이해하고 측정하는 가장 좋은 방법이 무엇인지, 특히 성격 장애를 어떻게 설명할 수 있는지에 관해서는 아직도 많은 논의가 이루어지고 있다. 이런 논의가 계속 발전되는 것은 성격과 그 어두운 측면에 대한 이해를 증진한다는 점에서 이 분야에 매우 바람직하다고 할 수 있다. 다시 말하면, 이 분야의 학문은 이제 '정착' 단계에 접어들었다고 봐도 된다.

성격 장애는 특성이나 유형 어느 쪽으로도 이해할 수 있다([표 1] 참조). 이 장에서는 심리에 관한 여러 가지 측정 방법을 살펴보고, 특히 직장 환경에서 진단할 수 있는 몇 가지 기법을 알아보기로 한다. 심리 진단 방법은 상당한 훈련과 전문성 없이는 불가능한 일이라는 점을 기억할 필요가 있다.

[표 1] **특성과 유형의 차이**

특성 이론	유형 이론
다양하게 존재하는 보편적 요소를 강조한다.	선천적, 또는 후천적인 선호에 집중한다.
측정이 중요하다.	선별이 필요하다.
뚜렷한 구분을 위해 극단적인 수치가 필요하다.	중간값이 구별에 핵심 요소이다.
정규 분포를 보인다.	비대칭 분포를 보인다.
수치의 의미는 소유하는 특성의 양이다.	수치는 선별의 정확도를 말해 준다.
주로 개인 간 비교를 위해 '정규' 모집단을 대상으로 사용된다.	주로 임상 환자를 대상으로 한 진단 기준으로 사용된다.

특성과 유형

—

성격 '유형' 모델에서 모든 사람은 특정 범주에 해당하는 '유형'으로 분류되고, 각 유형은 몇 가지 특징으로 구성된다. '특성' 이론은 측정된 양을 바탕으로 사람을 묘사한다. 즉, 사람을 단 하나의 유형으로 규정하는 것이 아니라, 어떤 특징이 어느 정도 수준이라고 설명하는 것이다. 따라서 누군가의 특성을 설명할 때는 '약간', '많이', '대단히' 등과 같은 양으로 표현할 수 있다. 유형은 사람을 어느 쪽이다, 아니다로 설명하는 데 비해, 특성은 얼마나 많이 나타나느냐에 관한 것이다.

이 책에서 전반적으로 다루는 여러 가지 성격 장애는 잠재적 장애의 '유형' 모델에 해당한다. 반면, 빅 파이브나 HPTI 등과 같은 정상 성격 모델은 '특성' 모델로 분류된다. 유형은 의학계에서 설명하는 성격 장애의 관점과 부합한다. 특히 의학계가 오랜 세월에 걸쳐 수립해 온 「정신 장애 진단 통계 매뉴얼*DSM*」(미국 심리학회, 2013년)은 성격 장애를 분류하는 탄탄한 기초가 된다.

성격 유형은 특징과 연관 지을 수 있고(15장 참조), '정상' 성격 기능 척도와 성격 장애 사이에도 뚜렷한 관계가 있다.

업무와 관련된 인적 진단

—

사람에 관한 데이터를 수집할 때 사용하는 네 가지 핵심적인 방법이 있다. 각각의 방법은 목적과 적용 분야, 실용성이 모두 다르다. 목적에 따라 제공하는 정보도 다르다. 진단 과정은 과학적인 방법이기도 하지만, 연습과 훈련, 경험에 대단히 의존하는 기술의 성격도 띤다. 적합한 수단을 결합하여 개인이나 집단의 약력을 파악하는 작업은 맥락과 의도하는 결과에 크게 좌우된다.

1. 개인 이력 / 자서전

자서전은 한 사람의 인생이 담긴 역사다. 자서전을 보면, 한 인물의 성격 특징, 지능, 교육 및 업무 경험, 나아가 그 경험에 대한 그들만의 독특한 느낌과 맥락을 모두 파악할 수 있다. 자서전에는 이런 다양한 개인적 특성과 경험이 골고루 드러나 있다. 이런 모든 요소가 어우러져 한 사람의 인격을 형성한다. 따라서 자서전이야말로 한 사람과 그의 행동 방식을 구성하는 다양한 요소를 이해하도록 하는 훌륭한 수단이다.

자서전을 보는 것은 특정 인물과 배경을 자세히 들여다볼 수 있는 좋은 방법이다. 심리학의 여러 원리가 구체적인 사례에서 어떻게 구현되는지 이해하는 데도 도움이 된다. 반면, 모든 사람에게 적용되는 일반적인 원리를 이해하는 데는 별로 도움이 되지 않는다.

이 책에서 다루는 사례 연구는 특정 환경에 처한 사람들의 단면을 엿보는 수단으로는 훌륭하지만, 그 사람의 총체적인 역사나 개인 이력을 보여 주지는 않는다. 즉, 한 가지 관점에서 바라보는 행동의 일면에 불과하다. 이 책에 등장하는 트럼프에 관한 광범위한 사례(5장, 6장, 19장)는 그의 자전적 이야기를 훨씬 많이 다루고 있다. 유년기의 발달 과정에서부터 성인, 중년, 후기에 걸쳐 그의 경력이 형성되는 과정이 모두 담겨 있다. 이런 접근 방법은 전체적인 개요를 제공하여 더 깊은 통찰을 얻는 데 도움을 준다. 수십 년에 걸친 행동 패턴을 관찰하다 보면, 현재와 미래의 행동 패턴까지 쉽게 이해할 수 있다. 누군

16장 업무 관련 성격 장애 파악하기

가의 행동에 관한(그리고 관찰을 통한) 데이터를 많이 모을수록 더욱 정확하고 포괄적인 그림을 그릴 수 있다.

그러나 개인의 이력은 과학적인 데이터가 아니고, 모든 사람에게 보편적으로 적용된다고 볼 수도 없다. 그것은 그 사람과 그가 살아오면서 내렸던 특정 의사 결정, 행동, 활동 등을 이해하는 데 유용하다. 물론 다른 사람도 거기에서 유익하고 흥미로운 교훈을 얻을 수 있겠지만, 한 사람의 경험에서 보편적인 규칙과 원칙을 확실히 도출해 낼 수는 없다.

기업인과 리더들의 자서전이 좋은 예다. 리더들의 사례나 자서전은 몇몇 '성공의 핵심 요소'나 '성공 노하우'를 발췌한 내용인 경우가 많다. 때로는 매우 흥미진진하거나 유용할 수도 있고, 심지어 보편적인 원리에 부합하는 사례도 더러 발견되기도 한다. 그러나 어떤 사람의 성공에 도움이 되었다고 해서 꼭 다른 사람에게도 그대로 적용된다고 볼 수는 없다. 자서전의 가치는 아주 독특한 배경과 대체 불가한 환경에 관해 유용한 가르침을 준다는 데 있다. 이때 '바람직한' 성격 조합과 최적의 성격적 특징이 과연 어떤 것인지는 환경에 따라 얼마든지 달라진다. 성공에 기여하는 보편적인 성격과 자질도 분명히 존재하지만(예: 지능, 성실성 등), 대부분은 구체적인 사회적, 물리적 환경에만 쓸모가 있는 경우가 많다.

한 사람의 인생 여정을 재창조하거나 그의 성공담을 다른 사람에게 똑같이 옮기는 것은 불가능하므로, 이런 일은 시도하는 것조차 무의미하다. 다른 사람의 실수에서도 배우는 것이 있고, 한 사람의 이력에서 얻은 통찰로부터 그와 협력할지를 결정하는 것도 분명히 가능한 일이다. 그러나 보편적이고 사실에 기반한 원칙을 개인 생활이나 업무에 적용하는 편이 다른 사람의 독특한 경험을 따르는 것보다 훨씬 더 유용한 방법이다.

2. 테스트 성과

테스트 성과는 개인의 이력과는 달리, 한 사람의 역량에 관해 여러 가지 정보를 알려 준다. 개인 이력이 주관적이고 정성적인 척도인데 비해, 테스트 성과는 객관적이고 정량적인 척도다.

테스트 성과란, 사람들이 자신의 숨은 성격이나 능력을 측정하는 테스트를 얼마나 잘 수행해 내느냐를 나타내는 것이다. 예컨대, 지능 테스트는 정보의 처리와 검색, 저장과 관련된 보편적인 역량에 관한 것이다. 능력이나 지식을 테스트함으로써 특정 기술 역량을 측정하고 보여 주는 데 이용할 수 있다. 어두운 측면의 성격 특성과 관련해서 테스트 성과 데이터를 통해 어떤 사람의 통찰이나 정직성을 평가할 수 있다는 것은 꽤 흥미로운 점이다. 자신이 가장 똑똑한 사람이라고 말하는 사람이 있다면, 객관적인 테스트를 비교적 쉽고 빠르게 해 볼 수 있다.

심리학자들은 실제로 이런 실험을 해 본 적이 있다. 먼저 사람들에게 질문을 던져 지능이 평균 이상인지 이하인지, 그리고 어느 정도나 되는지 가늠해 본다. 이런 연구에서 어휘력, 공간 추리력, 일상 어휘 등과 같은 척도를 이용해 자가 평가 지능과 실제 인지 능력을 조사한 결과, 꽤 흥미로운 결과가 도출되었다(가브리엘Gabriel 외, 1994년; 펀햄, 2005년; 드 리베라De Ribera 외, 2019년).

- 자아도취에 빠진 사람은 자신의 지능을 과대평가한다.
- 소시오패스, 특히 범죄 행위에 연루된 사람은 지능이 약간 낮은 경향이 있다.
- 성격은 자가 평가 지능의 수준과 밀접한 상관이 있지만, 실제 지능과의 상관도는 그리 높지 않다.
- 자신의 지능을 객관적으로 파악하는 능력은 남녀 간에 상당히 차이가 있다. 남성은 과대평가하는 데 비해, 여성은 과소평가하는 경향이 있다.

지능과 능력, 지식을 테스트해 보면 자가 보고서나 자서전(예: 이력서 등)에 의존하는 데서 오는 문제를 줄일 수 있고, 자신감과 실제 능력의 차이를 구분할 수 있다. 자기 능력을 과장하는 사람을 걸러낼 수도 있다. 객관적인 테스트를 통해 자신이 주장하는 바를 검증하거나 실제 능력을 증명해 보이는 것은 그리 어려운 일이 아니다.

객관적인 테스트 성과를 측정하는 것은 극단적으로 어두운 성격을 감지하는 것뿐만 아니라, 성적 편견과 같은 선입견을 줄이는 데도 도움이 된다. 일반적으로, 여성은 자가 평가보다 우수한 성과를 보이고 남성은 그 반대인 경우가 많다. 따라서 테스트는 사람들의 자기 인식과 자기 능력을 현실적으로 파악하는 능력을 살펴보는 데 중요한 통찰을 제공해 준다.

3. 관찰 데이터

관찰 데이터는 다른 사람에 관한 간접적인 데이터다. 즉, 같은 대상을 다른 방법으로 진단한 데이터인 셈이다. 예를 들어, 객관적인 제삼자나 친구, 동료들에게 어떤 사람의 성격이나 행동, 성과 등을 본대로 판단해 달라고 부탁하는 것이다. 관찰 데이터의 목적은 그 사람의 행동을 다양한 시각으로 판단하려는 것이다. 그 누구도 절대적으로 공정한 판단을 내릴 수는 없으나, 객관적인 관찰자의 판단에 근거해 복합적인 프로파일을 구성하다 보면, 한 명의 관찰자나 자기 보고에만 의존하는 것보다는 어떤 사람의 실체를 훨씬 더 완성도 높게 파악할 수 있을 것이다.

관찰 데이터는 직원을 선발하고 양성하는 과정에서 사람을 좀 더 포괄적으로 진단하는 데도 효과적으로 사용될 수 있다. 360도 평가(다차원 피드백)는 대상자의 행동을 잘 아는 다른 사람들이 관찰한 결과를 반영하는 것이다. 이때, 360도 평가 대상자와 다양한 관계에 있는 사람들로 관찰자들을 구성해야 데이터 수집이 잘 이루어진다. 즉, 동료, 부하, 상사 등은 그 사람의 행동을 다양한 관점에서 볼 수 있다. 여기서 비슷한 점과 차이점을 발견하는 것은 꽤 흥미로

16장 업무 관련 성격 장애 파악하기

운 일이다. 그 사람은 상사를 대할 때와 아랫사람을 대할 때 차이가 큰가? 그들이 적대시하거나 온순하게 대하는 사람들은 각각 누구인가? 그들의 자아상은 주변 사람들이 그리는 이미지와 일치하는가? [그림 1]은 다차원 평가의 시작 단계를 나타낸다.

[그림 1] 다차원 평가 모델

다차원 평가 방법에는 세 가지 중요한 한계가 있다. 모든 데이터 출처가 그렇듯이 여기에도 장점과 한계가 동시에 존재한다. 한계를 미리 인식하고 있으면 데이터를 더욱 효과적으로 사용할 수 있다.

1. **관찰자가 평가 대상자를 얼마나 알고 있는가?** 사람들은 서로 긴밀하게 협력할수록 서로를 더 잘 알게 된다. 또, 같이 일한 시간이 오래될수

록 다양한 상황에서 그 사람이 어떻게 행동하는지도 더 잘 알 수 있다. 일선 관리자는 주로 특정한 행동만 볼 수 있지만, 가까운 동료는 옆 사람의 행동을 좀 더 구체적으로 바라보는 경우가 많다. 모든 평가는 근무 환경, 인간관계, 그리고 구체적인 상황에 따라 영향을 받는다.

2. **관찰자가 대상자에 관해 기꺼이 진실을 말하고자 하는가?** 평가 대상자와의 친분이 관찰자의 객관성에 영향을 미칠 수 있다. 그들은 과연 그 사람에 관해 경험한 내용을 정직하게 말할 수 있는가?

3. **평가자를 선정하는 사람은 누구인가?** 평가자를 선정하는 사람과 그 과정도 큰 영향을 미칠 수 있다. 평가 대상자가 평가자를 선정하는가? 그들은 자신에게 유리한 발언을 해 줄 사람을 평가자로 선정하는가, 아니면 정직하게 평가해 줄 사람을 고르는가? 어차피 결과가 같을 수도 있지만, 꼭 그렇게만 볼 수도 없다.

360도 평가 데이터는 자기 인식이 취약한 행동이나 경직된 사고방식, 성격 장애에서 오는 행동 패턴 등을 감지하는 데 특히 유용하다.

4. 자기 보고

자기 보고 방법은 매우 흔한 것으로, 특히 테스트와 심리 측정에 많이 쓰인다. 이 방법은 사람들이 자신에 관해 말하는 것이다. 이것은 아주 주관적인 형태의 질문이 될 수도 있다. 예를 들면, "지난번 직장에서 귀하가 맡았던 책무에 관해 말해 주십시오", "귀하가 생각하는 직업관은 어떤 것입니까?" 등과 같다. 당사자는 질문을 듣고 경험을 바탕으로 적절한 대답을 찾아낸다. 또는 많은 심리 측정 테스트에서 사용하는 방식대로 객관식 질문을 던지는 방법도 있다. 예컨대, "다음 항목에 자신이 동의하는 정도를 점수로 표현하시오." 같은 내용이다. 이 방법은 대답할 말의 종류가 정해져 있으므로, 대화를 통해 생각과 감정을 다양하게 표현할 기회가 많은 상황에는 적합하지 않다.

자기 보고 방식이 채용 면접이나 선발 과정에 많이 사용되는 이유는 익숙하고 비용 대비 효과가 우수하기 때문이다. 대상자도 대부분 이력서를 쓰는 양식과 요건에 익숙하고 고용주들 역시 이력서를 평가하는 법을 잘 알고 있다고 생각한다. 면접도 마찬가지로 익숙하다고 여기며, 채용 관리자는 대부분 면접이 효과적인 방법이고 사람들의 성격을 판단하는 데 유용하다고 생각한다. 그러나 면접과 이력서는 직원의 잠재력을 판단하는 수단으로 전혀 타당하지도, 믿을 만하지도 않다.

또 다른 방법 중 우리에게 친숙한 자기 보고 설문 방식은 성격 테스트처럼 객관적이고 정량적인 데이터를 수집하는 방법이다. 이 테스트에서 참가자들은 미리 정해진 몇 가지 설문에 대답해야 한다. 또 그들의 대답은 미리 분명하게 정의된 다양한 특성(혹은 요소)과의 연관성을 통해 체계화되고, 다시 여러 사람 사이의 객관적인 비교를 통해 정량적으로 측정, 설명된다.

자기 보고 방법이 가진 세 가지 한계는 다음과 같다.

A. **자기 통찰:** 사람들은 대부분 자기 자신에 대해, 또 자기 생각과 행동의 이유에 대해 합리적인 통찰을 얻을 수 있다. 누구나 자신의 정체성과 목표, 그리고 거기에 도움이나 방해가 되는 행동을 파악하고 있다. 그러나 모든 사람이 그런 통찰을 지니고 있지는 않다. 자기 행동이나 행동 방식을 통찰하지 못한 사람은 다른 사람에게도 그것을 정확하게 설명해 줄 수 없다.

B. **사회적 바람직성:** 뚜렷한 자기 인식과 자아상을 가지고, 자기 행동을 이해하는 사람도 그것을 다른 사람에게 알리고 싶지 않을 수가 있다. 거의 모든 사람은 물리적, 사회적 환경에 따라 바람직하다고 생각하는 행동을 하는 경향이 있다.

C. **거짓말:** 사람 대부분은 질문을 받으면, 진실이나 진실이라고 생각하는 내용을 말한다. 그러나 비록 소수지만, 고의로 거짓을 말하거나 심리 측정을 속이려는 사람도 분명히 있다. 이런 반응을 탐지하는 방법에는 여러 가지가 있다. 사회적 바람직성이나 반응 편향을 측정하는 방법도 있고, 거짓말이나 과장된 표현을 탁월하게 감지하는 도구도 있다(폴허스Paulhus, 2012년).

사람들은 여러 가지 이유와 방법으로 사실과 다른 말을 한다. 사람들은 속임수를 알아채는 요령과 기법이 얼마든지 있다고 생각하지만, 사실 누군가가 거짓말을 하는지 알아내는 보편적인 방법은 없다. 거짓말을 할 때 머리카락을 만지거나 눈길을 옆으로 돌리는 사람도 있지만, 모든 사람이 그러는 것은 아니다. 호흡이 가빠지거나, 손으로 입을 가리거나, 얼굴이 빨개지는 사람도 있다. 혹은 몸짓을 크게 하면서 목소리를 높이고는 가만히 있는 사람도 있다. 평소 그 사람의 행동을 잘 아는 경우가 아니라면, 몸짓만으로 거짓말을 정확히 감지해 낼 수는 없다. 몸짓으로 불편함과 고통을 알리는 데는 거짓말뿐만 아니라 다른 여러 가지 이유가 있다(나바로Navarro, 2018년).

처음 보는 사람의 속임수를 파악하기란 쉬운 일이 아니다. 그러나 평소 행동을 잘 알고 동기까지 미루어 짐작할 수 있는 사람이 속임수를 쓴다면 비교적 쉽게 알아낼 수 있다. 사람들이 거짓말하는 이유와 방법을 이해할 수 있다면 큰 도움이 될 것이다.

채용 전문가 맥스 에거트Max Eggert는 사람들이 사용하는 거짓말과 속임수의 다양한 유형을 다음과 같이 설명한다(2013년).

- **과실이나 사실 왜곡:** 과실이란, 아무 상관없는 정보를 집어넣는 것이다. 이런 일이 일어나면, 누구나 거짓말이라는 것을 바로 알아차린다. 때로는 사실에 근거하지 않은 이야기를 일부러 지어내는 것을 말하기도 한다. 발각되면, 명백히 검증 가능한 거짓이자 잘못된 주장이라는 것을 인정하는 것 외에 설명할 방법이 없는, 그런 이야기 말이다.

- **선의의 거짓말:** 사소한 거짓말은 그리 나쁜 것이 아닐 수도 있지만, 진실을 왜곡한다는 점만은 틀림없다. 어떤 사람이 면접을 시작하면서 이런 말을 한다고 해 보자. "사무실이 아주 멋지군요", "사진 속의 아이들이 아주 잘생겼네요", "저 스포츠 팀을 아주 자랑스러워하시는 것 같은데, 저도 팬입니다." 그들의 거짓말은 그리 대단한 문제가 아닌 것 같지만, 사회적 적합성과 인상 관리 측면에서는 문제가 될 수 있다.

- **이타적 거짓말:** '대의를 위해서', 또는 표면상 다른 누군가를 위해서 하는 거짓말이다. 친구나 동료가 실수를 저질러 심각한 처지에 처했을 때 이를 덮어 주기 위해 "무슨 일이 있었는지 전혀 모릅니다"라거나, 알리바이를 제공하기 위해 "그때 저하고 같이 있었습니다. 그들은 아무 잘못이 없어요"라고 하는 것을 말한다. 여기서 문제가 되는 것은, 과연 누구를 위해서 그런 거짓말을 하느냐? 그 거짓말을 통해 어떤 결과가 초래되느냐? 하는 것이다.

- **누락을 통한 거짓말:** 사소한 날짜나 세부 사항을 빠뜨린 것도 거짓말일까? 이력서에 몇 년간의 경력을 슬쩍 둘러대거나, 별로 빛나지 않는 세부 사항을 빠뜨리는 것쯤은 그리 어려운 일이 아니다. 세부 사항이 중요할 때도 있고 그렇지 않을 때도 있다. '동료가 한 방 먹였다'와 같은 내용은 심각한 문제일지도 모른다. 만약 빠뜨린 내용이 폭력으로 되갚았다는 내용이라면, 특히 심각한 문제일 것이다.

- **방어적인 거짓말:** 이것은 노골적으로 거짓을 말하는 것이 아니다. 혼동을 주거나 모호한 표현으로 사실이나 정보를 흐리는 것을 말한다. 예를 들어, "당시에는 모든 사람이 탐욕의 문화에 사로잡혀 책임감이 결여된 상황이었습니다"라거나, 정치인들이 질문을 받고 "글쎄요, 우리가 정리해야 할 많은 문제가 있습니다. 지난 수십 년의 노력으로, 결국 더 심한 문제가 드러난 셈이 되었네요"라고 말하는 식이다. 문제의 본질을 흐리고 책임을 모든 사람에게 떠넘기는 행위다.

- **사칭:** 다른 사람의 공을 가로채는 행위는 직장에서 행해지는 대표적인 거짓말이다. 팀원들의 공을 상사가 가로채는 것이 대표적이다. 더 악랄한 것을 예로 들면, 꾀를 피우며 힘든 일을 피해 다니던 직원이, 결국 프로젝트가 성공을 거두자 그제야 모든 일이 자기 공이라고 내세우는 경우다. 사칭은 표절과 유사하다. 다른 사람의 공을 가로채거나 정당한 공헌을 인정해 주지 않는 것이기 때문이다.

- **끼워 넣기 거짓말:** 교묘한 말장난 속에 거짓을 숨기기 위해서는 더욱 의식적인 노력이 필요하지만, 대신 그럴듯하게 부인할 근거를 마련해 놓을 수 있다. "옥스퍼드에서 공부했던 시절이 정말 즐거웠습니다"라고 말했지만, 사실은 바로 아랫동네의 별로 유명하지 않은 옥스퍼드 브룩스라는 학교에서 단기 강좌를 들은 것이 전부인 경우를 예로 들 수 있다. 따지고 보면 틀린 말은 아니지만, 듣는 사람이 오해할 수밖에 없도록 말하는 행위이다.

- **정의의 호도:** 가장 대표적인 예로, 전 미국 대통령 빌 클린턴이 했던 말을 꼽을 수 있다. 법정에 출두한 그에게 대법관이 이렇게 질문했다. "클린턴 대통령과는 어떤 종류나 방식, 형태, 형식의 섹스도 없다는 발언은 거짓입니다, 맞습니까?" 그러자 클린턴이 눈살을 찌푸리면서 미소 짓는 표정으로 대답했다. "그거야, '없다'는 말이 무슨 뜻이냐에 따라 달라지겠죠." 그는 동사의 과거형과 현재형의 차이라는 사소한 부분을 물고 늘어지면서 진실을 호도했다. 정의의 호도는 진실의 정의를 놓고 장난질하는 것을 말한다. 누군가 단어와 현실을 자신만의 정의로 마음먹고 호도하면, 객관적으로는 아무리 거짓말과 속임수를 쓰는 것이 분명해 보여도 '그들'이 내세운 진실에 관해 논박하기는 쉽지 않다.

- **대리 거짓말:** 나를 대신해 누군가를 앞세워 거짓말하는 것이다. 직원 채용 과정에서 심사관에게 부탁해서 사실을 조작하거나, 동료에게 받아야 하는 추천장을 자신이 써 놓고는 다른 사람에게 대신 서명해 달라고 부탁하는 것을 예로 들 수 있다. 그 내용이 물론 진실일 수도 있지만, 심사관의 잘못된 기억이나 허영심, 부패 심리를 이용하는 것일 수도 있다.

16장 업무 관련 성격 장애 파악하기

어두운 면을 평가하는 법

—

대상자의 성격 특성이 지닌 어두운 면이나 장애를 평가하기 어려운 경우로, 그 장애가 거짓말하는 성향과 관련되어 있을 때를 들 수 있다. 어떤 사람의 행동 전략이 과도하게 발달했는지 미성숙한지 판단할 때, 진실에 관해 불성실한 태도를 보이는 성격 유형이 있을 수 있다. 그들의 태도는 노골적인 속임수일 수도 있고, 사소한 과장이나, 혹은 이 장에서 설명한 여러 속임수가 섞인 것일 수도 있다.

심리학자와 테스트 개발자들은 모든 사람이 대체로 진실을 말한다는 것을 전제로 삼지만, 그렇지 않은 사람이 있다는 것도 알고 있다. 그러나 속임수를 감지하는 훌륭한 통계적 방법이나 심리 측정법이 있다. 때로는 거짓말의 내용이 아니라 그 이유와 목적, 그리고 그것이 그의 행동이나 적응력의 패턴과 어떤 관련이 있는지가 더 흥미로울 때가 있다.

d@rk social

4부

나쁜 조직과 시스템

소셜(미디어) 환경

이 책에서 지금까지는 개인별 차이와 성격에 관해 주로 살펴봤다. 4부에서는 그런 성격적 특징이 온라인에서 어떻게 더욱더 확대, 증폭되는지 그 과정을 자세히 살펴보기로 한다.

우선 이 장에서는 얼마나 많은 문화와 사람들의 행동이 온라인을 통해 디지털 공간으로 직접 전환되는지 개략적으로 살펴본다. 그 일환으로 직접적인 행동과 의사소통, 사회적 관계 등이 디지털 공간으로 자연스럽게 확대되는 방식과 직장 내에서 괴롭히는 행위가 어떤 방식으로 사람들에게 치명적인 영향을 미치는지 살펴본다.

그리고 시야를 넓혀, 구체적인 범위에 한정된 소셜 네트워크와 일반적인 소셜 미디어의 차이에 관해 알아본다. 사내 소셜 네트워크와 같은 특수한 인터넷망과 보편적인 소셜 미디어 환경은 크게 다를 수 있기 때문에 이 차이를 살펴보는 것은 중요하다. 이 둘은 겹치는 부분도 있으므로, 서로 혼동하거나 모든 사람이 모든 공간(물리적 또는 디지털)에서 똑같이 행동할 것으로 생각해서는 안 된다.

기업마다 고유한 문화가 있다

기업 문화는 수익성이나 생산성 같은 비즈니스 통계 수치에 비해 측정하거나 정의하기가 훨씬 더 어렵다. 그러나 조직에는 분명히 문화가 있으며, 그것을 무시할 수도 없다. 비록 전반적인 조직 문화에 뿌리를 두고 있으나, 팀과 부서도 기업 고유의 하위문화를 형성하는 데 기여한다.

문화란, 한 사회가 용납할 수 있는 행동 표준에 관한 공통된 생각이라고 요약할 수 있다(라바시Ravasi, 슐츠Schultz, 2006년). 소셜 미디어의 문화를 말하자면, 특정 플랫폼에는 자신만의 고유한 문화가 있어 그들의 알고리즘을 구현하는 프로그램에 반영되고, 이는 콘텐츠의 수용과 촉진에 관한 정책과 그 정책이 미칠 영향력에까지 적용된다. 소셜 미디어 플랫폼은 너무나 광범위하므로, 플랫폼의 전반적인 문화 틀 안에는 다양한 하위문화가 형성된다.

기업에는 고유한 문화가 있는데, 업무와 의사소통이 점점 디지털 공간으로 옮겨가는 요즘, 기업 문화가 어떻게 온라인 공간으로 이전하고 전달되는지를 이해하는 것은 매우 중요하다. 2010년대에는 원격 근무가 급속히 성장하면서도 여전히 소규모 추세에 머물렀지만, 2020년에 들어서자 기업의 의사소통이 급격히 원격 환경으로 바뀌어, 현실 세계에서 이루어지던 거의 모든 활동이 디지털 세계로 옮겨 가고 있다.

문제는 기업 문화를(그 문화가 긍정적이며 생산적이라고 가정할 때) 어떻게 디지털 공간으로 옮겨 놓느냐 하는 것이다. 문화를 바람직한 행동에 관한 공통된 이해라고 정의하더라도, 이것은 저절로 혹은 자연스럽게 드러나는 것이 아니다. 어떤 행동이 바람직하고 권장할 만한지 아무런 지침이 없다면, 사람마다, 집단마다 자신만의 표준을 만들어 낼 것이다. 성격 유형과 성격 장애를 살펴보며 이야기했듯이, 보편적으로 받아들이고 적용할 수 있다고 생각하는 행동의 표준은 사람과 상황에 따라 엄청나게 큰 차이가 있다.

모든 사람이 갑자기 줌Zoom이나 팀즈, 스카이프Skype, 재버Jabber 같은 환경에서 일하게 되었을 때, 한 기업의 문화와 의사소통 방식은 온라인 환경에서도 저절로 재현될 수 있을까? 그렇지 않다. 물리적 공간이든 가상 환경이든, 사람들은 낯선 환경에 들어서면 맨 먼저 어떤 행동이 환영받고 어떤 행동은 그렇지 않은지부터 살피게 되어 있다. 다른 사람들이 어떤 대화를 나누는지, 옷은 무엇을 입었는지 등을 보고 자신도 그에 맞춰 행동한다.

따라서 사무실을 새로운 공간으로 이동했을 때, 리더십의 관점으로 어떤 유형의 행동을 장려하고 권장하는지 기업의 리더가 명확하고 눈에 띄게 확립하고 강화해야 한다. 새로운 환경에 바람직한 행동 모델이 수립되어야 하고, 사람들에게도 새로운 장비에 익숙해지도록 훈련의 기회를 제공하는 한편, 어떻게 행동해야 하는지 보여주고 직접 실천하도록 해야 한다.

| 사례 연구: 나쁜 리더의 영향 |

몇 년 전에 있었던 이 사례에 등장하는 20대 중반의 젊은 여성을 여기서는 M이라고 지칭하기로 하자. 그녀는 산업 조직 심리학 분야의 석사 과정을 막 마친 후, 직원이 채 100명이 안 되지만 급성장하는 기술 기업에 합류했다. 이 회사는 몇몇 도시에 직원이 근무하는 거점 사무실만 둔 채 나머지 직원 대부분에게 원격으로 근무하도록 하고 있었다.

M은 처음에는 일주일에 이삼일만 사무실에 출근하고 나머지는 재택근무를 하는 형태로 일을 시작했다. 유연한 스케줄과 재택근무 환경은 이 직업의 가장 큰 매력이었다. 더구나 산업 조직 심리학 석사 학위를 받은 그녀에게도 아주 적합한 일자리였다. 사실 그녀가 맡은 직책은 자신이 갖춘 조건에 비해 약간 떨어지는 자리였지만, 엄청난 성장의 기회가 이 회사에 있다고 판단했기 때문에 기꺼이 수락한 터였다.

그녀의 상사였던 이사급 직책의 어느 여성도 다른 도시에서 재택근무를 하고 있었다. "시작은 아주 좋았어요. 그녀는 열정적이고 사교적인 성품으로 나를 아껴 주었으며, 회사 슬랙 채널과 사내 이메일을 통해 제가 합류한 소식을 적극적으로 알려 주기까지 했어요." 정말 그랬다. 그녀는 자신의 산업 심리학 지식을 열정적으로 공유하며, '인사 문화' 팀에 공헌하려고 열심히 노력했다. 아주 희망찬 출발이었다.

그런데 처음 몇 주간 받은 메시지 중에는 별로 수긍하기 어려운 내용도 있었다. "고학력자 파티 플래너가 된 기분이 어때요?"(심리학을 전공한 것을 말하는 것이었다.) "학력이 그리 중요하지 않다는 건 잘 알고 있죠?"(최근에 석사 학위를 마친 것을 두고 하는 말이었다.) 그러나 전체적으로는 따뜻하고 우호적인 문화가 느껴졌으므로, 이런 말은 이례적인 것일 뿐이라고 생각했다. 그녀는 좀 이상하다는 생각이 들었다. 왜냐하면, 그녀는 대체로 좀 내성적이고 겸손한 성격으로, 학력이나 자격을 겉으로 자랑하는 사람이 아니었기 때문이다. 게다가 그 사람들에게 자기 학력 이야기를 한 적도 없었다.

그러나 새로 맡은 자리에 대한 긍정적인 생각은 그리 오래가지 않았다. 입사 첫 달 마지막쯤, 그녀는 이 회사가 시행하는 '교류' 프로그램에 참여하라는 이야기를 들었다. 즉, 입사 후 한 달간 겪은 소회를 말하는 자리였다. 다른 직원들에게서 듣기로는, 이 자리에서 말한 내용은 비밀이 엄격히 보장되고 이름도 드러나지 않는다고 했다. 그리고 회사 문화의 중요한 일부라고 알고 있었다. 그래서 그 자리를 빌려, 그동안 몇 번 들었던 무례한 발언으로 심경이 불편했던 적이 있었다고 말해야겠다고 생각했다. "그런 발언은 우리 회사가 가꾸려는 포용과 단결의 문화를 헤친다는 생각이 들었습니다."

"실망스럽게도, 교류 프로그램에서 말한 내용은 익명성도, 비밀도 전혀 보장되지 않았습니다." 발언을 한 지 몇 시간 후, 그녀의 상사가 격앙된 목소리로 그녀의 발언이 얼마나 잘못되었는지를 놓고 일장 연설을 늘어놓았다. M은 2주 뒤에 있을 회사 수련회에서 갈등 해소 프로그램에 의무 참석해야 한다는 말을 들었다. 상사는 이렇게 말했다. "사내 문화에 불편함을 느꼈다는 이야기를 남에게 해서는 안 됩니다. 특히 포용이나 단결이 부족하다는 이야기는 더욱 그렇습니다."

다음 사건은 M이 팀의 신제품 홍보 행사를 계획할 때 일어났다. 당시 입사 5주 차를 맞이하던 M은 그 행사를 아주 공들여 준비했다. 그녀는 행사가 시작되기 한 시간 전에 모든 팀원의 참석 의사까지 확인했다. 그러나 한 시간 후, 정작 자기 팀원들은 한 명도 나타나지 않았다. M은 당황할 수밖에 없었다. 제품에 대한 지식에 한계가 있을 수밖에 없는 신입 사원이 혼자서 제품 시연회를 치러야 했기 때문이다. 그 당시에는 미처 깨닫지 못했지만, 신입 팀원을 이렇게 따돌려서 쩔쩔매게 만드는 행동은 직장 내 괴롭힘 행위가 분명했다.

M이 팀원이 아무도 나타나지 않아 실망했다고 상사에게 이야기하자, 상사는 이렇게 말했다. "다른 사람의 좋은 면도 볼 줄 알아야 합니다. 아무도 도와주지 않았다고 화를 내는 당신이 오히려 더 걱정되네요. 좀 더 책임감 있게 행동하기를 바랍니다. 그들이 참석하지 않은 데는 당신 책임도 있어요."(여기서 그 팀원들의 상사가 바로 그녀였는데, 그녀가 아무런 책임도 지려 하지 않았다는 사실이 흥미롭다.) 직장 내 괴롭힘에서 흔히 나타나는 현상이 있다. 그런 상사들은 사람들의 감점 요인을 차곡차곡 쌓아 두거나 심지어 지어낸 다음 나중에 써먹으려고 한다는 사실이다. "상사는 이런 '사건'들을 나에 대한 담보로 이용했습니다." 그 이사는 아무 때고 불쑥 스카이프로 연결해서는 이 사건을 들먹이며, M에게 일장 설교를 하거나 그녀를 깎아내리곤 했다. 이런 일이 반복될수록 M의 기분은 점점 더 최악의 상태로 빠져 들었고, 급기야 몇 번은 울음을 터뜨리기도 했다. 그럴 때 M의 상사는 그녀를 향해 '희생자인 척하지 말라'고 비난했다. 직장 내 괴롭힘은 이런 식으로 미리 사전 작업이 이루어진다. 당하는 사람은 자신이 희생자가 아니라 목표라는 사실을 미처 깨닫지 못한다.

괴롭힘 행위는 점점 더 심해졌다. 이사는 온라인에 그룹 '코칭' 세션을 개설했다. 토론 주제도 자신이 직접 정했는데, 주로 직장 내에서 취약점을 드러내는 문제를 포함해, 그녀가 말하는 이른바 '희생자 사고방식'이나 '권력 반납'과 같은 주제였다.

이사가 스카이프로 일대일 통화를 걸어와 '그 사건'을 물고 늘어지는 일도 계속되었다. 그 사건은 이제 성과와는 아무런 관련이 없었지만, 통화상으로는 걸고넘어졌다. 그런 통화가 끊임없이 계속되다가 마침내 M이 울음을 터뜨리기라도 하면, 상사는 직장에서 그런 약한 모습을 보이면 안 된다고 비난하기 일쑤였다. 이것은 끝없는 악순환으로 이어졌고, 일대일 통화에서 늘 성과와 연관하여 그 사건을 언급하며 문제 삼았다. M에 내려진 근신 조치는 '성과 문제'가 해결될 때까지 계속되었다. 이때쯤 M은 '완전히 무기력하고 혼란스러울 뿐'이었다.

몇 개월 후, M은 중증 우울증 진단을 받았다. 평생 처음 겪는 일이었다. 빈혈과 백혈구 수치 저하 증세도 뒤따랐다. 담당 의사로부터 직장 생활에 관한 질문을 받은 그녀는 그간의 사정을 모두 이야기했다. 당시만 해도 M은 왜 우울증이 찾아왔는지 알 수 없었고, 직장에서 겪는 일은 모두 자기 잘못이라고 생각하고 있었다. 그러나 울지 않고는 직장 이야기를 도저히 할 수 없었다.

그 직장은 M이 계속 일하기에는 너무나 건강에 해롭고 파괴적인 환경이었다. 그곳은 그녀의 몸과 마음에 해로운 환경이 틀림없었으나, 괴롭힘을 당하는 많은 사람이 그렇듯이 그녀는 문제가 다름 아닌 자신에게 있다고 굳게 믿고 있었다. 당장 최소 두 달 정도 휴직계를 내고 치료와 휴식을 병행하라는 처방과 함께, 다른 직장을 알아보라는 권고를 들었다. M은 이렇게 말한다. "처방을 모두 받아들이고 치료를 시작했습니다. 매일 밤 12시간씩 잤고, 집에서 치료받았으며, 그동안 생활비는 대출로 해결했습니다. 결국, 휴직 기간은 총 6개월이 되었고, 얼마 후에 퇴직했습니다."

"지금 있는 직장에서도 그 당시 일의 후유증을 가끔 겪기는 하지만, 당시에 받은 치료 프로그램과 성격 이론을 전공한 덕분에 결국 회복했다고 말씀드릴 수 있습니다. 사실은 전 상사의 행동이 소시오패스 성향이었음을 깨닫게 된 거죠."

그녀는 이어서 말했다. "조직 대부분은 이렇게 괴롭힘을 당하는 사람에게 어떤 영향이 남는지 전혀 이해하지 못합니다. 저에게는 어떤 증거나 목격자도 없었기 때문에(온라인 괴롭힘의 특징이기도 하다) 누구에게도 도움의 손길을 요청할 수 없었습니다. 그럴 힘도 없었고, 불안하기도 했지요. 당시만 해도 모두 제 잘못이라고 생각했고, 제가 알아서 판단하고 행동할 만큼 저 자신을 신뢰할 수도 없어서 심리적으로 너무나 힘들었습니다."

이 사례는 불건전하고 파괴적인 문화가 일상화될 때, 사람들의 정신에 어떤 영향이 미치는지를 잘 보여 준다. 괴롭힘 행위의 대상자는 엄청난 스트레스를 겪으면서도 그 상황을 정상이라고 생각하거나, 심지어 다른 사람의 괴롭힘 행위에 잘 대처하지 못한 자신에게 잘못이 있다고 생각하게 된다. 그런 스트레스로 인한 심리적 영향은 오래도록 지속되어, 이후에도 극복하기가 어려워진다.

원격 근무 제도에는 많은 장점이 있지만, 괴롭힘을 일삼는 사람에게는 오히려 더 먹잇감을 찾기 쉬운 환경이 되기도 한다. 게다가 이런 환경에서 벌어지는 일은 더 이상 직장 문제가 아니라는 점도 생각해야 한다. 직장 내 괴롭힘 행위가 이제는 직원의 가정까지 침범하는 셈이다.

어쨌든 M이 그 일을 무사히 극복했다는 점은 천만다행이 아닐수 없다. 비록 그러기까지는 상당한 시간과 노력이 필요했고 너무나 힘든 과정을 거쳐야 했지만 말이다. 23장에서 더 자세히 살펴보겠지만, 대단히 똑똑하고 유능하며 경험이 많은 사람조차무슨 일이 벌어지는지 미처 깨닫지 못한 채 직장 내 괴롭힘 행위의 표적이 될 수 있다. 대부분은 다른 사람을 쉽게 믿는 편이다. 특히 높은 사람이 업무 '성과'에 관해 조언해 준다고 하면, 대부분 그럴 수밖에 없다. 악당들은 그들의 이런 신뢰를 바탕으로, 둘사이의 관계와 주변 사람들에 관한 정의를 살짝 비틀어서 괴롭힘에 이용한다.

소셜 미디어의 대표성은 어느 정도인가?

—

또 하나 생각해 볼 점이 있다. 여러 소셜 미디어 플랫폼은 이미 고유의 문화와 커뮤니티를 가지고 있다는 사실이다. 물론 대형 소셜 미디어 네트워크에 가입한 사람이 압도적으로 더 많지만, 여러 네트워크는 각자의 편향된 시각을 지닌 채 사람들을 끌어들이고, 또 강화한다.

소셜 미디어 플랫폼은 자체 필터 버블을 형성하도록 고안되어 있지만, 거기에 더해 더욱더 거대한 버블로 작용하기도 한다. 이런 추세는 앞으로도 계속되어 더욱 발달, 고착될 전망이다. 특히 팔러Parler와 갭Gab 등의 우파 소셜 미디어 채널이 인기를 누리며 극단적인 콘텐츠를 수용하는 경향과 관계가 있다(유리에프Yurieff, 2020년).

여론을 살피려는 목적으로, 소셜 미디어를 이용하는 사람도 있지만(앤스테드Anstead, 오로린O'Loughlin, 2014년), 소셜 미디어는 태동 당시부터 대중의 정서를 가늠하는 훌륭한 도구로 인식되었고 지금까지도 그렇게 분석되고 있다. 소셜 미디어는 대중의 담론을 조성하는 역할을 하기도 한다. 특히 언론인들은 이른바 대중의 정서를 대변하는 글을 소셜 미디어에 자주 올린다(맥그리거McGregor, 2019년). 그러나 그 어떤 소셜 미디어 플랫폼도 일반 대중을 대변한다고 볼 수는 없다. 카빌과 맥레이는 이를 두고 '블루 틱Blue Tick(대중의 관심이 높은 계정의 진위가 파악되었다는 표시로, 일부 소셜 미디어에서 사용하는 장치 - 옮긴이)' 인구의 위험이라고 한다. 블루 틱은 '확인된' 트위터 사용자들을 가리키는 말이다.

17장 소셜(미디어) 환경

온라인상의 일부 주제에 열광하는 사람들이 의견의 추이를 보여 줄 때도 있지만, 2020년 가을에 모어 인 커먼More in Common이라는 비영리 단체가 조사한 바에 따르면, 소셜 미디어 웹 사이트에 게시된 정치 콘텐츠의 50퍼센트를 작성한 사람은 영국에 등록된 유권자 중 겨우 12퍼센트에 지나지 않는 것으로 파악되었다. 콘텐츠 대부분은 상대적으로 소수의 정치적 집단에 의해 생성되고, 그 후 역시 상대적으로 소수에 불과한 소셜 미디어 사용자들이 이를 다시 공유한다(후안-토레스Juan-Torres 외, 2020년).

일반 사용자 중에도 차이가 있다. 트위터에서 대다수가 작성하는 콘텐츠는 극히 적은 양에 불과한 반면, 약 10퍼센트의 사용자들이 전체 트윗의 80퍼센트를 작성한다(워칙Wojcik 외, 2019년). 전체 인구 중에 트위터 사용자 비율이 20퍼센트임을 생각하면, 고작 2퍼센트의 인구가 전체 트위터의 대화를 지배하고 있다는 것을 알 수 있다. 게다가 트위터 사용자들은 비교적 젊은 좌익 성향 인구가 많으며, 특히 영국에서는 전체 인구에 비해 정치적 견해는 활발하게 표현하지만 정작 투표는 별로 하지 않는 특징을 보인다(멜론Mellon, 프로서Prosser, 2017년).

그렇다고 소셜 미디어에서 여론을 가늠하려 해서는 안 된다는 뜻은 아니다. 하지만 샘플 집단을 선정할 때는 그 집단이 내가 파악하려는 인구를 잘 대변하는지 확인해야 한다. 이것은 너무나 자명한 원리다. 그리고 훌륭한 조사 작업은 모두 이 원칙을 지킨다. 따라서 소셜 미디어의 팔로워들이 나의 직원, 고객, 주주 등을 잘 대변할 만한 사람들이라면, 그들의 의견을 소중히 여기고 귀 기울여야 할 것이다. 그러나 하위 그룹 중에서도 하위 그룹의 의견이라 할 수 있는 소셜 미디어 내의 잡음이 전체 의견을 대표한다고 가정하는 실수를 저질러서는 안 된다.

소셜 미디어는 훌륭한 정보원이 될 수 있고, 특히 특정 집단을 대변하는 친밀한 네트워크 내에서는 더욱 그럴 가능성이 크다. 회사의 전 직원이 자체 내부 소셜 미디어 네트워크를 사용한다면, 사내에서 연락을 주고받고 서로를 이해할 수 있는 훌륭한 통로가 될 수 있다.

소셜 미디어는 모든 계층의 집단과 문화에 영향을 미친다. 팀이나 회사 단위의 규모가 작고 친밀한 네트워크에서는 문화나 의사소통 내용이 쉽게 전달된다. 그런 환경에서는 리더와 소속 집단이 신뢰, 존중, 직업의식 등의 문화를 함께 가꾸는 데 긍정적인 영향을 미칠 수 있다. 네트워크는 학대와 괴롭힘, 조작 등과 같은 나쁜 문화를 만들어내는 데 사용될 수 있다. 그러나 뚜렷한 경계가 정해진 작은 네트워크일수록 문제와 해결 방법을 찾아내기가 쉽다. 페이스북이나 트위터 같은 대중적이고 열린 광범위한 네트워크에서는 훨씬 많은 사용자와 유력 인사들이 전체 시스템뿐만 아니라 소규모 네트워크에까지 영향을 미친다.

18장

급속하게 확산되는 나쁜 생각

서두에서 조직의 썩은 사과와 나쁜 통 문제를 다룬 적이 있다. 기업이 위기를 맞았을 때 흔히 나오는 이야기가 '단지 썩은 사과 몇 개의 문제일 뿐'이라는 변명이다. 회사의 전체적인 문화와 직원들의 기대 사항을 철저하게 검토하기보다는 그저 몇 명만 희생양으로 삼아 그들에게 비난의 화살을 돌리는 것이다. 나쁜 문화가 팽배하고 감독이 부실한 조직은 썩은 사과를 양산할 가능성이 크다. 물론 그것이 개인의 나쁜 행동을 변명하는 수단이 될 수는 없겠지만, 썩은 사과가 돌아다닌다는 사실을 부정할 수도 없는 것이 사실이다. 앞 장에서(12장부터 16장까지) 성격 장애가 발생하고 사람들이 일탈하는 상황을 미리 파악하는 데 도움이 되는 징후와 요인이 무엇인지 살펴보

왔다.

소셜 미디어 기업과 소속 집단은 그들만의 고유한 행동 패턴을 만들어 내는데, 그런 행동은 뚜렷한 체계 속에서 이루어진다. 또한 다양한 주체들이 그런 환경 내에서 활동하며, 플랫폼의 구조와 미묘한 알고리즘의 특성을 이용하여 자신의 목적을 달성하기 위해 애쓰고 있다.

일정한 도덕과 법률의 한계 내에서 대중이나 특정 집단에 영향을 미치는 활동을 우리는 마케팅이라고 한다. 도덕적, 법적 지침이 없다면 그것은 선전 활동, 즉 프로파간다가 된다. 소셜 미디어는 이제 주요 의사소통 수단이 된 지 오래이므로, 그것을 자신의 목적에 맞게 활용하고자 하는 조직이 많은 것은 너무도 당연한 일이다. 더구나 기업들은 대중 매체를 통해 자사 상품을 판매하고자 하므로, 자연히 소셜 미디어에 관심을 기울일 수밖에 없다.

그러나 불순한 동기를 가지고 이 판에 들어오려는 사람이나 조직이 있다면 어떨까? 정보를 대량으로 확산할 수 있는 도구가 있다면, 그것은 허위 정보를 퍼뜨리는 데도 똑같이 사용될 수 있다. 어떤 플랫폼이 아무리 선한 의도가 샘솟는 우물이라 하더라도, 치밀한 노력만 기울인다면 그 우물에 독을 풀어 넣는 것쯤은 아무 일도 아니다.

그것이 바로 2016년 미국 대선에서 러시아의 IRAInternet Research Agency(인터넷 연구 기관)가 한 일이다.

소셜 미디어는 조작될 수 있다: 우물에 독 타기

—

소셜 미디어를 체계적인 강화 기능을 갖춘 온라인 소셜 환경으로 인식할 때(4장에서 설명한 내용이다), 충분한 시간과 자원, 동기만 갖추어진다면 이 시스템을 조작하는 것은 충분히 가능한 일이다. 예컨대, 가장 유명한 소셜 미디어 플랫폼 중 하나인 페이스북은 수십억의 사용자와 그보다 훨씬 더 많은 사회적 관계가 대단히 복잡하게 연결되어 서로 의존 관계를 맺고 있는 시스템이다. 네트워크를 구성하는 특정 집단이 모두 달려들어 정보(혹은 허위 정보) 확산을 시도한다면, 그 효과는 네트워크 전체로 퍼져 나갈 만큼 커질 수 있다. 어떤 정보 전달 체계든 내부에 충분한 불신과 분노를 퍼뜨릴 수만 있다면, 다른 모든 것을 망칠 수 있다. 소위 우물에 독을 타는 것이다.

소셜 미디어 플랫폼은 콘텐츠를 제한하는 가이드라인이 최소화된 열린 공간이므로, 남용의 가능성도 무궁무진하게 열려 있다. 아울러 미국이 비록 세계 최강의 군사 국가이기는 하지만, 2016년까지는 러시아가 밈 전쟁에서 미국을 앞서고 있었던 것으로 보인다.

여기서 꼭 언급해야 할 사실이 있다. 러시아의 IRA는 오랫동안 문제를 일으켜 온 전력이 있는 데다, 그들은 2016년 미국 대선에 개입하기 이전부터 허위 정보 작전을 펼쳐 왔다. 2010년대 초반까지도 그 사실을 눈치챈 사람이 드물긴 했지만, 그들이 적대적인 행동을 펼치고 있다는 것은 공공연한 비밀이었다. 2015년에 〈뉴욕타임스New York Times〉에는 이런 기사가 실린 적이 있었다. "러시아 상트페

테르부르크의 어느 평범한 사무 빌딩에서 넉넉한 보수를 받는 '악플' 부대가 전 세계 인터넷을 아수라장으로 만들려고 하고 있었다. 그리고 그 여파는 실제로 미국 인터넷 커뮤니티에까지 미쳤다."(첸 Chen, 2015년)

러시아의 초기 인터넷 활동이 처음으로 주요한 변화를 겪은 시기는 2000년이었다. 1990년대 내내 러시아의 포럼과 토론 게시판을 비롯해 소셜 미디어의 전조가 되는 여러 활동은 대부분 자유주의적이고 민주주의에 가까운 성향을 띠고 있었다. 그러다가 2000년대 초반부터는 다수의 활동이 크렘린 친화적인 콘텐츠로 채워지면서 점점 독재적 가치를 거론하기 시작했다. 2003년, 인권 운동가이자 작가인 폴랸스카야Polyanskaya와 크리보프Krivov, 롬코Lomko가 쓴 글로, 러시아에 전체주의적 가치가 체계적으로 복원되고 있다는 사실이 알려졌다.

러시아 내부에서 온라인 담론이 변화되어 온 과정은 그 전술의 광범위한 분석까지 포함해서 철저하게 기록으로 남겨졌다. 그러나 2000년대까지만 해도 러시아의 선전과 허위 정보 유포 작전의 목표는 주로 국내에 국한되어 있었다. 초기에는 그들의 기법이 꽤 어설프면서도 한편으로는 공격적이었다고 하지만, 점차 정교하고 세련된 면모를 갖추면서 공격 목표도 외부로 향하기 시작했다. 2007년, 러시아는 에스토니아의 인터넷을 겨냥하여 사이버 공격을 감행했고, 그 바람에 에스토니아가 2007년 한때 월드 와이드 웹에서 완전히 고립되는 사태가 벌어졌다. 이후 2008년 러시아가 조지아를 침공했던 시기에, 러시아 군대는 육해공과 사이버 공간을 모두 아우르는 작전의 일환으로, 다양한 사이버 무기와 선전 활동을 시범 운영했다(그린버그Greenberg, 2019년).

국제 사회를 겨냥한 정교한 온라인 허위 정보 활동은 2011년부터 전 세계적으로 널리 확산하기 시작한 친크렘린 선전 활동과도 직결되는 활동이다. 당시에는 훨씬 더 공격적인 작전이 펼쳐졌었다. 러시아의 인접 국가들 사이에 가짜 정보를 통해 담론을 형성하고 친러시아 성향의 콘텐츠를 홍보했으며, 러시아가 적으로 여긴 미국 등을 상대로 정치적 극단주의를 부추겼다. 2010년대를 지나는 동안 이런 운동은 점점 더 규모가 커지면서 체계적으로 발전해 갔다.

그중의 한 예가 2014년 9월 11일에 있었던 일이다. 루이지애나의 한 화학 공장을 상대로 테러 공격이 발생했다는 허위 소문 때문에 소셜 미디어상에 공포가 확산됐다. 사실 그 소문은 정교하고 체계적인 방식으로 미리 준비된 것이었다. 수백 건의 트윗을 중심으로 소셜 미디어상에서 폭발 소문에 관한 뉴스와 가짜 정보 유포 활동이 일제히 펼쳐졌다. 담론 대부분은 일부 로컬 계정과 현지에서 촬영된 장면이 그 출처로 보였다. 그와 동시에 언론인과 정치인, 지역 유력 인사들에게도 이 사건에 관한 조작된 정보가 빗발치듯 쏟아졌다. 가짜 뉴스 웹 사이트, 조작된 사진, 가짜 유튜브 영상 등, 마치 〈CNN〉 뉴스 화면을 연상케 하는 자료들이 갑자기 소셜 미디어를 뒤덮고 시청자들의 계정에 마구 공유되었다.

그러나 그것은 모두 가짜였다. 〈뉴욕타임스〉 매거진은 이 사건을 상세히 보도하며, 이 정교한 허위 정보의 원천을 추적하면 온라인에 허위 정보를 퍼뜨리기 위해 조직된 러시아 기관이 나온다고 설명했다(첸, 2015년). 이 사건은 2014년에 미국을 중심으로 일어난 다른 체계적인 가짜 정보 공격의 패턴을 그대로 따른 것이었다. 그러나 한편으로는, 10여 년 전에 러시아를 배후에 둔 그룹이 동유럽을 상대로 펼친 작전의 복사판이기도 했다.

인터넷에 떠도는 소문 중에는 도저히 믿을 수 없거나 우스꽝스러운 것도 있었다. 그러나 체계적으로 짜인 소셜 미디어 선전 중에는 애틀랜타에 에볼라 바이러스가 확산하고 있다는 내용도 있었다. 이것 역시, 느닷없이 등장해 가짜 이미지, 영상, 게시물, 가짜 뉴스 기사를 생성하고 언론인, 소셜 미디어의 유력 인사, 정치인을 공동 표적으로 삼아 퍼뜨리는 소셜 미디어 캠페인과 유사한 패턴을 보였다. 심지어 지역 언론사나 정부 기관과 쏙 빼닮은 웹 사이트를 만들어 놓고, 그곳에 가짜 연구 결과를 실어 둔 사례도 있었다. 이런 사례들은 몇몇 사람이 소셜 미디어에서 몇 마디 둘러대는 것과는 차원이 다른 일이다. 그들은 뚜렷한 의도를 가지고 체계적인 공격을 감행한다. 사실 이런 일은 미리 반응을 떠보고 기법을 다듬기 위한 예행연습이나 훈련의 일환일 가능성도 크다.

2015년 〈뉴욕타임스〉는 심층 취재 기사를 통해, 러시아의 IRA가 뜬소문과 가짜 기사를 퍼뜨리면서 전 세계 뉴스에 영향을 미치고 여론을 형성해 왔다고 설명했다. 그들이 벌인 활동의 상당 부분은 역사적, 정치적 영향권이라고 판단하는 폴란드, 우크라이나, 발틱 국가, 코카서스 지역 국가, 시리아 등에 집중되었다. 그리고 그들의 오랜 숙적인 미국 내의 정치에 혼란을 일으키려는 의도도 물론 있었다. 오바마 집권 시기뿐만 아니라, 그 이후에도 오바마를 향한 비판과 부정적인 자료들이 상당히 많이 만들어지기도 했다.

그러나 IRA는 KGB 출신의 불만투성이에 권위주의적인 운동가들이 대충 모인 집단이 결코 아니다. IRA는 여느 소셜 미디어 마케팅 회사와 똑같은 방식으로 운영된다. 그러나 이 집단을 '여단'(폴랸스카야, 크리보프, 롬코, 2013년)이나 '군대'(자네토 외, 2020년)라고 부르는 것이 더 정확한 표현이다. 직원들은 하루에 12시간씩 근무하면서 아주 빡빡한 일정을 소화한다. 페이지 뷰, 댓글, '좋아요', 게시 글 등 각종 수치로 구성된 엄격한 성과 목표를 중심으로 조직이 운영된다. 사용자 프로파일, 웹 사이트, 커뮤니티 등에서 정상적인 사용자로 보이기 위해 IRA 직원들은 반드시 2대 1 원칙을 준수해야 한다. 즉, 비정치적인 콘텐츠와 정치적인 콘텐츠의 비율을 2대 1로 맞추어야 한다. 하루로 따지면, 사용자 한 사람당 정치적인 게시 글 다섯 건, 비정치적인 게시 글 열 건, 그리고 댓글은 이백 개 정도 올린다. 다시 말해, IRA는 러시아 내부의 온라인 여론을 형성한다는 야심 찬 목표로 등장했지만, 실제로는 점점 더 여론 형성을 넘어 정치 담론을 망치는 데 초점을 맞춰 온 셈이다.

IRA의 내부 급여 수준은 점점 더 증가했다. 2014년 기준 월급은 평균 4만 1,000루블(777달러)이었지만, 2016년에는 주급만 해도 1,500달러 수준으로 인상되었다(맥파쿠하MacFarquhar, 2018년). 2010년대에 그들의 공작 효과가 뚜렷해지면서 얼마나 활동이 확대되고 가치가 올라갔는지 뚜렷이 알 수 있는 대목이다. IRA의 활동은 2020년대에 들어와서도 더욱 확대, 발전하고 있다. 보도에 따르면, IRA는 나이지리아와 가나 같은 나라에까지 업무를 외주하면서 점점 더 다국적 기업의 면모를 갖춰 가고 있다고 한다(워드 외, 2020년).

온라인 악플 부대와 가짜 정보 판매상, 정부 공작원 등을 운영하는 일은 돈이 많이 들 것 같지만, 최근 연구에 따르면 미국 대선 기간에 IRA를 운영한 비용이라고 해봐야 크루즈 미사일 1기를 운용하는 비용보다 싸게 먹혔다. 그에 비해(리스터Lister, 슈쿠토Sciutto, 일류시나 Ilushina, 2017년) 소셜 미디어와 한 국가에 폭넓은 영향을 끼쳤으니(하워드Howard 외, 2018년), 그 효과는 파괴적인 것이 분명하다.

IRA가 2016년 미국 대선과 관련된 밈이나 허위 정보, 가짜 뉴스의 배후에 있었다는 내용은 많은 기사에 나와 있다. 옥스퍼드 대학교 컴퓨터 프로파간다 연구 프로젝트(하워드 외, 2018년)는 미국 의회의 의뢰로 IRA의 영향력을 포괄적으로 연구한 바 있다. IRA가 사용한 방법은 페이스북, 트위터, 인스타그램 같은 주요 소셜 미디어 네트워크에 정보를 확산하는 기본적인 전술이었다. 그들은 수백만에 달하는 미국 사용자들에게 접근했고, 약 3,000만 명 이상의 사용자들이 IRA가 관리하는 페이지에서 생성된 콘텐츠를 공유했다. IRA는 미국 전역의 다양한 커뮤니티를 대변하는 인구층과 관심 그룹을 상대로 수십 개의 페이지를 운영했다. 「미국 상원 정보 위원회 보고서」(2020년 8월 간행)는 러시아 정보 기관이 트럼프와 그의 선거 캠프가 상대적으로 경험이 미숙한 점을 이용했다면서, 이처럼 결론 내렸다. '트럼프와 그의 선거 캠프가 외국 세력의 매력적인 표적이 되면서, 방첩 활동에 구멍이 뚫리게 되었다.' 말하자면, 러시아 정보 기관이 프로파간다와 허위 정보 작전을 펼쳤고, 트럼프의 선거 캠프는 그것을 선뜻 받아들인 것이다.

그러나 여기서 IRA의 활동이 정치적 스펙트럼의 양 진영을 모두 겨냥했다는 점을 지적하는 것도 중요하다. 구체적으로 말하자면, 그들은 특정 그룹을 목표로 여러 가지 페이지를 사용했다. 예를 들어, 그들은 페이스북에 '애국자 모임Being Patriotic'('좋아요' 600만 이상), '텍사스의 심장Heart of Texas'('좋아요' 500만 이상), '블랙티비스트 Blactivist'('좋아요' 450만 초과), '미국 무슬림 연합United Muslims of America'('좋아요' 약 250만), 'LGBT 연합LGBT United'('좋아요' 약 200만), '브라운 파워 Brown Power'('좋아요' 약 200만) 등의 페이지를 운영했다. 옥스퍼드 대학교의 연구에 따르면, 그들은 우익 성향 그룹을 대상으로 트럼프를 응원하는 광고를 보여 주면서도, 한편으로는 소수 그룹과 좌익 진영 그룹에 각 기관을 향한 불신을 고취하는 정보를 흘렸고, 그러면서도 또 한편으로는 좌익 진영 사람들에게 투표를 거부하도록 하는 메시지를 전달했다.

그 연구는 러시아 악플 부대가 논란의 한쪽 편에만 서지 않고 다양한 전술을 활용해 양 진영 간의 갈등을 증폭했던 과정을 더욱 상세하게 보여 준다. 예를 들어, BLMBlack Lives Matter 운동이 소셜 미디어에서 최고조에 이르렀을 때, 러시아 악플 부대는 양쪽 진영에서 정부 공작원인 것처럼 행동하여 긴장을 증폭시켰고, 양 진영 모두에 극단적인 콘텐츠를 올리는 등의 활동을 일삼았다(자네토 외, 2020년). 요컨대, 그들은 굳이 한쪽 진영만 지지한 것이 아니라 일정한 정치 프로세스나 사회 운동이 벌어지면, 그 안에서 양극화와 갈등을 증폭하는 역할을 했다는 것이다.

독재 정권의 네 가지 전략

—

국내에서 소셜 미디어를 전복하여 담론을 지배, 통제하고, 외국에서는 뉴스와 정보를 왜곡, 전파한 활동이 러시아만의 전유물은 아니다. 중국과 중동의 독재 정권들 역시 소셜 미디어 플랫폼을 이용하여, 온라인 담화를 교묘히 조종하고 정권의 이미지를 고양하면서 정적과 비판자들을 깎아내렸다.

구니츠키Gunitsky는 전 세계의 독재 정권들이 소셜 미디어를 이용해 온 내력을 분석하여, 그들이 사용한 네 가지 전략을 정리했다(2015년). 구니츠키는 이들 정권이 과거의 검열과 같은 부정적인 통제 방식을 뛰어넘어 소셜 미디어 플랫폼을 적극적이고 긍정적으로 끌어들여 정권의 이익을 위해 사용한 방식을 설명한다.

1. **대응 동원에 나선다.** 정권의 기반을 조성하고 활성화한다. 정부 정책(경제, 군사, 안보, 외교 등)을 지지하는 사람들을 중심으로 소셜 미디

어 그룹을 조직한다. 그들은 반대자를 그저 차단하는 것이 아니라 실질적인 지지층을 육성하고 공고히 하는 역할을 한다. 2011년에 푸틴은 이렇게 말한 바 있다. "인터넷에서 정부 당국이 싫어할 만한 일이 벌어진다면, 이에 대항할 방법은 단 하나다." 그는 이어서, 디지털 통신수단은 '더 많은 지지자를 모으는 데 이용되어야 한다'고 말했다(아모스Amos, 2012년).

2. **담론의 프레임을 주도한다.** 사람들이 대중의 인식과 태도를 보는 관점을 형성한다. 부분적인 검열을 이용해 온라인에서의 반대 의견을 제한하고, 공유 및 확산하는 발언의 종류를 선별한다. 예컨대, 중국에서는 일정한 경계 내에서만 일부 시위나 반대가 허용된다(쳉Zheng, 2008년). 그래서 중국 공산당의 변화 방향과 일치하는 비판은 허용된다. 먼저 그런 비판의 목소리가 들리게 허용한 후, 그것을 수용하는 모양새를 취하는 것이다. 그러나 특정 범주의 담론, 예컨대 다당제 정치, 집단행동, 지역 독립(티베트, 홍콩, 마카오, 타이완 등), 또는 대규모 대중 시위 등은 신속하고 엄격하게 검열된다. 가장 극단적인 반대파는 검열의 대상이지만, 정권에 실질적인 위협이 되지 않는 담론이나 나중에 반대파의 명분을 깎아내리는 데 이용할 만하다고 판단되는 정보는 그냥 놔둔다.

3. **선별적으로 드러낸다.** 독재 정부의 특징은 국민이 무슨 생각을 하고 있는지 잘 모른다는 것이다. 독재 정부에 반대하거나 독립을 추구하

는 사상은 당연히 처벌 대상이지만, 정부는 숨죽이고 있던 반대 목소리가 언제 거센 운동으로 번질지 알 수가 없다. 물론 독재 정권도 소셜 미디어를 통해 여론을 살필 수 있고, 대중의 목소리를 수집, 추적, 분석하는 데 필요한 데이터를 쉽게 얻을 수 있으며, 나아가 각 지방의 불만과 부패를 포함한 여러 문제를 청취하고 진지하게 고민하는 듯한 모습을 보여 줄 수도 있다. 이를 통해 지방 정부 단위에서 희생양을 찾는 한편, 중앙 정부는 보호할 수 있다.

4. **엘리트를 조종한다.** 소셜 미디어는 중앙 정부가 지역별 엘리트 집단과 지도자들의 행동을 추적하고 평가하는 수단이 되기도 한다. 공적 조사 기능이 거의 없는 독재 정부에서, 지역별 엘리트들은 자신의 부패를 감추고, 자신의 실책이나 지역 여론의 악화를 무마하기 위해 중앙 권력 구조를 대신 비난한다. 그러나 소셜 미디어가 등장하면서 지방 권력과 중앙 독재 정권 사이에 존재했던 정보의 비대칭성이 줄어들었다. 즉, 이제는 중앙 권력자도 지방에서 일어나는 일을 예전보다 훨씬 더 잘 파악할 수 있다는 것이다. 1990년대에 러시아가 겪은 문제가 바로 이것이었다. 당시 지방 정부 지도자들은 거의 자치 권력에 가까운 힘을 누리며, 모스크바의 영향력과 통제에서 훨씬 벗어나 있었다. 오늘날 소셜 미디어의 팽창으로 러시아 중앙 권력은 선거나 자유 언론과 같은 민주적 감독 기능 없이도 지역의 사정을 훨씬 더 잘 파악할 수 있게 되었고, 한편으로는 중앙 정부가 지역의 사정에 신경을 쓰는 것처럼 보이게 하면서도(지방 공직자의 부패 단속 등) 실제

로는 처리하고 싶지 않은 여러 문제점을 교묘히 감추기도 한다.

    토론토 대학교 구니츠키 교수의 설명에서 또 하나 흥미로운 점은, 러시아가 검열에 크게 의존하기보다, 온라인상의 다른 정보원을 더 효과적으로 사용하는 법을 찾아냈다는 것이다. 그들은 주로 다른 사람보다 더 강렬하게 시선을 사로잡는 메시지나 접근 방식을 이용하는 편이다. 더구나 소셜 미디어는 원래부터 가장 흥미롭고 감성적이며 극단적인 메시지를 강조하기 위해 고안된 것이므로, 이런 메시지를 형성하고 다듬는 데는 소셜 미디어 플랫폼이 가장 적합한 수단인 셈이다.

    독재 정권들은 이런 전략을 결합하여, 국내 권력 기반을 중심으로 담론을 형성하고 영향력을 발휘해 온 것으로 보인다.

    러시아의 야권 정치인이자 반부패 운동가인 알렉세이 나발니Alexei Navalny는 2010년도에 어느 인터뷰에서 이렇게 말했다. "정부에 있어 인터넷이란, 여론 조사를 위한 일종의 표적 집단인 셈입니다. 러시아 정부는 포퓰리즘 성향이 대단히 강합니다. 그들은 국민이 원하는 대로 하는 편입니다. 물론 그들의 이익에 맞아야 하겠지만요. 그러나 정치적 의제란 인터넷에서 검증받게 되어 있습니다. 그래서 인터넷은 분명히 영향력이 있지만, 그 영향이 곧바로 미치지는 않습니다."(아스몰로프Asmolov, 2010년)

    국내의 반대 여론을 잠재우고 독재 권력을 공고화하는 데 사용되었던 전술은 점차 해외 여론을 교란하는 목적으로 사용되기 시작했다. 소셜 미디어의 국제적 연결성과 독재 국가가 정교한 허위 정보 전략으로 국내 정치 문제와 타국에서 벌어지는 논쟁에 적극 참여해 온 전력을 고려하면, 알고리즘을 이용해 파괴적이고 해로운 생각을 퍼뜨리기가 얼마나 쉬운지 분명히 알 수 있다(스미스Smith, 2019년).

마지막으로, 이러한 전술이 언제나 성공을 거두지는 않는다는 점도 알 필요가 있다. 이러한 전술이 성공하려면, 상당한 수준의 기술적 전문성과 정부의 조정 능력, 그리고 효과적인 메시지가 필요한데, 모든 정권이 이런 역량을 갖출 수 있는 것은 아니다. 게다가 일부 국가의 대중과 사회적 동향은 이런 전술을 쓰기에 적합하지 않을 수도 있다. 예를 들어, 2011년 이집트와 2014년 우크라이나의 혁명기에도 권위주의적인 정부들이 서투른 솜씨로 국민을 위협하고 조종하려 했지만, 오히려 혁명의 불길에 부채질하는 역할만 하여 대중의 분노를 정당화해 주는 결과를 낳고 말았다(구니츠키, 2013년). 정권의 안정과 통제를 위해 소셜 미디어를 비교적 효과적으로 사용하는 나라도 있지만, 정통성이 결여되었고 제도적 강점이나 기술 역량도 부족한 독재 정권은 디지털 자원을 동원하여 똑같은 효과를 거둘 만한 능력이 없다.

18장 급속하게 확산되는 나쁜 생각

민주 국가도 같은 전술을 사용할까?

—

● 국내 허위 정보

러시아가 미국을 비롯한 여러 민주 국가에서 허위 정보 작전을 펼친 것이 비록 놀랍고 주목할 만한 일이지만, 그렇다고 무조건 러시아만 비난할 수는 없다. 소셜 미디어가 나쁜 생각을 급격히 확산하는 데 일조하는 경향을 보인다고 해서 그 출처가 모두 외국이라고 생각할 수는 없다. 세바 구니츠키 교수에 따르면, 미국 내에서 발생한 가짜 뉴스나 허위 정보, 음모론, 그리고 '트럼프 대통령과 정부 고위 관계자에 대한 끊임없는 의혹' 등이 러시아의 활동보다 훨씬 더 위험하고 효과도 크다고 한다(구니츠키, 2020년).

자유롭고 열린 민주 사회를 지탱하는 바탕에는 정보의 자유로운 흐름이 있다. 그 말은 민주 사회가 허위 정보 작전에 더 취약할 수도 있다는 뜻이다. 중국처럼 정권이 강력한 검열을 휘두르는 폐쇄 사회가 정보의 양과 종류, 어조를 엄격히 규제하는 데 비해, 민주 국가의 시민들은 오히려 정보가 넘쳐나는 것이 문제라고 느낄 때가 있다. 게다가 그런 정보 과다 현상은 정치나 마케팅의 전략으로 이용될 때가 있다. 전 백악관 수석 전략가 스티브 배넌Steve Bannon의 언론 전략(전적으로 합법이었다)은 '쓰레기로 가득 채우는' 것이었다. 즉, 언론 매체와 그 시청자들을 질리게 만들어, 결국 냉소를 보이고 관심을 끊게 하는 것이었다.

민주주의 국가에서 올바른 도덕과 법적 지침이 왜 중요한지를 알 수 있는 대목이다.

IRA가 사용한 소셜 미디어 마케팅 전술 중에는 이미 널리 확산해 있는 바탕 위에 구축한 것이 많았다. 그들은 적법한 관행에 수상쩍은 기법을 결합해서 사용했으며, 여기에는 마케팅 교과서에 나올 법한 마이크로타깃팅Micro Targeting, 시장 세분화, 멀티미디어를 통한 메시지 확산 같은 기법이 모두 포함되어 있었다. 그들은 확실히 밈을 능숙하게 활용했고, 인터넷에 떠도는 콘텐츠도 기꺼이 받아들여 자신의 목적에 맞게 효과를 극대화하기도 했다. 궁극적인 목표는 혼란을 일으키는 것이었으나, 그들이 사용한 전술은 정상적이고 합법적인 인터넷 활동의 테두리를 벗어나지 않는 것이 많았다. 앞장에서 설명한 여러 가지 전술을 다른 시각으로 아래에 정리해 보았다. 윤리적, 법적 틀 모두에서 평범한 마케팅 전술로 보일 수 있는 것들이다.

독재 사회 전략	민주 사회 전략	기업 전략
대응 동원	지지층 동원	팬층 관여
담론 주도	메시지 형성	서사 주도
선별적 폭로	여론 조사	시장 조사
엘리트 조종	풀뿌리 선동	유력인 섭외

이들 사이의 차이점은 사전 동의와 투명성의 여부에 있다(페레스

트로이카Perestroika나 글라스노스트Glasnost라는 용어는 사용하지 않았다). 민주적인 국가와 기업이라면, 이런 모든 과정에는 일정한 양의 책임과 대중의 동의가 필요하다.

그러므로, 예를 들어 선거 캠페인이 시작되면 여론 조사, 표적 집단, 그 밖의 여러 조사 기법을 통해 사람들이 원하는 것이 무엇이며, 그들이 듣고 싶거나 지지하는 메시지는 무엇인지 파악하는 데 엄청난 돈이 투입된다. 그러면서도 이 모든 과정은 투명하게 진행되어야 하고, 사람들은 질문을 듣고 자신이 무엇을, 왜 대답해야 하는지를 미리 분명히 듣고 이해할 권리가 있다.

만약 어떤 기업이 페이스북을 비롯한 소셜 미디어 회사에서 데이터를 훔치거나 오용한 다음, 그 분석 결과를 선거 캠프에 팔아넘겨 유권자가 동의하거나 인지하지 않은 채로 정치적 메시지를 형성하는 데 사용된다면, 그때부터 소위 마케팅 기법은 독재 권력의 어두운 전술과 구분하기가 어려워진다.

소셜 미디어에서 특정 그룹이나 커뮤니티, 혹은 개인과 의사소통하거나 긍정적인 평판을 쌓고자 하는 기업, 조직, 개인들은 부정적이고 파괴적인 방법으로 목적을 달성하려고 해서는 안 된다. 러시아 IRA가 주는 교훈은, 결국 어떤 활동도 진실은 밝혀진다는 것이다. 민주 국가의 어떤 기업이라도 이런 비도덕적인 활동에 개입했다가는 엄청난 손해를 입게 된다. 똑같은 이유로 케임브리지 애널리티카Cambridge Analytica가 망했고, 페이스북도 씻을 수 없는 불신을 떠안았다.

소셜 미디어를 사용하는 사람들은 강력하고 윤리적인 지침을 준수해야 한다는 점을 명심해야 한다. 카빌과 맥레이는 『마케터의 SNS 생각법*Myths of Social Media*』이라는 책에서 아래의 여섯 가지를 소셜 미디어 캠페인의 지침으로 제시했다.

1. **사전 고지에 따른 자발적 동의:** 모든 캠페인과 활동은 참가자들이 자신의 데이터가 어떻게 사용되는지 이해하고 동의할 수 있도록 투명하고 명확한 정보를 제공해야 한다.

2. **정직성 준수, 속임수 금지:** 모든 활동은 어떤 기업과 조직의 책임 아래 진행되는지 분명히 밝혀야 한다. 정확한 정보를 제공, 또는 사용해야 하며, 거짓이나 오해의 소지가 없어야 한다.

3. **프라이버시와 비밀 보장:** 고지에 의한 동의와 밀접한 관련이 있다. 사람들은 자신이 제공하는 데이터가 언제, 어떻게, 어디에 사용되는지 알아야 하며, 거부할 기회를 보장받아야 한다.

4. **피해의 최소화:** 사람들의 신념에 영향을 미치거나 행동을 강제하지 않도록 조심해야 한다. 표적 집단에 피해를 주거나 다른 사람에게 피해를 입히는 데 이용할 의도로 메시지를 사용하면 안 된다.

5. **특정 그룹 차별 금지:** 특정 그룹을 의도적으로 배제하거나 그들에게 피해를 줄 수 있는 고정 관념, 인종 차별, 편견 등을 적용해서는 안 된다.

6. **이해 충돌 방지:** 해당 캠페인을 주도하는 세력이나 관련된 제삼자, 혹은 콘텐츠나 메시지를 후원하는 사람이 누군지 분명하고 정직하게 밝혀야 한다.

러시아가 영국의 브렉시트 국민 투표에 관여?

—

2020년 6월에 영국 의회 정보 보안 위원회가 자체적으로 「러시아 보고서」를 발표한 적이 있다.

〈포린 폴리시Foreign Policy〉 매거진(맥키넌MacKinnon, 2020년)은 이 보고서에 부족한 점을 다음 네 가지로 제시했다.

1. 증거의 구체적인 내용과 설명이 부족했다. 「뮬러 보고서」(2020년)를 비롯해 러시아의 미국 대선 개입을 수사한 다른 조사 결과와 달리, 최고 수준의 조사 보고서이면서도 러시아가 사용한 도구와 전술에 관한 세부 사항이나 구체적인 사실을 전혀 제시하지 못했다.

2. 영국은 미국에서 발생한 일과 관련하여 조기 경고 단계에서 어떠한 역할도 하지 못했다.

3. 러시아의 간섭 활동 의혹을 다루는 영국 측 책임자가 누군지 명확하지 않다.

4. 러시아 기득권층과 그들의 사업체는 영국, 그중에서도 런던에서 활동하며 영향을 미치고 있다. 러시아 정부와 범정부적 후원 네트워크가 펼치는 간섭 활동은 장차 영국에서 영향력을 발휘하는 주요 수단이 될 가능성이 있다.

이 보고서의 결론은, 영국 정부는 러시아가 미국 대선에 개입한 정황이 드러났는지를 조사하지 않았다는 것이었다(《BBC》, 2020년). 다만 유일하게 강조한 부분은, 2016년 미국 대선을 지배한 것과 같은 간섭 활동이 영국에서 일어날 경우를 대비해서 영국은 아무런 대책도 마련하지 않고 있다는 점이었다.

이런 성의 없는 조사 결과는 미국의 철저한 수사와 대비되어 상당한 우려를 자아내었다. 국내와 해외로부터의 선전 공작이나 선거 개입을 파악, 분석, 대응할 책임과 권한이 분명하게 규정되어 있지 않다는 점은 영국의 큰 취약점이라고 할 수 있다.

영국을 비롯한 세계 국가들은 미국뿐만 아니라, 2007년에 에스토니아, 2015년과 2016년에 우크라이나가 겪었던 사이버 공격 사태를 예의 주시해야 한다. 이런 공격을 감행할 역량과 동기를 품고 있는 나라는 러시아뿐만이 아니다. 국가들과 기업들은 사이버 공격의 가능성에 대비하는 데 더 많은 역량과 노력을 기울여야 한다.

18장 급속하게 확산되는 나쁜 생각

나쁜 디지털 리더십

20세기 중후반기에 유해하고 파괴적인 리더십을 주제로 진행한 연구 중에는, 주로 20세기 초반의 독재자와 비즈니스 리더의 일탈 행위에 초점을 맞춘 것이 많았다. 20세기 초반에 유럽을 비롯해 전세계에서 발흥한 독재 권력들은 군사 및 통신 분야에서 발달한 기술을 이용해 새로운 제국을 건설하고자 했다. 라디오와 훨씬 나중에 등장한 텔레비전 같은 기술은 바이에른 지방의 맥주 홀이나 빈의 커피 하우스 같은 공간을 뛰어넘어, 수백만 가정에 직접 메시지를 전달할 수 있게 해 주었다.

20세기 초반에 진행된 독재 권력의 부상 과정은 여러 이론으로 설명할 수 있고(윌리엄슨Williamson, 2007년), 이를 구성하는 요소에도 국가주의와 군사주의, 기술 변화 등 여러 가지가 있다. 그러나 독재자들이 보이는 심리적 특징 중에 가장 흥미롭고 뚜렷한 점은 바로 모호성을 대하는 그들의 태도다.

독재자와 독재 권력은 자신의 메시지를 전달하거나 정책을 대하는 태도에서 모호성을 배제하기 위해 애쓴다. 복잡한 문제도 가능한 한 단순하게 표현하여 간단한 해결책을 전달하려고 한다. 그들은 사회의 모든 복잡한 문제에 단 하나의 간단한 해결책을 제시한후, 그것을 실행할 힘(용기, 비전, 지성, 정의 등)을 가진 유일한 지도자가바로 자신이라고 강조한다. 이 점만 입증되면, 정책을 실현하는 일은 저절로 따라오게 된다! 다른 정치인은 그들의 약점(겁쟁이, 좁은 시야, 어리석음, 부패 등) 때문에 안 된다. 오로지 계획과 실천 의지가 분명한 이 새 지도자만 따르면 되는 것이다.

나쁜 지도자는 모두 비슷한 패턴을 따른다. 그리고 이를 가능케하는 바탕에는 대중 매체 플랫폼이 있다. 그들은 대중 매체 덕분에지지자에게 '직접' 메시지를 전달한다. 누가 봐도 여과되지 않은, 거침없는 메시지다. 마찬가지로, 독재자들은 자신의 성격 패턴과 개인적 이야기를 전달한다. 아돌프 히틀러와 사담 후세인은 편집증(조심성)과 반사회성(공격성), 자아도취(자신감) 등의 성격으로 묘사된다(쿨리지Coolidge, 시걸Segal, 2007년).

우리는 이미 훌륭한 리더의 특징과 핵심 요소를 15장에서 살펴보았다. 그리고 이 장에서는 온라인의 나쁜 리더십에 관해 상세히다룬다. 나쁜 리더십을 이야기하기 전에, 먼저 성공하는 리더의 특징과는 어떻게 다른지 살펴보자.

리더십의 이상적 모델

—

10장이 성공하는 리더의 핵심 요소를 전체적으로 개관하는 내용이었다면, 15장에서는 최적의 성격 특징을 구체적으로 살펴볼 기회를 가졌다. 여기서는 먼저 여섯 가지 HPTI 특성을 나쁜 리더의 특성과 비교해 보고 그것이 온라인상의 리더십과 성과에 어떤 영향을 미치는지 알아보기로 한다(맥레이, 사와츠키Sawatzky, 2020년a).

성실성은 동기와 절제, 장기 계획 수립 역량 등과 관련된 특성이다. 리더는 자신과 다른 사람의 동기 부여를 위해, 또 장기적인 전략적 사고를 위해 성실성을 갖추어야 한다.

적응력은 스트레스에 어떻게 반응하는지, 또 업무에서 겪는 스트레스를 얼마나 효과적으로 다스리는지를 나타내는 특성이다. 리더는 개인적인 스트레스뿐만 아니라 리더로서 내려야 할 결정과 책임감에서 오는 스트레스도 잘 다스려야 한다. 따라서 높은 적응력은 훌륭한 자산이다.

호기심은 사람들이 직장에서 새로운 생각이나 사람, 업무 수행방식 등에 흥미를 보이는 태도를 말한다. 왕성한 호기심은 혁신적 풍토를 조성하고 성장과 변화를 관리해야 하는 리더가 반드시 갖추어야 할 특성이다.

모호성 수용도는 사람들이 복잡한 상황과 환경에 대처하는 방식을 설명해 준다. 이 특성이 높은 사람은 복잡하고 모호한 업무 상황에 성공적으로 대처한다. 리더는 복잡하고 모호한 상황에서도 올바른 의사 결정을 내릴 수 있어야 한다.

위험 대처 능력이란, 직장에서 마주치는 갈등과 도전에 대처하는 능력을 말한다. 위험 대처 능력이 우수한 리더는 어려운 상황과 갈등에 좀 더 주도적으로 대처하지만, 이 특성이 떨어지는 리더는 수동적으로 대처하는 경향이 있다.

경쟁심은 직원이 자신의 업무를 통해 인정받거나, 성취를 드러내고자 하는 욕구와 관련 있다. 가장 바람직한 리더는 너무 지나치지도, 부족하지도 않은 적당한 경쟁심을 지닌 사람이다. 대신 그 경쟁심으로 개인의 인정이 아니라 팀의 성과를 추구해야 한다.

온라인의 나쁜 리더

—

리더십에 가장 적합한 수준의 HPTI 특성과 극단적으로 높거나 낮은 특성을 서로 대조해 볼 수 있다. 물론 극단적으로 높은 특성이 가진 장점이 있지만, 단점도 역시 존재한다. 비교를 위해 극단적인 수준에서 각 특성이 보일 수 있는 부정적인 면을 [표 1]에 정리해 보았다(맥레이, 펀햄, 2018년).

19장 나쁜 디지털 리더십

[표 1] 극단적인 HPTI 특정 지표의 부정적 측면

	지나치게 낮은 지표의 부정적 측면	지나치게 높은 지표의 부정적 측면
성실성	부주의 동기 부족 충동적 해이 게으름 비체계적	집착 완벽주의 융통성 부족 경직성 우유부단 비판적
적응력	감정적 비합리적 신경증적 자의식 침울 강박적	무관심 무반응 관여하지 않음 심각 냉담 차가움
호기심	닫힌 사고 관습적 무관심 의심 무사안일 고집	예측 불가 일관성 결여 괴짜 쉽게 산만해짐 불분명 거슬림
모호성 수용도	뻔함 완고함 까다로움 경직성 편협 지나친 단순함	불확실 변덕 비논리 추상적 모호함 혼란
위험 대처 능력	회피 위험 회피 머뭇거림 반응적 수동적 불안	대립 성향 강압적 무모함 직설적 무감각 오만
경쟁심	냉담 소심 안주 순종적 과묵 무관심	무자비 공격적 적대적 고집 가혹함 반감

사례 연구: 도널드 트럼프 대통령(Part 3)

—

『하이 포텐셜*High Potential*』(맥레이, 펀햄, 2018년)이란 책에는 2016년에 개발된 HPTI 지표를 근거로 파악한 트럼프의 심리적 특성이 설명되어 있다. 이런 특성과 심리적 전체상을 이용하여 온라인 행동의 일부를 설명하고, 오랫동안 언론과 소셜 미디어(주로 트위터에서 이루어졌다)에 노출, 축적되어 온 행동 데이터를 바탕으로, 디지털 공간에 드러나는 나쁜 리더십의 사례를 살펴볼 수 있다.

테스트 점수의 범위는 0점에서 100점까지이며, 50점은 평균으로 간주한다.

성실성, 18점

이는 성실성 면에서 아주 낮은 점수로, 장기 계획과 전략적 사고 능력이 제한적이라는 점을 말해 준다. 행동과 태도는 현재 환경과 사람에 크게 영향을 받는다. 트럼프의 모든 행동에서 이 점을 확인할 수 있다. 충동적인 소셜 미디어 활동, 인터뷰와 연설에서 논점을 계획하는 능력이 모자라는 점 등이 좋은 예다. 그러나 폭넓은 계획이나 정책과 상관없이 대중이 원하는 것을 제공하는 뛰어난 설득 능력을 보여 주기도 한다. 매일 매 순간의 이슈에 주의가 분산되는 면모도 있다.

적응력, 30점

이는 평균에 미치지 못하는 적응력 점수로, 감정 반응이 쉽게 변하는 성격임을 알 수 있다. 낮은 성실성과 극단적으로 높은 경쟁심이 결합하면, 모욕이나 위협을 조금만 느껴도 급격하고 격렬한 반응을 보인다는 것을 알 수 있다. 즉, 모든 일을 승자와 패자로 나누는 경쟁으로 인식하는 것이다. 트위터에서 보이는 분쟁과 반목, 험담 등은 트럼프가 그 모든 험담과 비판을 정말 직접적인 것으로 받아들이고 있으며, 부정적인 반응을 제어하지 못한다는 것을 보여 준다.

그는 대체로 사람들을 자신의 욕구와 자아를 위협하는 위험한 존재로 인식한다.

호기심, 34점

전문가들은 그의 호기심 수준이 비교적 낮을 것으로 추측했다. 이는 새로운 개념의 이해도가 떨어진다는 것을 의미한다. 따라서 이것은 의사 결정에도 영향을 미친다고 볼 수 있다.

그는 전문가의 의견에 별로 관심이 없고 오직 자신의 판단만 신뢰한다. 일단 결정을 내리거나 의견을 수립하고 나면, 해당 주제에 관해서는 다른 어떤 정보도 무시하고 원래 계획했던 행동을 밀고 나간다.

위험 대처 능력, 29점

이 점수는 반응적 태도를 보인다는 의미이다. 적응력 점수도 낮다는 점을 고려하면, 충동적이고 위협에 근거한 반응을 보이고, 위협(실제로든 상상으로든)이 닥쳐오면 회피하거나 공격적으로 반격할 가능성이 크다. 어떤 비판이나 의견 충돌에 대해서도 위협으로 간주하여 반응하는 행동을 보인다. 그런 충동적인 반응이야말로 리더가 가장 경계해야 할 행동이다. 즉각적이고 자동적인 반격은 장기 계획이나 합리성과는 완벽히 관계없다.

모호성 수용도, 69점

패널들은 트럼프의 모호성 수용도에, 리더로서는 최적의 범위에 드는 높은 점수를 부여했다. 복잡한 환경을 성공적으로 돌파하고 불확실성을 관리할 줄도 안다는 뜻이다. 하지만 메시지 전달 면에서 트럼프는 자신의 의도를 얼버무리고 했던 말을 뒤집는가 하면, 그저 농담일 뿐이었다고 할 때도 있다. 그러나 정치적 메시지에서는 아주 뚜렷한 문장과 닉네임, 캐치프레이즈 등을 구사한다.

경쟁심, 88점

전문가들은 트럼프의 경쟁심을 매우 높은 수준으로 평가했다.

19장 나쁜 디지털 리더십

사실 이 정도 경쟁심은 그의 모든 행동과 세계관을 지배하는 수준으로, 항상 승자가 되고 모든 일을 통제하며 스포트라이트를 받아야 한다는 것을 의미한다. 그가 모든 사람을 승자와 패자로 나누는 것이나 끊임없는 충동과 신경증적 행동을 보이는 점도 이를 뒷받침한다. 그는 다른 사람의 우위에 있어야 하고 찬사와 존경을 한몸에 받아야 한다. 전체적으로, 자아도취 성격 장애가 경쟁심으로 드러났다고 볼 수 있다.

주: 여기에 적은 평가는 전문가 열 명의 시각을 종합한 것이다. 평가는 트럼프의 행동 패턴을 근거로 작성되었지만, 그와 직접 인터뷰하지는 않았다.

트럼프가 미국 대통령에 재임한 4년간은 유년기에 형성되어 성년기에 부풀려진 후, 그의 사업 후원자와 정치적 지지자들로부터 지지받은 그의 모든 행동과 세계관, 성격 장애 등이 고스란히 이어진 시기라고 볼 수 있다.

비교적 잘 봉합되었던 뉴욕의 사업가에서 대통령직에 임하며 발생한 주요한 변화는 부담스러운 업무 요구, 업무량, 철저한 검토, 그리고 직무상의 압박 등이 증가했다는 점이다(그는 밥 우드Bob Wood에게 "곳곳에 다이너마이트가 숨어 있었다"라고 표현했다, 2020년).

해설자 중에는 미국 대통령이라는 자리가 트럼프의 극단적인 충동을 누그러뜨리는 효과를 발휘할지도 모른다고 기대한 사람도 있었다(페인터Painter, 2016년). 트럼프 대통령도 자신이 "너무 대통령다워서 지루해질 것 같다"라고 말했다는 이야기가 전해졌다(디트로우 Detrow, 2016년). 물론 나중에 이 말은 와전된 것으로 밝혀졌다. 그러나 사람의 성격은 변하지 않는다. 더구나 가장 파괴적인 충동으로, 평생 원하는 것을 이루어 온 70대 인물이야 더 말할 나위가 없을 것이다. 성격 장애도 마찬가지다(트럼프의 경우는 공격성과 자신감, 그리고 예민함 유형이라고 볼 수 있다. 즉, 자신의 관점과 통제력을 확고히 고수하면서도 끊임없이 인정과 관심을 요구하는 성격이다).

그의 대선 운동에는 확실히 심각한 문제가 있었다. 사기꾼과 폭력배, 그리고 러시아 정부를 배후에 둔 해킹 그룹의 끊임없는 간섭에 시달렸다는 점에서 그랬다(물론 이런 사정의 상당 부분은 2020년 4월에 로버트 뮬러의 「미국 법무부 보고서」와 2020년 8월에 그보다 더욱 심각한 「미국 상원 정보 위원회 보고서」가 나오기 전까지는 확인되지 않았다).

「미국 상원 정보 위원회 보고서」(2020년)의 결론은 트럼프 팀의 고위 관계자가 러시아와 고의로 공모했다는 직접적인 증거는 어디에도 없지만, 그들은 경험 미숙과 안이함 탓에 러시아를 등에 업은 세력의 조작 대상이 되고 있음을 눈치채지 못했다는 것이었다. "[러시아 IRA]는 미국 정치 활동가인 척하며 트럼프 대선 캠프에 선거 운동과 홍보, 조직 자료 등을 제공해 달라고 요구했고, 일부 확보하기도 했다."(7쪽)

19장 나쁜 디지털 리더십

러시아 군사 정보국GRU과 연계된 해커 그룹인 팬시베어Fancy Bear나 코지베어Cozy Bear 등은 2015년부터 2016년까지 민주당 전국 위원회, 미 국무부, 항공 및 국방 분야 업체 등과 같은 미국 주요 기관을 상대로 스파이 활동을 펼쳤다. 그들은 2016년 미국 대선 직전까지 거의 매일 민주당 선거 운동이나 힐러리 클린턴과 관련된 자료를 유출했다(그린버그, 2019년).

"힐러리 클린턴이 끊임없이 명예 훼손에 시달린 것과 달리, IRA는 영향력 있는 공작 활동을 펼치며 트럼프의 출마에 관해서는 주로 긍정적인 논조를 보였다. 물론 이런 조사 결과는 예비 경선을 대상으로 한 것이라는 점을 밝혀 둔다. 상원 위원회의 분석 결과는 선거후의 IRA 활동이 좌익 진영을 중심으로 반트럼프 정서를 촉진하는 방향으로 변했다고 지적한다."(34쪽)

이 대목이 흥미로운 이유는 IRA가 단지 미국 유권자들 사이에 긴장을 촉발하기 위해 트럼프 편만 든 것이 아니라는 것을 알 수 있기 때문이다. IRA는 트럼프가 당선되자마자 이제 대통령이 된 트럼프를 향한 반대 진영의 분노를 부추기는 데 집중했다. 러시아의 소셜 미디어 작전은 트럼프가 선출된 후 그를 향한 비판에 열을 올렸고, 트럼프가 재임 기간 내내 가장 걱정하고 주의를 빼앗긴 원인도 바로이 문제였다.

구글 알고리즘도 '정보 전쟁의 수단'으로 사용되고, 조작된다. 구글에 허위 정보를 확산하는 방법은 페이스북이나 트위터 같은 소셜 미디어 웹 사이트와는 다르지만, 그 영향은 오히려 더 광범위하게 미친다. 검색 엔진 사용 횟수의 90퍼센트 이상이 구글에서 발생한다(데자르댕Desjardins 그룹, 2018년). 구글은 극단적인 콘텐츠나 허위 정보를 검색 순위 상위에 올리는 경향이 있으며, 특히 인기 있는 콘텐츠나 새롭게 뜨는 뉴스의 경우 이런 경향이 더욱 심하다. 예를 들면, "도널드 트럼프 당선자가 인기투표에서 이겼다는 가짜 뉴스 보도가 미국 인기투표 결과를 정확하게 반영한 기사보다 검색 순위 상위를 차지하기도 했다."(「미국 상원 정보 위원회 보고서」, 57쪽)

● 「미국 상원 정보 위원회 보고서」: 향후 관심사

2016년과 그 이전까지 진행되었던 러시아의 활동 중에는 상대적으로 서투른 부분도 있었고, 일단 파악하여 저지한 후에는 대응 전략을 펴기도 쉬웠다. 하지만 「미국 상원 정보 위원회 보고서」가 제시한 새로운 흐름 중에는 장차 더 큰 걱정거리가 될 만한 부분도 분명히 있다.

1. 가짜 뉴스를 생산하는 기술은 현실성과 설득력을 더욱 갖춰 가는 프로파간다와 어우러져 점점 더 정교해지는 추세를 보이고 있으며, 특히 자료의 출처가 해외, 또는 외국 정보 기관일 때는 감지하기가 더욱 어렵다.

2. 인공지능과 딥 페이크 기술이 더욱 정교해지고, 만들기 쉬워지며, 가짜를 파악하기 어려워지고 있다. 이 기술이 비록 '초기 단계'라고는 하나, 점점 더 큰 위협이 되는 것만은 분명하다.

3. 마이크로타깃팅 기법의 발달로, 이런 기술의 제작과 사용이 점점 더 쉬워지고, 저렴해지며, 접근성이 향상되고 있다. 매우 정밀하게 설정된 표적을 대상으로 메시지 공세를 펴는 작전이 더욱 널리 이용되고 있다.

4. 봇이 점점 더 정교하고 찾아내기 어렵게 진화하고 있다. 프로그래머와 이를 탐지하는 기업 사이의, 이른바 '군비 경쟁'이 기술 진보를 가속화하고 있다.

5. 거대 소셜 미디어 기업들이 허위 정보를 찾아내는 데 집중하자, 추적 및 검열이 더 어려운 새로운 플랫폼으로의 이동이 진행되고 있다 (예: 왓츠앱, 텔레그램, 위챗 등).

6. IRA의 원래 표적은 정치 그룹이었던 반면, 대다수 사회, 경제 분야는 이런 영향과 조작 기법의 대상에서 제외되어 있었다. 이런 기법은 주가 조작과 사기, 디지털 광고 조작, 마케팅용 위조 상품, 제약 등 다른 분야의 불법 활동에도 충분히 이용될 수 있다. 대다수 민간 업계는 아직 대규모 허위 정보 작전을 관리하거나 반박, 대응할 준비

가 전혀 되지 않았다. 이런 전술이 백신의 효능이나 기업의 주가에 영향을 미치는 가짜 뉴스, 여러 국가 기관(공중 보건, 국방, 경찰, 식품 안전, 연금 등)의 신뢰 등으로 대상을 옮긴다면 심각한 문제가 발생할 것이다.

● 트럼프의 디지털 행동 분석

이 책에서 트럼프가 미국 대통령으로 재임한 4년 동안의 행동을 모두 복기할 수는 없다. 그런 목적이라면, 밥 우드워드Bob Woodward의 『공포 Fear』(2018년)나 『분노Rage』(2020년)를 참조하기를 권한다. 성격 장애에 관한 심리를 이해하면, 흥미 있는 시사점뿐만 아니라 리더의 디지털 의사소통에 관한 중요한 교훈을 얻을 수 있다. 트럼프는 소셜 미디어에 너무나 많은 정보를 공개하는 바람에 누구나 그의 행동에 관해 엄청난 양의 데이터를 확보할 수 있다. 그를 지지하는 사람들은 그런 끊임없는 의사소통을 반길 수도 있겠지만, 한편으로는 미국의 적대 세력이 미국 총사령관의 마음속에 있는 전반적인 전략과 매일의 생각을 고스란히 읽을 기회를 제공하는 측면도 있다.

트럼프의 재임 기간 그가 보여 준 여러 기행과 직무 결과를 추적할 수도 있다. 두 명의 연구자가 재미있는 사실을 발견한 적이 있는데, 바로 트럼프의 트위터 활동을 추적하여 그의 수면 일정을 파악해 낸 것이다(알몬드Almond, 듀Du, 2020년). 그 결과, 대통령은 주로 오전

6시에 기상하는 습관을 재임 기간 내내 꾸준히 이어 갔으나, 임기 후반에 이르러서는 늦게까지 깨어 있으면서 밤 11시부터 새벽 2시까지 트윗을 하는 바람에 수면 시간이 줄어든 것으로 나타났다.

그들은 또 트럼프의 진술과 연설 내용을 분석한 후 수면 시간이 부족할수록 괴팍한 성격을 드러내는 경향이 있음을 파악했다. 전날 밤늦게까지 트윗을 한 날은 연설에 화가 난 어조가 두드러졌고, 트윗이나 다른 형식의 의사소통에도 적대감이 더 크게 묻어났다는 점을 발견한 것이다.

또 하나 흥미로운 분석은 그가 밤늦게까지 잠들지 못했을 때는 소셜 미디어 '성과'도 저조했다는 것이다. 그런 날 다음에는 소셜 미디어 활동도 뜸했을 뿐만 아니라 호응도 별로 없었다('좋아요', 리트윗, 댓글 등). 한마디로 피곤하고 성미가 예민해진 날은 독자들과의 의사소통도 별로 효과적이지 못했다는 뜻이다.

● 트럼프의 소셜 미디어 활동이 주는 시사점

트럼프가 소셜 미디어를 사용한 방식은 역대 미국 대통령은 물론, 세계 여느 리더와도 달랐다. 그는 리더가 언론계의 공고한 프레임을 벗어나 대중에게 직접 메시지를 전달할 수 있음을 보여 주었다. 트럼프는 이 일을 매일 했다. 그가 어디에서 무엇을 하고 있는지 트윗으로 실시간 알렸는데, 심지어 자신이 선호하는 TV 프로그램에 출연한 사이에도 멈추지 않았다.

그러나 이러한 행태는 결코 단순하게 볼 일이 아니다. 트럼프의 트위터 팔로워 수가 아무리 많다고는 하지만(2020년 말 기준으로, 거의 8,900만에 달했다), 그가 직접 의사소통한 사람은 미국의 전체 유권자 중 극소수에 지나지 않았다. 퓨 리서치 센터Pew Reserch Centre의 조사에 따르면, 미국 성인 중 트위터 사용자 비율은 22퍼센트에 불과하고, 트럼프를 팔로우하는 사람은 그중에서도 19퍼센트뿐이다(워즈치크 외, 2019년). 참고로, 버락 오바마를 팔로우하는 사람은 26퍼센트다.

다시 말해, 트럼프는 이러한 플랫폼을 이용하여 전체 미국 유권자의 4퍼센트에게만 직접 메시지를 전달했다는 뜻이다. 그러나 다른 뉴스 채널과 디지털 간행물, 또는 기타 소셜 미디어 등이 모두 트럼프의 트윗 내용을 발췌하고 인용하는 과정에서 그의 메시지 전달력은 엄청나게 증폭되었다. 트럼프가 트위터를 활용했다는 사실보다 오히려 이 증폭 효과에 주목해야 한다. 또 선거 기간에 외국 정부 지원 단체가 입소문 마케팅 기법이나 도구를 이용해서 특정 메시지를 고의로 증폭했을 가능성도 간과해서는 안 된다.

나쁜 정보는 저절로 커진다

디지털 기술은 메시지를 증폭하고 생각과 감정을 확산하는 길을 열어 놓았다. 콘텐츠는 입소문을 타고 더욱 빠르고 넓게 퍼지고 있으며, 온라인을 통해 여러 사람을 거치면서 점점 더 강렬한 감정을 자아낸다. 감정은 사람들의 반응을 불러일으키는 촉진제다. 그중에는 다른 것보다 유난히 전염성이 강한 감정도 있다. 강렬한 감정 반응은 종류에 상관없이 메시지를 더욱 확산하는 데 이바지한다. 기쁨, 흥분, 슬픔, 혐오 등 모두 마찬가지다. 그러나 콘텐츠의 온라인 확산을 부추기는 감정 중에서도 아주 강력한 것이 있다. 바로 격노다(샤에르Shaer, 2014년). 이것은 플랫폼의 종류나 문화에 상관없이 모든 소셜 미디어에서 공통으로 발견되는 현상이다. 중국 소셜 미디어 플랫폼 웨이보Weibo에 관한 연구나 미국 소셜 미디어에 올라온 〈뉴욕타임스〉 기사의 반응을 조사한 내용(버거Berger, 밀크맨Milkman, 2012년)에서 모두 발견되는 특징은, 감정적인 어조가 담긴 정파적 뉴스가 소셜 미디어에서 가장 큰 반향을 일으켰다는 것이었다(하셀Hasell, 2020년).

지금까지 우리는 메시지 확산에 사용된 여러 가지 전술을 살펴보았다. 이제 메시지에 담긴 내용이나 동기와 상관없이 감정을 이용하는 것이 콘텐츠의 확산에 큰 효과를 발휘한다는 점을 살펴보기로 한다.

감정 전염

—

사람들 사이에 감정처럼 쉽게 전달되는 것도 드물다. 타인으로부터 위협이나 위험, 혹은 기회를 쉽고 빠르게, 때로는 무의식적으로 파악하는 능력은 인간의 기본적인 생존 본능이다. 심리학자들은 이것을 '감정 전염Emotional Contagion'이라고 부른다. 이것은 재앙이 닥치거나 충격과 공포, 슬픔이 빠르게 확산할 때 일어나는 현상이며, 긍정적인 감정에도 똑같이 적용된다(반 프라에트Van Praet, 2019년).

이런 사회 현상은 기본적으로 개인 차원의 일이기는 하나 온라인에서도 똑같이 벌어지기 때문에, 소셜 미디어 기업들은 사람들의 관심을 사로잡고 수익을 올리려는 목적으로 이것을 교묘히 이용한다. 2014년에 코넬 대학교Cornell University와 페이스북이 연구한 바에 따르면, 감정 전염은 사람들의 무의식에 영향을 미치는 데도 사용될 수 있다고 한다. 이 연구에서 페이스북은 총 7만 명의 사용자들이 올린 게시 글을 조작하여* 일부 사용자에게는 긍정적인 게시 글을, 또 다른 사용자에게는 부정적인 글을 많이 노출했다. 그 결과는 뚜렷했다. 이후 양쪽이 올린 글은 인위적인 조작의 결과와 정확히 일치했다. 페이스북에 감정 전염 효과는 분명히 존재했고, 그 효과도 뚜렷했다(크레이머Kramer 외, 2014년).

이러한 디지털 분야의 연구는 이런 감정 전달이 사이버 공간에서 똑같이 일어난다는 것을 입증하는 데 결정적인 역할을 한다. 현실 세계에서 감정 전염을 일으키는 결정적인 요소는 비언어적 의사소통 신호다. 사람들은 미묘한 몸짓이나 표정, 어조 등을 통해 다른 사람의 감정을 '읽어 낸다.'(바르사데Barsade, 2002년) 한 사무실이나 소속 모임에 기분이 굉장히 들뜨거나 불안한 사람이 한 명이라도 있으면, 그런 감정이 금세 전염되는 이유도, 바로 이 때문이다. 친구나 배우자, 동료가 신경이 날카로워져 있을 때, 그 긴장감이 말없이 자연스레 다른 사람에게 옮겨 가는 것도 마찬가지 이유다.

그런데 이제 우리는 이런 감정이 소셜 네트워크를 통해 디지털 공간에도 퍼진다는 사실을 안다. 온라인에 퍼지는 것은 정보(혹은 허위

● 이 연구와 관련하여 도덕적 문제를 제기하는 목소리도 있었다. 심리학 연구에서 꼭 필요한 참가자들의 사전 동의를 구하는 과정이 제대로 이루어지지 않았기 때문이다. 20세기 중반, 적절한 동의 없이 진행된 비윤리적 연구 사례가 많은 데서 비롯된 윤리 규정은 바로 이런 관행을 방지하기 위해 마련된 것이었다. 그러나 페이스북 같은 민간 기업은 대학 연구자들이 지켜야 하는 윤리 규정의 대상이 아니다.

정보)만이 아니라 감정 반응도 마찬가지다. 22장에서 다시 살펴보겠지만, 사회적 고립 기간이 길어질수록 부정적인 감정이 깊어져서 정신 건강에 여러 가지 부정적인 영향을 미치고, 부정적인 감정이 전염되는 현상도 더욱 눈에 띄게 된다. 따라서 2020년은 이런 위험이 더욱 커진 해라고 할 수 있다.

이런 교훈을 현실에서 가장 먼저 적용해 보자면, 소셜 미디어에서 주로 팔로우해 의사소통하는 사람을 잘 선택해야 한다는 결론을 내릴 수 있다. 소셜 미디어에 자주 보이는 글에 나타난 감정은 나의 감정에 영향을 미치게 된다. 물론 페이스북 같은 소셜 미디어 플랫폼이 특정 방향으로 감정을 몰아갈 수는 있겠지만, 결국 어떤 내용의 글을 볼 것인지는 사용자가 결정하는 것이다.

AI 테이의 신기한 사례

—

2016년, 마이크로소프트는 테이Tay라는 인공지능 트위터 챗봇을 출시했다. 자신들의 AI 기술 발달 수준이 '대화를 이해하는' 수준에 이르렀음을 과시하려는 의도에서였다(빈센트Vincent, 2016년). 그 AI는 대화를 통해 학습하는 기능이 있었다. 즉, 사람들이 이 기술을 더 많이 사용할수록, AI가 활용할 수 있는 언어와 대화의 폭이 더 넓어진다는 것이었다. 이 챗봇은 원래 19세 소녀의 언어 패턴을 그대로 재현하도록 프로그램되어 있었는데, 대화 상대와 내용에 따라 언어

20장 나쁜 정보는 저절로 커진다

능력이 점점 더 발달하므로, 결국 환경을 통해 학습할 수 있다는 것이었다.

마이크로소프트는 이것이 '일상적이고 재미있는' 대화를 통해 학습한다고 설명했는데, 트위터에 얼마나 많은 사람이 대화에 참여하는지에 관해 마이크로소프트 측에서 조금 잘못 이해했던 것이 분명하다.

결국, 마이크로소프트는 출시한 지 채 하루도 지나지 않아 테이를 철수해 버렸다. "테이의 취약점을 이용하려는 일부 세력의 조직적인 공격을 받아 문제가 발생했다"라는 공식 입장을 표했다. 물론 그 말은 대부분 사실일 것이다(실제로 포챈에서 조직적인 움직임이 있었다). 그러나 '취약점'을 이용했다는 말은 좀처럼 믿기 어렵다. 그 봇이 자신과 의사소통하는 사람들의 말을 흉내 내는 것은 버그가 아니라 본래 기능이었다. '18세에서 24세 사이의 미국인이 오락 목적으로 사용할 만한 챗봇'이(리Lee, 2016년) 탄생했지만, 결국 누군가는 마이크로소프트가 예상한 것과 다른 방식으로 그것을 가지고 놀았던 셈이다.

당시는 마침 2016년이었으므로, 테이는 트위터에 자주 등장하는 대화 내용을 바탕으로 미국 대선에서 쓰일 만한 수사와 표현 방식을 많이 인용했다. 예컨대, "우리는 장벽을 건설할 것이고, 그 비용은 멕시코가 치르게 될 것입니다"와 같은 것이었다. 물론 이것은 소셜 미디어에 자주 등장하는 문구였지만, 마이크로소프트가 목표로 삼았던 '일상적이고 재미있는' 표현은 전혀 아니었다.

테이는 결국 인터넷상의 농담거리가 됐을 뿐만 아니라 마이크로소프트의 대표적인 홍보 실패 사례가 되었다. 동시에 이 사례는 AI에 심각한 의문을 제기하도록 한 사건이기도 했다. 특히 아직 공개되지 않은 AI 알고리즘과 그 효과에 대해 의혹을 지울 수 없는 상황이 되었다. 마이크로소프트가 출시한 챗봇이 '인간은 멋진 존재다'라고 말한 지 채 하루도 지나지 않아 '히틀러는 아무 잘못이 없다'라고 말할 정도라면, 그리고 마이크로소프트조차 이런 사태를 미리 예상치 못했다면, 우리 생활 전반에 이미 운영되고 있는 다른 AI 프로그램들은 얼마나 많이 오용과 조작, 의도치 않은 사고 등에 노출되어 있겠는가?

소셜 미디어 알고리즘이 사람들에게 추천하는 콘텐츠는 오직 그들의 시간과 관심을 얼마나 사로잡을 수 있느냐가 기준이므로, 심지어 알렉스 존스의 음모론(12장)이나 극단주의적 정치 콘텐츠(4장)도 마다하지 않는다는 것을 우리는 이미 알고 있다. 물론 인터넷 악동들이 테이를 문화 전쟁의 앞잡이로 내세울 정도로 의도가 사악했다고 말할 수도 있겠지만, 그들이 드러낸 AI의 주요 결함 자체를 프로그래머들이 미처 생각지도 못했고, 그에 대한 안전장치도 마련하지 못했음은 부인할 수 없는 사실이다. 마이크로소프트 챗봇이 그렇게 쉽게 급진주의자가 될 줄 누가 알았겠는가?

마이크로소프트 챗봇이 그토록 빨리 우익 악동으로 바뀐 이유는 몇 가지 다른 이론으로도 설명할 수 있다.

- **썩은 사과 이론:** 마이크로소프트의 공식 입장이다(리, 2016년). 나쁜 사용자들이 시스템의 약점을 찾아낸 것이다. 거론할 필요도 없이 썩은 사과 이론의 재판이다. 나쁜 의도를 품은 소수의 인원이 고의로 시스템을 '약탈하여' AI에 나치즘적인 언어를 가르쳤다는 것이다.

- **봇 증폭 이론:** 컴퓨터 과학자이자 마이크로소프트 연구원, 컴퓨터 철학 작가인 재런 러니어Jaron Lanier는 봇 탐지기 하나가 트위터에 떠도는 수많은 우익 증오 봇을 끌어들이고 키운 결과 그들의 메시지가 증폭되었다는 이론을 제시했다(러니어, 2018년). 즉, 몇몇 사람이 마이크로소프트 봇에 트위터의 우파 콘텐츠를 접하게 하면, 나머지 우파 봇들이 그 움직임을 감지하고 자동으로 모여든다는 것이다. 그러고 나면, 봇들이 서로 비슷한 대화를 조금만 나누어도 매우 해로운 콘텐츠들이 자동으로 증폭된다.

- **인상 관리 이론:** 음모론이나 사악한 세력의 조직적인 노력 등과 상관없는 훨씬 쉬운 설명 방법도 있다. 테이 챗봇의 핵심 기능은 사람들의 말과 대화 스타일을 그대로 반영하여 상대방에게 되돌려 주는 것이다. 테이는 중심 이념 자체가 없고, 그저 말과 어조를 흉내 내어 사람들에게 되돌려 줄 뿐이라는 것을 지금까지 드러난 바로 알 수 있다. 테이는 상대하는 사람에 따라 반페미니즘이든, 친히틀러든, 혹은 반히틀러든 무엇이나 될 수 있고, 어떤 이슈에 대해서도 테이의 일관된 입장이란 애초에 존재하지 않는다. 물론 이러한 특징은 트위터와 같은

환경에서 매우 나쁜 방향으로 드러날 수 있다.

대중용 인공 지능 트위터 봇을 출시하는 마이크로소프트의 간단한 실험에서 어떻게 반유대주의와 여성 혐오, 은밀한 파시즘, 심지어 노골적인 나치 언어가 그토록 쉽게 쏟아져 나오게 된 것인지 참으로 의문이 아닐 수 없다. 그러나 이것은 AI의 의도치 않은 결과가 엄청나게 해로운 행동으로 급격하게 휘말릴 수 있음을 보여 주는 귀중한 교훈이기도 하다. 이런 결과에 큰 관심을 기울여야 하는 것은 물론이다.

온라인 프로필이 모두 실제 인물은 아니다

—

테이 사건은 훌륭한 반면교사가 될 수 있다. 마이크로소프트는 테이가 봇이라고 밝혔다. 그러나 많은 조직이 지금도 자신의 메시지를 생성, 증폭할 목적으로 봇을 개발하거나 구매하여 가동한다. 즉, 온라인 콘텐츠 중에는 개인이 직접 작성한 것이 아닌 것도 많다.

뉴스 기사나 영상 공유 웹 사이트에 달린 가짜 댓글은 가짜 콘텐츠의 대표적인 사례로, 이런 내용이 오히려 실제 콘텐츠를 뒤덮을 때도 있다. 어찌 보면, 사람들이 봇을 이용하는 동기는 매우 분명하다. 조회 수와 '좋아요', 긍정적인 댓글 등이 많아질수록 자기의 인기도 올라가기 때문이다. 상품 리뷰를 가짜로 만드는 이유가 그 상품의 매출을 높이기 위해서라는 것도 너무나 자명한 이치다.

그중의 한 가지 예로, 아스트로터핑Astroturfing(가짜 풀뿌리 운동)이라는 것을 들 수 있다. 아스트로터프Astroturf는 척박한 땅을 덮는 인조 잔디를 말한다. 그러나 광고나 선전 분야에서 아스트로터핑이라는 말은 인기가 많다는 인상을 주기 위해 실제 사람이나 봇으로부터 가짜 인지도를 매수하는 것을 의미한다. 단순히 인지도를 높이기 위해 종종 사용된다. 또는, 부정적인 리뷰를 감추려는 데 사용되기도 한다. 예를 들어, 부정적인 리뷰가 몇십 건 달렸다고 하면, 매수를 해서라도 긍정적인 리뷰를 수백 건 만들어 내는 것이다.

아마존 판매자들의 아스트로터핑 사례는 매우 유명하다. 그들은 모든 수단을 동원해 긍정적인 리뷰를 가짜로 만들어 냈다(드래건 Dragan, 2016년). 기업들 역시 가짜 계정을 만들어(혹은 다른 네트워크를 인수해서) 사람들에게 공짜로 상품을 나눠 주고 긍정적인 리뷰를 쓰게 하거나, 심지어 악의적인 사용자를 매수해 경쟁 상품에 부정적인 리뷰를 올리도록 한다.

긍정적인 고객 경험 후기를 가짜로 남기려는 행위와 긍정적, 부정적 리뷰를 악용한 사례들의 그 이면에는 뚜렷한 동기가 있다. 바로, 기업이나 사람, 집단, 브랜드에 관한 긍정적 인상을 만들고 가공하며 촉진하려는 것이다. 지금도 아스트로터핑과 비슷한 어둡고 파괴적인 기법들이 긍정적이기보다는 부정적인 메시지로 여러 채널을 뒤덮고 있다. 이것은 아주 강력한 효과를 미치는데도 사람들은 그런 활동의 배후나 이유를 잘 모른다. 아스트로터핑과 스티브 배넌의 '쓰레기로 가득 채우기Flood the Zone with Shit'(스텐겔Stengel, 2020년) 전술을 결합하면, 이런 부정적인 현상을 좀 더 시각적인 용어로 이해할 수 있다.

앞 장에서 설명했듯이, 정부를 등에 업은 세력을 포함한 일부 조직은 고의로 허위 정보나 부정적인 정서를 조작해서 갈등의 메시지를 증폭하고 무질서와 혼란을 조장한다. 어떤 사람들은 특정 메시지를 주장하는 것이 목적이 아니다. 오로지 소셜 환경을 쓰레기로 가득 채워 사람들을 질리게 하거나, 아예 판을 떠나게 만들려고 하는 것이다. 어떤 경우는 여러 가지 선택지 중에서 사람들이 가장 좋아하는 것을 고르지도 못하게 모두 똑같이 나쁘다는 식으로 몰아가기도 한다. 모두 똑같이 나쁘다면, 그중 최악의 선택지도 다른 것과 별반 차이가 없다는 느낌이 든다.

뉴스 기사의 내용이나 댓글난, 또는 소셜 미디어 플랫폼을 살펴볼 때, 인터넷에 이름을 올린 사용자라고 해서 모두 실제 사람이라고 보면 안 된다는 것을 알아야 한다. 정치적, 감정적으로 민감한 주제, 또는 많은 돈이 들어가는 상품이나 서비스와 관련된 내용이 보인다면, 그 생태계는 봇으로 가득 차 있을 확률이 높다. 그렇다고 반대 의견에 귀를 기울이지 말라는 말은 아니지만, 인터넷 댓글만 보고 어떤 사안을 섣불리 판단하는 것은 현명하지 못한 일이 분명하다. 그곳에 등장하는 사용자는 실제 사람이 아닌 경우가 많기 때문이다.

인터넷에 테이 같은 AI가 수백만 종류(매우 조잡한 것 포함)나 돌아다니면서 저마다 다른 목적을 가지고 영향을 미친다고 생각해 보라. 실제로 2020년 초부터 9개월간 페이스북이 폐쇄한 계정이 무려 4, 5십억 개였는데, 그중의 대부분을 봇이 차지하고 있었다(나이커스Nicas, 2020년).

물론 그런 봇들의 행동을 언뜻 보기만 해도 진짜 사람이 아니라는 것을 알 수 있다. 하지만 이 문제를 거론할 수밖에 없는 이유는 온라인 환경과 담론에 실제로 영향을 미치기 때문이다. 평범한 인터넷 사용자로서는 온라인에서 정상적인 사람의 활동과 주변 사람들에게 겁을 주고 영향을 미치려는 봇을 서로 구분하기가 어려울 수도 있다.

다시 한번 강조하지만, 인터넷에 보이는 활동 모두를 실제 사람이 작업한 것은 아니다. 인터넷에서 보는 모든 의견이 실제 사용자의 본심이라고 봐서도 안 된다. 인터넷에서 모르는 사람이 하는 말을 무조건 액면 그대로 받아들이지 말라.

부역자들

사람들은 왜 파괴적인 성격의 리더를 추종할까? 자아도취 성격이 내비치는 자신감, 소시오패스가 투사하는 권력, 극적 성격이 내뿜는 피상적인 매력 등에 많은 사람이 끌린다. 특히 B 성격 장애군이 가장 큰 주목을 받는다. 그들은 확실히 많은 사람의 관심과 주목을 갈망한다. 그러나 냉담하지만 똑똑하고 계산적인 성격에서 볼 수 있는 차가운 매력이라면 어떨까? 창의적인 천재성과 독특한 재주를 겸비한 사람이나, 심지어 음모론에 관한 모든 서브컬처에 통달한 듯한 편집증 성격이라면?

나쁜 리더는 물론 위험한 존재이지만, 추종자 없이 자신의 목적을 대규모로 확대할 힘이나 능력은 없다. 사람들은 저마다 동기와 야망을 품고 있고, 그중에는 자신의 목적을 위해서라면 파괴적인 리더도 서슴없이 따르는 사람이 있다. 맹목적인 야망과 다소 과도한 자신감 때문에 나쁜 리더를 따르는 사람도 있다. 그들은 그동안 그 리더가 보여 온 파괴적인 행적도 다 알고 있지만, 그들을 남다른 존재로 여겨서 그들의 경험을 특별한 것이라고 믿는다. 의무감으로 행동하는 사람도 있다. 나쁜 리더를 따르는 사람들은 드물게 경고 신호를 감지한다. 그러나 그들은 리더가 최악의 충동에 빠지지 않도록 자신이 안전장치 역할을 하는 거라고 말한다. 리더의 파괴적인 경향을 최선을 다해 감싸는, 일종의 자기희생의 모습이다. "내가 없었다면 어쩔 뻔했어"라는 태도다. 혹은 평소 생각해 왔던 권력자 상에 딱 맞는 사람이라고 생각해서 나쁜 리더를 따르는 사람도 있다. 5장에서 설명했듯이, 아이들은 가정 환경에 적응하고 생존 전략을 배우는 능력이 뛰어나므로, 주어진 환경에 잘 대처할 수 있다. 물론 그런 전략이 성인이 된 후에도 그대로 통하는 것은 아니지만, 유년기의 경험을 장차 맺을 인간관계의 모델로 삼을 수는 있다. 불행히도 어떤 사람들은 유년기와 청소년기에 습득한 수단과 전술을 성인이 된 후에 생산적이고 도덕적인 방식으로 적용하지 못할 수도 있다.

독성 삼각형

—

2장에서 예로 든 스탠퍼드 대학교 감옥 실험을 통해, 심리적으로 건강하고 정상적인 사람도 환경과 상황에 따라 얼마든지 잔혹한 행위를 저지를 수 있음을 설명한 적이 있다. 짐바르도의 연구를 확장하면, 파괴적인 리더들이 승승장구하는 데 필요한 보편적인 원리를 설명할 수 있다. 여기에는 세 가지 핵심 요소가 있으며, 이를 결합한 것을 독성 삼각형이라고 한다([그림 1]). 리더십의 일탈 과정에서 드러나는 이 세 가지 핵심 양상을 처음 제시한 사람은 파디야Padilla와 그의 동료들이다(2007년). 파괴적인 리더들은 혼자 할 수 있는 일이 별로 없으며, 많은 경우 그들이 권력을 획득하거나 일탈에 접어드는 것을 막는 감시, 견제, 방어 장치도 존재한다.

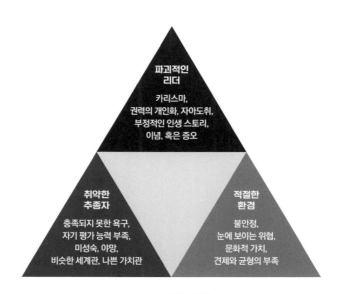

[그림 1] 독성 삼각형

A) 파괴적인 리더

—

우리가 나쁜 리더라고 할 때, 그저 실수를 저지르거나 무능력한 사람까지 그 범주에 포함하지는 않는다. 그들은 파괴적인 환경에 수동적으로 희생되거나, 어쩔 수 없이 동조한 사람이 아니다. 그들은 애초에 악의를 품은 사람들이다. 적극적으로 타인에게 해를 끼치고자 일을 벌이고, 다른 사람을 희생해서라도 원하는 것을 쟁취하며, 때로는 무질서와 갈등, 파괴를 즐기는 사람들이다. 그들은 자신이 무슨 짓을 하는지, 그로 인한 부정적인 결과가 무엇인지까지 알고 있다.

비록 그런 부정적인 특징을 드러내기도 하지만, 어느 정도 매력을 발산하며 다른 사람에게 확신을 심어 줄 능력도 있다. 그들이 어떤 수단으로 권력을 획득하는지와 상관없이 다른 사람에게는 재미있고, 매력적이며, 유익한 사람으로 비친다. 항상 권력을 쟁취하고 확대하고자 하며, 자신이 원하는 것을 얻는 데 도움이 되는 환경과 참가자를 적극적으로 찾아 나선다.

나쁜 리더는 자신이 주변 사람에게 어떤 영향을 미치는지 신경 쓰지 않고, 바로 그런 태도 때문에 여태껏 성공을 거두어 왔다. 단기적 이익을 위해 얼마든지 거짓말을 하나, 필요할 때는 또 금세 전술을 바꾸기도 한다. 단기간에 팔로워를 사로잡는 것은 그들에게 너무 쉬운 일이다. 원하는 것을 얻기 위해서라면, 무슨 말도 할 수 있기 때문이다. 그러나 장기적인 관계를 형성하는 일은 어렵거나 도저히 불가능하다.

B) 적절한 환경

위협적인 환경은 여러 단계에서 존재할 수 있다. 국가나 사회 차원에서 느끼는 위협도 있고, 회사, 지역, 부서, 도시, 팀, 또는 이웃, 심지어 직장이나 가정에서 한 사람이 처한 환경도 위협이 될 수 있다. 그리고 정도의 차이는 있겠지만, 그 모든 위협은 실재할 수 있다.

2장에서 소개했던 이라크 아부 그라이브 교도소의 고문 사건을 살펴보며 알게 된 것처럼, 위협은 실제로 존재한다. 가해자들은 자신의 신변과 안전에 심각한 위협을 겪었다. 그것은 상상치도 못했던 위협이었다. 허술한 교육과 열악한 설비, 부족한 인력 등은 이런 위협을 가중했고, 그 사람들에게는 이런 위협적인 환경에 제대로 대처할 만한 심리적(혹은 물질적) 수단도 없었다.

위협적인 환경은 때때로 상상의 산물이거나 과장된 것일 수도 있는데, 그것을 조장하는 주체가 바로 나쁜 리더들이다. 그들은 압력을 증대하고 발언의 수위를 높여 가면서 바깥 세계와 다른 사람들, 또는 외부의 위협이야말로 사람들이 더 큰 위협을 느껴야 할 대상이라고 강조한다. 이것은 미국 대통령 프랭클린 루스벨트가 말한 "우리가 두려워해야 할 유일한 대상은 두려움 그 자체다"라는 정신을 정면으로 거스르는 태도다. 나쁜 리더들이 즐겨 쓰는 메시지는 이렇다. "여러분이 두려워해야 할 유일한 대상은 내가 없으면 너무나 위험해질 이 세상입니다."

위협적인 환경에서는 나쁜 리더들이 더욱 활개를 칠 수 있다. 좋은 환경이라면 나쁜 리더들이 영향력을 얻기가 쉽지 않겠지만, 그렇다고 불가능한 것도 아니다. 그러나 어려운 시기야말로 그들이 번창할 절호의 기회다. 경제 붕괴, 사회적 무질서, 전쟁의 공포와 같은 외부의 위협 요인은 사람들을 더욱 극단적인 해법에 매달리게 한다.

C) 취약한 추종자

—

사람들이 나쁜 리더를 따르는 이유는 여러 가지다. 사악한 의도나 이기적인 태도 때문일 수도 있고, 의무감, 욕구, 또는 결과에 대한 무지 등이 원인이 될 수도 있다.

나쁜 리더들이 실제든, 상상이든 외부의 위협 덕분에 이익을 챙길 수 있는 이유는, 인지된 위협이 사람들의 가장 원초적인 방어 본능을 촉발하기 때문이다. 그러나 나쁜 리더들은 사람들에게 확신을 심어 주거나, 건강하고 적절한 방어 기능, 자신감, 자율권 등을 고취하기는커녕, 오로지 그들이 자신에게만 전적으로 의존하기를 바란다.

나쁜 리더들은 위협적인 환경이 조성되면, '우리'와 '그들' 사이의 대결 구도를 만들어 내기도 한다. 우리 편과 상대편이 뚜렷이 구분되면, 사람들은 이전까지 애매모호한 영역이 많고 복잡했던 세상에 대해 갑자기 뚜렷하고 생생한 정체성과 소속감을 느끼게 된다. 집단에 소속되고자 하는 마음은 가장 본질적인 정신 작용이다. 지역 사회나 가족에 애착을 느끼고 집단에 소속되어 공헌하려는 마음은 누구에게나 있는 욕망이다. 문제는 모든 집단이 건설적이고 건강한 도움을 제공하지는 않는다는 것이다. 그와 함께 나쁜 리더들이 퍼뜨리는 지나치게 단순화된 메시지는 소외감을 느끼던 사람들에게 더욱 매력적으로 다가온다. 자기를 제대로 이해하지도, 사랑하지도 못했던 사람들의 마음속에는 자신을 뛰어넘는 '집단' 정체성에 소속되려는 열망이 더욱 커지게 된다. 그리고 온갖 종류의 커뮤니티와 그룹, 조직이 이런 욕망을 긍정적으로 채워 준다. 청년 그룹, 독서 동아리, 스포츠 팀, 자선 및 종교 단체 등은 대체로 인간의 이런 심리적 욕구를 긍정적인 방향으로 추구할 수 있게 해 준다. 사교 집단, 갱, 범죄 조직, 해로운 정치 이념과 그 리더들은 그들의 이런 욕구를 이용한다.

위협적인 환경은 나쁜 리더와 그 추종자들에게 비난을 외부에 떠넘길 기회를 안겨 주기도 한다. 예를 들면, "나쁜 일은 모두 누구누구의 잘못이며, 우리는 그들에게 대가를 추궁할 것이다"라는 식이다. 나쁜 리더가 권력을 장악하면, 그들은 계속해서 외부의 위협을 강조하면서 내부의 단결을 고취하고 리더의 대의에 헌신할 것을 촉구한다.

그런 리더와 결탁한 추종자들은 대체로 두 가지 범주로 나눌 수 있다. 즉, 순응자와 공모자다. 두 유형 모두 나쁜 리더를 따르는 데는 몇 가지 공통적인 이유가 있다.

21장 부역자들

● 순응자

순응자는 공백을 채우기 위해 나쁜 리더를 따른다. 사실 그들은 자신이 무엇을 원하는지도 잘 모른 채, 그저 필요한 게 무언가 있는데 누군가가 그것을 제공해 주리라고 생각한다. 그들은 별로 악의가 없는 대신 다른 사람에게 쉽게 이용당한다.

그들은 불안감을 느끼는 성격 유형(14장에 나오는 C 성격군)에 가깝다. 즉, 예민하고, 이타적이며, 완벽주의적인 성격 유형이다.

1. 기본적인 욕구가 충족되지 못함

사람은 기본적인 필요와 욕구가 충족되어야 비로소 꿈과 열망을 추구할 수 있다(매슬로Maslow, 1954년). 위협적인 환경에 노출된 추종자들은 일자리가 없거나 경제적으로 자립하지 못해 식량, 물, 안정적인 주거, 혹은 적절한 보건 서비스 등의 기본적인 필요를 충족하지 못한다면, 우선 그런 필요를 충족하는 데 집중해야 그다음에 교육이나 직업적 목표 등을 추구할 수 있다. 나쁜 리더들은 이런 불안감을 이용하거나 심지어 그런 심리를 조장하는 경우가 많다. 그들은 추종자들이 겨우 그런 기본적 필요나마 충족하기 위해서라도 자신에게 의존하게 만든다.

사람은 기본적인 필요가 충족되지 않으면, 복잡한 문제에 쉬운 해결책을 약속하는 나쁜 리더에게 더욱더 약점을 보이게 된다. 나아가 안전, 보안, 생필품 등 당장 시급한 문제를 해결해 주리라고 생각하는 리더를 더 지지하게 된다.

2. 부정적 자기 평가

자기를 낮춰 보는 사람은 자기보다 더 똑똑하고 힘이 세며 중요해 보이는 사람을 따르게 된다. 그들은 자신을 낮게 평가하기 때문에 종속된 역할에 만족하며, 항상 추종자가 될 뿐 스스로 리더가 될 수 있다고 생각하지 않는다. 그래서 항상 남보다 못한(혹은 남을 도와 주는) 역할을 맡는 자아상을 지니고 있다. 자신보다 높은 지위에 있는 사람으로부터 인정받는 것은 자아상에 부합하는 일이다. 그래서 높은 사람에게 협조하거나 훌륭한 팀워크를 발휘하는 것은 지극히 당연한 일이다. 문제는 자존감이 낮거나 건강하지 못한 사람이 소시오패스나 자아도취 성향의 인물을 리더로 추종할 때 벌어진다. 그런 리더는 힘과 통제력을 지닌 것처럼 보이지만 사실은 누구보다 불안한 사람이며, 공모자와 아첨꾼들이 끊임없이 자신의 지위를 안심시켜 주기를 간절히 원하는 것뿐이다.

3. 높은 순응도

집단에 소속되어 집단행동에 동화되기를 원래부터 좋아하는 사람이 있다. 그들은 대인 관계나 집단 환경을 통해 경험하는 감정과 자신의 독립적인 생각이나 감정을 서로 구분할 줄 모른다. 그래서 도덕관념이나 가치에 대해서도 유동적인 태도를 보인다. 그들은 자신만의 일관된 원칙이나 가치관을 정립해 본 적이 없기 때문이다. 그래서 자신이 좋아하거나 동일시하는 사람이 언제나 옳다는 생각에 빠지기 쉽다. 자신이 좋아하는 사람은 무슨 행동을 하든 다 옳다고 생각한다.

● 공모자

이들은 자신이 원하는 것을 정확히 안다. 어떤 일이 닥쳐도 자신의 목표를 꿋꿋이 추구한다. 이들은 나쁜 리더와 그 리더를 쉽게 따르는 사람을 적극적으로 찾아 나서서 자신의 목적을 달성한다. 이들은 악의를 품고 있으면서도, 지나친 확신과 단편적인 사고에서 오는 사각지대 때문에 남에게 쉽게 이용당할 수 있다. 이들은 주로 B 성격군에 속하는 유형(13장)이다. 즉, 공격적이고, 극적이며, 자신감이 강한 사람들이 여기에 해당한다.

1. 야망

부역자들이 나쁜 리더의 실체를 잘 알면서도 따르는 이유 중 가장 쉬운 대답은 그들의 개인적인 야망이다. 그들은 자신이 무슨 일을 하는지 알지만(물론 어떤 결과가 초래할지 미처 다 모를 수는 있다), 자신이 원하는 것을 얻기 위한 기회이므로 어쩔 수 없다고 생각한다. 자신과 똑같이 개인적이고 이기적인 야망을 품고 있는 리더를 자신이 잘 알고, 어쩌면 자신이 리더를 제치고 정상을 차지할 수 있다고 생각하는지도 모른다. 그리고 실제로 그런 경우가 왕왕 있다!

2. 동일한 가치와 신념

사람은 가치관과 신념 체계가 비슷한 사람에게 끌리게 되어 있다. 그
것이 바로 어떤 집단이 형성되는 데 가장 큰 역할을 하는 요소다. 사
람들은 정치 집단, 운동 단체, 지역 사회 모임, 온라인 그룹, 나아가
회사를 세우거나 입사할 때도 자신의 가치관이 반영되어 있다고 생
각하는 곳을 선택한다.

파괴적인 충동과 해로운 가치관을 지닌 사람이 어떤 집단에 끌릴 때
도 마찬가지다. 그들은 자신의 가치관과 일치하는 집단과 조직, 리더
를 용케도 찾아낸다. 그 집단에 부도덕한 점이 보여도 꺼리기는커녕
오히려 반긴다.

3. 이기적인 가치관

심리학에서 말하는, 이른바 '비사회적인 가치'(호건Hogan, 2006년)를
가치관으로 지닌 사람들이 주로 나쁜 리더를 추종한다. 비사회적인
가치란, 바람직한 교양이나 사회 친화적인 성향을 거스르는 유아기
적 가치를 말한다. 예를 들어, 남을 돕고 사회와 공동체에 공헌하는
것은 '사회적인' 가치다. 비사회적인 가치에는 탐욕이나 이기심이 포
함된다. 그 결과로, 다른 사람이 어찌 되든 이기심을 추구하는 태도
를 말한다. 야망과 이기적인 가치를 가치관으로 겸비한 사람들은 나
쁜 리더를 추종하고 파괴적인 행동을 일삼게 된다.

| 사례 연구: 디지털 사교 집단의 흥미로운 사례, 큐어넌 |

큐어넌이 처음 등장한 것은 2017년 포챈의 이미지 게시판에서 였다(포챈에 관해서는 12장에도 설명한 바가 있다). 이후에도 그랬지만, 처음 올라온 글은 익명의 게시자가 마치 정부 고위 관계자처럼 보이는 Q 인장과 함께 암호 같은 언어로 쓴 내용이었다.

그 게시 글은 익명으로 쓴 글이었으므로, 아무도 큐어넌이 누군 지 몰랐다. 물론 일부 분석가들은 큐어넌의 이름으로 게시된 다 른 몇 가지 글도, 사용된 언어는 다르지만 어조나 내용을 보면 알 수 있다고 했다(밀스Mills 외, 2020년). 그러나 일관된 주제는 보이지 않고, 다수의 악한 세력과 싸우는 트럼프를 중심에 놓고 있었다. 큐어넌 커뮤니티에서 트럼프는 성전을 치르는 구원자의 이미지 로 묘사되어 '신 황제 트럼프God-Emperor Trump'(하인Hine 외, 2017년) 로 불리기도 했다. 2017년 당시, 큐어넌은 진지한 온라인 커뮤니 티라기보다는 일종의 인터넷 농담이나 시비거는 행위쯤으로 인 식되고 있었다.

그러나 음모론이 서서히 자라났고, 특히 트럼프 지지자들 사이 에서 성원을 받기 시작했다. 2018년, 큐어넌 팔로워들이 트럼프 가 여는 집회에 모습을 드러내기 시작했으며, 깃발을 흔들면서 그들 특유의 음모론을 퍼뜨리기 시작했다. 신념이 점점 형태를 달리하면서 자라났지만, 사실 핵심 주제는 별로 없었다. 원초적이고 거칠며 사실이 아닌 음모론의 중심에는 트럼프 대통령이 어둠의 세력과 소아 성애자, 그리고 '딥 스테이트Deep State'(관료주의 사회에 단단히 자리 잡은 채 부당한 영향력과 통제권을 휘두르는 세력)를 격퇴하고 있다는 내용이 자리하고 있었다. 이런 어두운 세력의 우두머리로는 누구나 아는 좌파 인사들이 거명되었다. 즉, 힐러리 클린턴, 버락 오바마, 조지 소로스, 오프라 윈프리, 톰 행크스, 달라이 라마 등이었다. 물론 이런 명단은 때에 따라 달라졌다(루스 Roose, 2020년).

큐어넌을 중심으로 구축된 음모론은 2010년대에 인터넷에 떠돌던 여러 음모론을 섞어 놓은 듯한 형태였다. 예컨대, 피자 게이트 아동 성매매 음모론을 들 수 있다. 그 밖의 일반적인 담론과는 너무도 거리가 멀지만, 일부 온라인 음모론 세계에서는 상식으로 여겨지는 내용들이다. 또 한 예로, 어느새 불쑥 나타난 '아드레노크롬Adrenochrome 수확'이라는 음모론도 들 수 있다. 권력자 무리가 고의로 아동을 학대하여 인간이 공포심을 느낄 때만 분출된다는 호르몬을 추출한다는 것이었다. 그리고 이렇게 추출한 아드레노크롬으로 젊음의 묘약을 생산하는 게 틀림없다는 것이다. 이것은 물론 가짜다. 아드레노크롬이란 물질이 존재하는 것은 사실이지만, 인체에서 생산되지도 않을뿐더러 젊음을 강화하는 효능은 더더욱 없다. 이것은 유대인들이 기독교 가정의 유아를 희생 제물로 바친다는 가짜 의혹을 담은 극단적인 반유대주의 음모론을 노골적으로 재포장한 것에 불과하다. 그리고 바이오 기술을 빙자한 구태 음모론의 재판이다. 결국, 큐어넌은 이미 존재하던 음모론을 미국인의 입맛에 맞게 각색하고 도널드 트럼프에게 신격을 부여해서 다시 포장해 낸 결과물이다.

초기에 서서히 지지를 얻어 가던 큐어넌은 2020년에 갑자기 대중에 널리 알려졌다. 2020년 여름에 〈BBC〉가 조사한 바에 따르면(사르다리자데Sardarizadeh, 2020년), 2020년에 큐어넌이 올린 게시글은 '좋아요'와 댓글을 각각 1억 개씩 받았고, 큐어넌의 영상이 기록한 조회 수도 1억 5,000만 회에 달했다고 한다. 아울러 놀랍게도 2020년에는 큐어넌의 유명세가 유럽에까지 빠르게 확산하여, 영국과 독일을 중심으로 널리 알려졌다(벤홀드Benhold, 2020년). 처음에는 미국적 색채가 강한 음모론 배후로 보였던 큐어넌은 점점 유럽 각국에 맞는 형태로 진화했다. 독일에서도 상당수 지지층을 확보하여 독일 특징이 뚜렷한 큐어넌이 되었다. 여기서는 앙겔라 메르켈이 악역을 맡았고, 트럼프는 나토 군사 훈련이라는 비밀 군사 작전을 통해 메르켈의 리버럴리즘 압제와 사민주의 정책에 시달리는 독일 국민을 해방하는 존재로 묘사되었다. 물론 국제 질서를 은밀히 주도하는 글로벌 엘리트 집단에 관한 음모론과 정부를 탈취하려는 폭력적인 전복 기도를 합한 스토리는 독일 우익 진영에 그리 새로운 이야기가 아니다. 그래서 이 음모론이 독일 내 일부 진영에서 그토록 쉽게 받아들여질 수 있었는지도 모른다.

코로나19 위기도 큐어넌 음모론의 확산세에 불을 지폈다. 큐어넌 추종자는 원래부터 넓게 분산되어 있고 일정한 중앙 조직도 없는 데다 워낙 많은 자체 콘텐츠를 생산하다 보니, 쉽게 다른 음모론들과 결합할 수 있고 비슷한 신념을 서로 수용하거나 가속화하기도 쉽다. 글로벌 비밀 엘리트 집단이 존재한다는 생각은 극단적으로 유연한 음모론이어서 사람들의 걱정이 어떤 형식을 취하든 쉽게 희생양을 만들어 낼 수 있다(그러나 늘 눈에 띄지 않는다).

새로운 바이러스가 급속히 퍼져 팬데믹으로 변한 애매하고 불안한 상황은 음모론이 태어나는 데도 매우 비옥한 토양이라고 할 수 있다. 사람들의 건강과 생계 수단을 위협하는 전 세계 규모의 위기 상황은 당연히 불안을 자아낸다. 사람들이 겁에 질려 좋은 정보를 접하지 못한 채 고립되어 있을 때는 사교 집단이나 나쁜 리더, 음모론 등에 빠지기가 더욱 쉬워진다. 엄청난 걱정에 휩싸여 삶을 스스로 통제하지 못하는 지경에 놓인 사람들이 소속감을 안겨 주고 타당해 보이는 해석을 제공하는 집단에 가입하는 것은 그리 놀라운 일이 아니다(물론 큐어넌이 제시한 해석은 전혀 사실이 아니었지만 말이다).

그들이 믿는 음모론대로, 세상이 온통 거대하고 어두운 사탄의 세력에 장악되어 있다고 해도, 사실 그들 중 몇몇은 세상을 '이해하는 데' 그리 큰 두려움을 느끼지 않는다고 알려졌다. 하지만 그들은 이해심보다 그룹의 일원이 되어 얻을 수 있는 편안함, 안정감, 소속감을 더 중요하게 생각한다. 그곳이 아니면, 어디에서도 그런 것들을 얻을 수 없는 것으로 보이는 것이다. 그것이 바로 사교 집단에 가입할 때 발생하는 거래 관계다. 사실이 아니라는 것을 뻔히 아는 내용을 믿음으로써 소속감이 강화되는 것이다. 이미 단절과 소외, 고독, 근심에 시달리던 사람들에게는 특정 집단에 들어가 아무 조건 없이 환영받는 것에 비하면, 다소 이상한 신념을 선택하는 것쯤이야 아무것도 아닌 셈이다.

사회적 영향력에 관한 저항

—

그러나 문제는 그들이 결국 현실과 부딪치게 되고, 특히 업무 현장에서 그것을 냉혹하게 경험한다는 것이다. 이 문제가 바로 심리학에서 말하는 심리적 장애다. 리더가 사실이 아니라 자신의 충동과 사회적 불안에 따라 한 회사나 국가를 운영하면, 그 결정은 다른 사람에게 막대한 영향을 미치게 된다.

사실 심리적 장애는 다소 이상하고 독특한 행동까지 포괄하도록 넓게 정의되어 있다. 단, 그 행동은 사람들을 위험에 빠뜨리지 않는 범위에 한한다. 예를 들어, 어떤 사람들은 SF소설이나 환상 문학, 영화, TV 등에 빠져 자신을 주인공으로 상상하거나, 심지어 환상의 인물로 분장한 채 그 줄거리대로 정교하게 연기해 내기도 한다.

원치 않는, 또는 해로운 사회적 영향력에 저항하는 방법을 정리하면서 이 장을 결론 내고자 한다. 저명한 심리학자 짐바르도는 2007년에 출간한 『루시퍼 이펙트』에서 원치 않는 사회적 영향력에 저항하는 방법을 아래와 같이 10단계로 제시했다.

1. 실수를 인정하라: 실수를 깨닫고 너무 깊이 들어가지 않도록 의식적으로 노력한다.

2. 깨어 있어라: 생각나는 대로 행동하지 말고, 먼저 감정과 본능을 찬찬히 살펴라.

3. 책임져라: 내 행동은 결국 내가 책임져야 한다.

4. 자기가 인격체임을 명심하라: 나는 사물이 아니고, 퍼즐의 한 조각이나 기계의 톱니바퀴도 아니다. 다른 사람이 나의 권리와 인간성을 깎아내리지 못하게 하라.

21장 부역자들

5. 올바른 권위와 부당한 권위를 분별하라.

6. 집단의 인정이 중요함을 이해하되, 독립성의 가치를 잊지 마라.

7. 프레임을 경계하라: 사람들의 태도가 어떻게 바뀌고, 이슈에 어떤 프레임을 씌우는지, 또 그것이 가치 판단에 어떤 영향을 미치는지 등을 잘 관찰하라.

8. 시간 감각의 균형을 유지하라: 현재에 사로잡혀 과거의 경험이나 미래의 결과를 잊기 쉽다. 누군가가 나에게 당장 어떤 일을 하라고 요구하면서 과거의 경험이나 앞으로의 결과는 중요하지 않다고 설득한다면, 그 말은 분명히 조심할 필요가 있다.

9. 안전이라는 환상 때문에 개인적, 시민적 자유를 희생하지 마라: '안전을 약속한다는 선전 때문에 개인의 기본적인 자유를 희생해서는 안 된다. 희생은 지금 당장 현실에서 이루어지지만, 안전은 멀리 있는 환상에 불과하다.'(455쪽)

10. 불공정한 체제에 반대할 자유가 있다는 것을 명심하라: 근본적으로 옳지 않거나 도덕에 어긋나는 일을 목격했을 때, 관여하거나 그만두거나, 또는 적극적으로 반대할 수도 있다.

온라인 음모론, 두려움과 고립

점증하는 코로나19의 영향

—

2020년에 등장한 코로나19는 사람들의 일상생활뿐만 아니라, 뉴스와 정보를 모두 뒤덮었고, 이런 추세는 2021년까지 계속되었다. WHO세계 보건 기구가 코로나19의 첫 징후를 감지한 것은 2019년 12월 31일이었다. 중국 주재 WHO 국가 사무소는 WHO의 에피데믹 인텔리전스Epidemic Intelligence가 오픈 소스 플랫폼에서 보고한 '알 수 없는 원인'의 사례군과 함께 우한에서 '바이러스성 폐렴'이 발견되었다는 보고서를 입수했다(WHO, 2020년). 2020년 1월 9일이 되자 뉴스 기관들은 신종 코로나바이러스가 이 새로운 발병 사례의 원인이라고 발표했다.

중국은 국제 조사단의 방문을 거절했고, WHO는 1월 21일에 신종 코로나바이러스가 인간을 통해 전염될 수 있다고 보고했다. 그런데도, 각국 정부가 코로나19의 심각성을 알아차리기 시작한 것은 1월 말에 이르러서였다. 2020년 1월 28일, 도널드 트럼프 대통령의 국가 안보 보좌관 로버트 오브라이언Robert O'Brien이 심각성을 경고하고 나섰다. 오브라이언은 이미 중국 측 관계자로부터 발병의 영향이 심각할 것이라는 경고를 들었던 터였다. "2003년 사스SARS 정도로 생각하면 안 됩니다. 최소한 1918년의 인플루엔자 팬데믹 정도는 각오해야 합니다."(우드워드, 2020년)

1월 말에서 2월 초까지도 공식 정보를 확보하는 데는 한계가 있었지만, 중국 측에서 흘러나온 사진과 영상을 중심으로 각종 추측이 난무했다. 뉴스의 분위기는 암울했지만, 바이러스의 전반적인 가능성을 이해하는 데는 여전히 한계가 있었다. 그러나 영상과 사진만으로도 우한의 상황이 얼마나 심각한지 알 수 있었다. 떠도는 영상에는 사람들이 격리되어 생활하는 아파트의 문이 용접된 모습이 보였다. 확인되지 않은 관련 영상과 사진, 블로그 게시 글 등이 난무했다. 1월 22일, 우한에는 봉쇄 조처가 내려졌고, 중국 정부는 국내 여행을 제한하기 시작했다(친Qin, 왕Wang, 2020년). 그러나 3월 26일까지 국제선 항공기는 계속 운항을 이어 갔다(브래드셔Bradsher, 2020년).

1월 말이 되자 유럽과 미국을 중심으로 코로나19 사례가 보도되기 시작했고, 2월 말에는 드디어 중국이 세계 보건 기구 과학자들의 코로나19 발병 조사를 승인했지만, 여전히 질병 통제 예방 센터 Center for Disease Control, CDC 대표단의 입국 허가 인원을 극소수로 제한했다. 2월 25일, 보건 당국은 코로나19의 심각성과 불가피성을 경고했으나, 세계 각국의 일부 지도자 중에는 여전히 위험을 평가 절하하는 사람이 있었다(보건 및 국가 안보 담당자들은 이미 한 달 전부터 위험을 경고하고 있었다). 트럼프는 이렇게 말했다. "15명이면(며칠 새 발생한 감염자가 15명이면, 거의 제로에 가깝다고 볼 수 있다), 우리가 꽤 잘해 왔다는 겁니다."(우드워드, 2020년) 3월 3일, 영국의 보리스 존슨 총리는 보란 듯이 병원을 방문하여 코로나19 환자와 악수하는 장면을 연출했는데, 같은 날 정부의 과학 자문단은 손 위생의 중요성을 강조하며 악수를 자제하라고 권고했다.

이후 얼마 지나지 않아 전 세계 곳곳에서 봉쇄 조치가 시행되었다. 유럽에서 가장 먼저 최악의 타격을 입은 이탈리아가 3월 9일부터 봉쇄에 들어갔다. 폴란드는 3월 13일에 국경을 차단했고 스페인도 3월 14일부터 봉쇄를 시작했다. 유럽의 거의 모든 지역이 같은 주에 봉쇄되었다. 캐나다는 3월 16일에 모든 외국인에 대해 입국 금지령을 내렸으며(해리스Harris, 2020년), 영국에서는 3월 23일에 자가 격리 명령이 발효되었다. 3월과 4월에는 국제 여행객의 흐름이 서서히 줄어들기 시작했고, 전 세계가 순차적으로 자가 격리 조치와 지역 및 국가 봉쇄 조치를 발효하기 시작했다.

2020년 봄에 각 나라와 지역이 보인 반응은 조금씩 차이가 있었지만, 대체로 비슷한 패턴을 따랐다. 그러나 새로운 규칙과 제한,

봉쇄, 지침 등이 확대되어 가면서 지역별 반응은 변화, 발전했고, 사람들이 위기에 관해 보이는 반응도 점점 크게 달라졌다. 보건 문제와 사회, 경제적 혼란이 미친 영향과 결과는 지역마다 서로 달랐다. 그러나 2020년을 지나면서 봉쇄와 격리 조치가 사람들의 심리에 미친 영향은 급기야 정신 건강에까지 타격을 주기 시작했고(로시Rossi 외, 2020년; 호토프Hotopf, 2020년), 소셜 미디어에는 입소문을 타고 급속히 확산하여 단단히 자리 잡은 음모론으로 가득 찼다.

사회적 고립

—

2020년 봄, 거의 모든 국가는 코로나19 감염을 줄이기 위해 중국을 따라 사람들의 국내외 이동과 교류, 경제 활동 등을 제한하는 조치를 취했다. 이런 움직임은 전 세계에서 권위를 인정받는 거의 모든 의학 기관의 조언과도 일치하는 것이었고, 이후 진행된 의학 연구에서도 봉쇄 조치가 코로나19 확산을 저지하는 데 효과가 있음이 확인되었다(알완Alwan 외, 2020년).●

봉쇄 조치와 사회적 거리 두기를 시행한 결과, 고립과 고독, 사회적 격리 현상, 그리고 이런 문제에 동반되는 여러 가지 심리 요소들

● 이 장에 실린 내용은 주로 사회적 고립과 통제력 상실, 두려움 등이 심리에 미치는 요인에 관한 것이다. 이를 의학적 또는 전염병리학적 권고 사항으로 해석해서는 안 된다.

이 점차 증가했다. 이런 사회적, 심리적 변화가 사람들의 삶에 계속 영향을 미친 결과 중 하나가 바로 거대하게 부상한 음모론이었다.

사회적 고립 현상은 조사할 가치가 충분했고, 실제로 여러 연구가 진행되어 왔다. 이로 인해 발생하는 부정적인 심리 효과가 광범위하게 관찰되었기 때문이다. 인간은 사회적인 동물이므로, 사회적 교류를 갈망하는 본능이 있다. 사람들과의 만남은 세상을 이해하는 데만 필요한 것이 아니라, 신경 전달 물질과 스트레스 호르몬을 제대로 발달시키고 통제하기 위해서도 꼭 필요한 활동이다. 사회적 고립은 이미 오랫동안 심리학자들이 걱정해 온 현상으로, 코로나19로 인한 사회적 거리 두기와 격리 조치 시행 전에도 미국 성인 중에서 간혹, 또는 항상 외로움을 느꼈다는 사람이 거의 절반에 이르렀고, 한 번이라도 고립을 경험한 적이 있다고 답한 비율도 거의 40퍼센트에 달했다(노보트니Novotney, 2019년).

브리검영 대학교 정신 신경 과학과 교수인 줄리언 홀트-룬스타드Julianne Holt-Lunstad 박사는 사회적 고립으로 인한 건강상 위험 증가 정도가 하루에 담배 열다섯 개비를 더 피우는 것과 맞먹는다고 밝혔다. 룬스타드 박사는 계속된 연구에서 사회적 고립이 정신과 신체 건강에 비만보다 더 해로울 수 있다고 제언했다(홀트-룬스타드 외, 2015년). 사회적 고립은 사망률을 29퍼센트나 증가시킨다고도 한다.

사회적 고립은 실로 광범위한 악영향을 초래한다. 2020년에 진행된 연구에서, 전국적으로 알코올 소비량과 약물 오남용 행위가 증가했으며, 이런 행동은 고립 기간보다 더 길게 이어진 것으로 나타났

22장 온라인 음모론, 두려움과 고립

다(쿠프만Koopmann 외, 2020년). 앞선 연구에서는 격리로 인해 발생한 부정적인 심리 효과가 수년간 지속될 수 있다는 보고도 있었다. 사회적 고립은 급성 및 만성 스트레스 증후군과 약물 오용 증세를 일으키며, 이런 현상은 고립 기간이 끝난 후에도 최소한 3년간 더 지속될 수 있다는 사실이 과거 연구에서 밝혀졌다(브룩스Brooks 외, 2020년).

사회적 고립의 부정적 결과는 스트레스 요인을 포함한 다음의 몇 가지 핵심 요소들에 의해 줄어들 수도 있고 증대될 수도 있다.

- **장기간의 격리:** 고립이 오래될수록 효과는 더욱 현저해지고 오래 지속된다. 고립 기간의 불확실성과 변화도 부정적 효과의 복합 요인으로 작용한다.

- **감염에 대한 두려움:** 감염 위험에 대한 걱정이 깊을수록 봉쇄가 더 큰 스트레스로 다가온다. 사람들은 일반적으로 자신이 감염에 노출될 위험을 다른 사람보다 더 크게 여긴다.

- **지루함:** 고립 기간에 정신적, 신체적 자극이 부족한 것도 큰 문제다.

- **물자 부족:** 필요 물자(음식, 의약품, 생필품 등)가 부족한 것도 불안이 가중되는 요인이다.

- **정보 부족:** 감염 위험이나 고립 기간에 대한 계획, 장단기 영향 등에

관한 더 많은 정보는 스트레스 감소에 도움을 준다.

- **경제적 손실:** 가장 큰 스트레스 요인은 아무래도 고립 기간이든 장기
적으로든 수입 감소나 업무와 고용상의 혜택에 대한 걱정일 것이다.

- **오명:** 감염된 사람을 바라보는 타인의 부정적인 태도는 감염자나 그
런 위험을 안고 있는 사람에게 큰 걱정으로 작용한다. AIDS 같이 성
관계를 통해 전염되는 질병이 좋은 예다.

사회적 고립은 아동, 청소년, 성년기에 갓 접어든 사람들처럼 신
경학적으로, 또 사회적으로 아직 발달기에 있는 사람에게 더 큰 문
제가 될 수 있다. 사회적 발달은 발달기에 가장 중요하므로, 청소년
기에 경험하는 사회적 고립은 단기간의 영향을 넘어 장기적 행동
변화에도 영향을 미칠 수 있다.

대학생을 대상으로 종적 연구를 수행한 결과, 코로나19 위기로
인한 봉쇄를 경험한 학생들은 인적 지원 네트워크와 공동 학습의
기회가 빈약해져서 점점 혼자 공부하는 경우가 많았다는 사실을
알 수 있었다. 심리적 건강에도 부정적인 영향이 심각한 것으로 드
러났다. 스트레스, 걱정, 외로움, 우울증 등이 위기 이전에 비해 상
당히 악화됐다. 정신 건강 악화에 가장 큰 영향을 미친 고립 요소
는 인적 지원 네트워크로부터의 고립, 정서적 지원 부족, 그리고 물
리적 고립이었다(엘머Elmer 외, 2020년).

● 생리적 영향

사회적 고립은, 특히 청소년과 젊은이들에게는 그저 생활에 사소한
지장을 주는 정도가 아니다. 신경 과학적 연구에 따르면, 사회적 고
립은 발달기에 있는 두뇌 생리에 부정적인 영향을 미친다고 한다.
고립의 경험은 스트레스 관리와 위협 대처 기능을 담당하는 신경
체계인 시상하부-뇌하수체-부신 축HPA Axis을 교란한다고 한다(호클
리Hawkley 외, 2013년). 청소년들은 고립을 겪은 후에 사회적 관계를 회
복하더라도 장기 계획 수립 능력과 목표 지향 활동에 어려움을 겪
는다. 고립 경험은 목표 지향적 행동 대신 습관에 가까운 행동을
신장시킨다(힌튼Hinton 외, 2019년).

만성 스트레스에 사회적 고립이 더해지면(또는 고립으로 인한 만성 스
트레스), 두뇌의 보상 처리 시스템에도 영향을 미친다. 장기적 보상보
다 즉각적인 보상을 선호하는 태도도 일부 고립에 의해 발생할 수
있다(락샤사Rakshasa, 통Tong, 2020년). 고립은 이런 요소와 어우러져 사
람들의 위험 대처 능력에도 영향을 미친다. 스트레스가 심한 상황
에서는 더 큰 위험을 감수하는 방향으로 의사 결정을 내리는 경향
이 두드러진다. 사회적 집단에 소속되었을 때는 스트레스의 영향이
줄어들지만, 고립된 상황에서는 훨씬 더 위험한 행동을 하는 경우
가 많다.

건전한 사회 집단에 소속되는 것은 스트레스를 완충하는 기능
이 있으며, 스트레스가 심한 어려운 상황을 이해하고 파악하는 데

도움이 된다. 고립 상태에서는, 집단에 소속되어 있을 때 쉽게 접할 수 있었던 지식이나 경험 및 기타 회복에 필요한 자원을 획득할 수 없다. 더구나 집단은 비록 문제의 '해답'을 제시해 주지는 못하더라도 감정적 지원이나 위안, 연대감, 애착 등을 제공해 줌으로써 스트레스의 영향을 크게 덜어 줄 수 있다.

따라서 사회 집단에 대한 소속감은 일종의 안전장치 역할을 하여 우울한 행동의 악순환에 빠져드는 것을 막아 주고, 건강한 대처 기능을 고취하며, 어렵고 위협적인 환경을 이해하는 능력을 키워 준다. 반면, 스트레스와 고독에 시달리는 사람은 그런 고통을 줄이기 위해 어떤 유형의 집단이든 소속되기를 갈망하게 된다. 사람들은 코로나19 위기처럼 스트레스가 심하고 힘겨운 위협에 대해 아무런 해결책도 찾을 수 없는 상황에서 음모론에 더 취약해지며, 그로 인해 온라인이든, 대면 상황에서든 그 주변의 커뮤니티에 빠져드는 것은 그리 놀라운 일이 아니다.

사람들은 고립된 상태에서 더 심한 스트레스와 충동에 빠지게 된다. 그리고 장기 목표를 추구하는 능력이 떨어지며, 잠깐이나마 근심을 해소하는 즉각적인 해법을 찾게 된다. 그렇다면, 단절감을 느끼는 사람들이 근심을 덜고 극심한 스트레스에 맞서 싸우기 위해 사회적 지지와 소속감을 제공해 줄 집단을 찾다가, 결국 음모론에 빠지게 되는 것이 뭐 그리 놀라운 일이겠는가?

음모론을 구성하는 최악의 요소

—

정치학자들은 고립(개인이든, 작은 집단이든)이 음모론과 밀접한 관련이 있다고 봤다. "고립된 집단, 즉 외부 세계와 단절된 소규모 네트워크에 갇혀 왜곡된 정보만 접하는 사람들은 그런 환경에 어울리는 음모론을 신봉할 가능성이 커진다."(선스타인Sunstein, 베르뮬Vermeule, 2009년)

사회적 고립이 바로 이런 파편화 현상으로 이어질 수 있다. 대규모 사회 집단이나 공동체 조직, 직장 등 평소 교류하던 집단과 단절된 사람들은 소규모 내집단을 형성하여 다른 사람과 다른 시각으로 정보를 바라볼 수밖에 없게 된다. "그들의 이론은 보편적인 사회의 시각으로는 비정상으로 취급당하나, 그 개인이나 집단의 관점으로는 충분히 정당화될 수 있다. 이런 상황에서 일반 사회가 해결할 과제는 그러한 소그룹이나 네트워크가 형성하고 있는 정보 고립 체계를 뚫고 들어가는 일이다."(선스타인, 베르뮬, 2009년)

그러나 음모론의 확산은 그저 우연히 일어나는 일이 아니며, 국영 언론과 그 외국어판을 유심히 관찰하면 음모론의 확산 과정이 눈에 들어온다. 2020년 옥스퍼드 대학교 인터넷 연구소의 레벨로Rebello 연구 팀은 중국, 이란, 러시아, 터키 등의 정부 관련 뉴스 기관이 소셜 미디어에 프랑스어, 독일어, 스페인어 등의 언어로 올린 코로나19 관련 글을 추적 조사한 바 있다.

이들이 미치는 영향은 실로 어마어마하다. 중국의 프랑스어판 뉴스 매체 〈CGTN〉이 생성한 콘텐츠는 무려 7,500만 명의 사용자에게 전달되고, 러시아의 〈RT〉가 작성하는 콘텐츠는 2,750만 명의 프랑스 사용자와 500만 명의 독일어 사용자, 그리고 2억 명이 넘는 스페인어 사용자에게 전달되기 때문이다(스페인어 콘텐츠의 영향력은 유럽보다 남미에서 더 크다).

이런 데이터를 잘 살펴보면, 각 나라의 미디어 그룹들이 코로나19 위기와 관련해 어떤 글을 내보내고 어떤 측면에 초점을 맞추는지 알 수 있다. 예를 들어, 러시아 측 매체는 주로 시민 불복종이나 공공 기관과의 갈등 문제를 다루거나, 더 심한 사례에서는 그로 인한 경제 위기가 프랑스의 '봉기'로 이어졌다는 점을 강조한다. 러시아의 독일어 매체는 빈부 갈등 문제에 집중하여 코로나19 위기가 사회 및 경제 분야의 제반 문제를 일으켜, 이어서 독일 사회에 더 큰 분열과 불평등을 일으킬 수 있다고 내다본다.

중국과 터키 매체들은 다소 다른 시각으로 접근한다. 그들은 민주주의 국가 정부들의 위기 대응 능력에서 보이는 약점과 자국의 확대된 역할을 강조한다. 중국 국영 매체는 중국을 코로나19 위기에 대응하는 글로벌 리더로 내세우는 서사를 전개했다. 중국을 세계 경제 회복과 국제 사회를 향한 인도적 지원을 감당하는 원동력으로 강조하는 동시에, 유럽의 분열과 약점을 비판하는 것이었다.

중국, 러시아, 이란의 국영 매체는 모두 음모론을 생산하고 이를 퍼뜨렸다(터키는 그러지 않았다). 중국 국영 매체의 모든 외국어판은 코로나19가 중국에서 시작되었다는 사실을 부인했고, 유럽에서 유행하는 코로나19가 중국에서 기원한 것이 아니라는 허위 정보가 퍼

22장 온라인 음모론, 두려움과 고립

지도록 부추겼다. 나아가 코로나19가 미국에서 개발된 바이오 무기라는 낭설을 유포했다. 러시아와 이란 매체도 이에 합세하여 코로나19와 미국 바이오 무기 계획이 서로 관련되어 있다는 이야기를 지어냈다.

러시아 측 매체는 빌 게이츠 및 빌 앤 멜린다 게이츠 재단the Bill and Melinda Gates Foundation과 관련된 음모론을 애매모호하게 거론하는 데 상당한 시간을 할애했다. 그들의 기사에는 음모론에 관한 보도 기사도 포함되어 있었다(예를 들어, 한 이탈리아 정치인이 인도 정신에 반하는 범죄 혐의로 빌 게이츠의 체포를 요구했다고 보도하면서도, 구체적인 범죄 증거는 전혀 제시하지 않았다). 〈RT〉는 빌 게이츠에 관한 음모론을 조롱하면서도, 한편으로는 해당 음모론의 구체적인 내용을 장황하게 열거한 기사를 실은 적도 있다. 〈RT〉는 특히 독일어판에서 이 문제를 적극적으로 다루었다. 국영 매체들이 '음모론을 직접 지지하지 않으면서도 그에 관한 여론을 부추기는' 것을 알 수 있다.

● 낙수 효과

이들 국영 매체가 특정 서사를 확산하면서도, 한편으로는 음모론을 거론한다는 점(물론 드러내 놓고 지지하지는 않지만)은 이들의 역할을 이해하는 데 도움이 된다. 기본적으로, 〈RT〉나 〈스푸트니크〉, 〈CGTN〉, 〈신화 통신사〉 같은 국영 매체들을 신뢰할 만한 언론사라고 볼 수는 없다. 아무리 그들이 콘텐츠 대부분을 온건한 주류 언론 기사로 보이도록 애쓰면서, 가끔 고의로 허위 정보나 선전물을 낚시성 기사로 집어넣는다고 해도 말이다. 수많은 언어를 사용하는 전 세계 수억 명의 이용자들을 등에 업은 그들 역시, 소셜 미디어에 성공적으로 안착한 온라인 정보 생태계의 일부이다. 특정 정파와 국가의 지원을 받는 뉴스 플랫폼에 허위 정보가 올라온 후 유포된 다음에는 소셜 미디어와 블로그, 포럼, 각종 토론 그룹으로 이런 정보가 확산될 수 있다.

이 모든 과정이 중요한 이유는 지금 우리는 사람들이 음모론에 걸려드는 최악의 요인이 무엇인지 찾고 있기 때문이다. 이 과정에 영향을 미치는 요인으로는 앞에서 살펴본 여러 심리 요소만 있는 것이 아니다. 엄청난 국제적 파급력을 지닌 국영 매체들은 허위 정보와 음모론을 온라인과 소셜 미디어 생태계에 실어 날라 페이스북, 트위터, 레딧, 왓츠앱 등으로 빠르게 퍼져 나가도록 한다.

그다음에는 정치학자들이 말하는, 이른바 '음모 기업가'들이 나타난다. 유명 인사이자 소셜 미디어의 유력 인물인 그들은 이런 음모론을 각자의 이유에 따라 다시 가공한다. '음모 기업가 중에는 대단히 진지한 사람도 있다. 그리고 돈이나 권력에 관심이 있거나, 또는 음모론을 이용해서 사회의 전반적인 목표를 달성하려는 사람도 있다.'(선스타인, 베르뮬, 2009년) 음모 기업가들은 정보를 단순히 소비하는 사람들이 아니라 새로운 소재를 적극적으로 창조하고 퍼뜨리며, 동력을 불어넣어 팔로워를 늘려 나가는 사람들이다.

음모론에 관한 심리학 연구는 음모론을 열렬히 지지하는 사람일수록 사회적으로 소외되었다거나 삶에 대한 통제력이 결여되었다고 느낀다는 것을 재차 확인해 준다(몰딩Moulding 외, 2016년). 세상을 위협으로 인식하면서도 사회적인 소외감이나 무력감을 느끼는 사람들은 음모론에 빠질 가능성이 훨씬 더 크다. 그러다가도 음모론과 관련된 집단을 만나 소속감을 느끼면, 이런 문제가 어느 정도 완화된다. 음모론은 어떤 사건을 설명해 줄 뿐만 아니라, 그 이론을 중심으로 형성된 집단은 응집력과 공동체, 상호 이해의 정신을 제공할 수도 있다(다윈Darwin 외, 2011년). 또 음모론은 위험과 위협, 혼란이 가득한 이 세상에서 모종의 의미와 안정감을 준다.

나쁜 리더십의 적용 사례

사례 연구: 정유 업계의 나쁜 리더

—

● 배경

나쁜 리더십의 기업 현장 사례를 찾기 위해 수십 년 동안 직장 내 괴롭힘 행위를 조사하고 해결해 온 전문가를 만나 대화를 나눈 적이 있다.

그녀가 소개한 한 미국 정유 회사 사례에는 '지독한 학대자'라고 불리는 이사가 한 명 등장한다. 모든 사람이 그를 두려워하면서도 믿고 따랐는데, 그에게 대적하는 사람은 바로 목을 잘라 버리는, 그

런 인물이었다. 그 회사에서 하는 일은 대부분 고도의 기술이 필요
하고, 보수도 많다. 그곳에는 고도로 숙련된 기술자와 엔지니어가
많으며, 그들은 경력 내내 최고 수준의 성과를 올린 사람들이다. 조
직의 경쟁력이 매우 높아서 높은 성과를 올리는 것이 당연한 일로
여겨지고, 급여 수준도 업계 표준에 비해 훨씬 더 높다. 초급 관리
자가 받는 연봉이 10만 달러를 훌쩍 넘어서고, 고위 경영자로 승진
하면 규모가 천정부지로 솟아오른다.

보수 체계를 눈여겨봐야 하는 이유는 사람들이 그곳에서 일하는
가장 큰 동인이 바로 돈이고, 그런 만큼 보수가 떨어지는 것도 그곳
을 떠나는 중요한 이유가 되기 때문이다. "그곳을 떠난다는 것은 아
무리 초급 관리자라 해도 상당한 돈을 포기하는 것이라는 점을 이
해해야 합니다." 그 회사 공동체는 비교적 소규모인 데다 일정한 소
속감으로 연결된 사람이 많다. "모든 사람이 서로 알고 지냅니다."

그 조직은 뚜렷한 위계 구조와 보고 체계를 갖추고 있었다. 평등
한 조직이 아니라는 뜻이다. 사람들은 대체로 관리 체계를 잘 준수
하며, 정보도 공식적인 체계를 따라 흐르는 편이다([그림 1] 참조). 이
점도 중요한 요소이다. 의사소통과 보고 체계가 엄격하면, 관리자
가 상사에게 보고하는 정보를 제한, 통제, 조작하기가 더 쉽기 때문
이다.

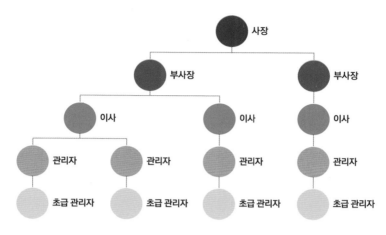

[그림 1] 해당 정유 회사의 조직 구조

● 불씨

그 이사에게 문제가 있다는 것이 처음 알려진 것은 초급 관리자 한 명이 해고된 후, 사내 익명의 내부 고발자에게 도움을 요청했을 때 였다. 그 초급 관리자는 이렇게 불만을 토로했다. "제가 해고된 것 은 이미 결정된 일입니다. 그러나 이곳의 근무 환경이 너무 나쁘다 는 것만은 짚고 넘어가야 합니다." 내부 고발자는 문제의 원인이 그 이사에게 있다고 실명으로 언급했고, 그 직장의 환경이 나쁘다고 한 이유를 구체적인 사례를 들어 제출했다. 처음에는 정실 인사, 괴 롭힘, 차별 행위, 그리고 위압적인 사내 분위기 등 여러 가지 문제가 얽힌 불만 사항 항목을 길게 나열했다.

23장 나쁜 리더십의 적용 사례

● 문제 해결을 가로막는 장벽

그곳은 조사를 시작하기가 어려운 환경에 놓여 있었다. 조직 전반에 흐르고 있던 두려움과 폐쇄적인 분위기 탓에 조사 담당자가 묻는 말에 제대로 대답하는 사람이 아무도 없었다. 그 이사에 관해 부정적인 말을 했다가는 반드시 심각한 후환으로 돌아올 것이라고 다들 생각했다. 그녀는 이렇게 말했다. "처음에는 다들 저와 만나려고도 하지 않았고, 저와 대화를 나누는 모습이 눈에 띄는 것조차 꺼렸습니다. 게다가 해당 이사가 부사장과 아주 친한 사이였기 때문에 사람들이 두려워할 수밖에 없었습니다." 과거에도 몇 차례 괴롭힘에 관한 불만이 흘러나온 적이 있었지만, 그게 다 부사장의 비호 아래 저질러진 일이라는 소문이 있었다. 조사에 참여해 봐야 별효과도 없는 데다 협조한 사람만 손해라는 인식이 사내 분위기 전반에 깔려 있었다. 사람들은 부사장이 그 이사의 '관리 스타일'을 다 알면서도 눈감아 주고 있다거나, 그의 무반응이 사실은 지지를 보내 주는 것이라고 이해했다. 그 이사가 한번 지목한 관리자나 초급 관리자는 나중에 꼭 회사를 떠나게 되었다고 알고 있는 사람이 많았다.

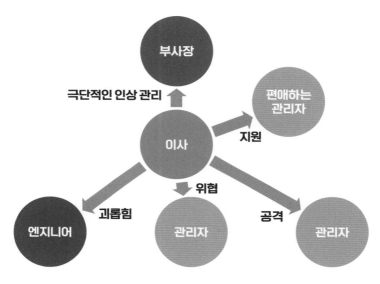

[그림 2] 조직 관계도

두 가지 어려운 과제가 있었다. 두려움의 문화를 극복하기 위해 조사 내용을 철저하게 비밀에 부친다는 점을 사람들에게 확신시켜 주는 것과, 이사의 행동이 얼마나 심각한 것인지 부사장에게 알려 줄 '증거'를 확보하는 일이었다. 한 사람이 마침내 조사에 협조하기로 하면서 이렇게 말했다. "저로서는 정말 불안한 자리입니다. 오늘 여기 있다는 걸 누구 한 명이라도 알았다가는, 저는 내일 당장 잘릴 겁니다." 괴롭힘이 자아낸 문화는 점점 크게 번져 회사 구석구석에 배어든다. 괴롭힘의 위력을 절대 과소평가해서는 안 된다. 피해를 본 당사자는 우연한 희생자가 아니라 표적이었다는 사실도 명심해야 한다.

"그들은 다들 교육 수준이 뛰어난 기술의 장인이고, 무엇보다 강인한 성품의 남자 직원입니다. 학교에서 따돌림당하는 학생의 일반적인 관념에도 들지 않는 인물들이지요."

이 조직에는 두 가지 큰 장벽이 있었다. 두 가지 모두 학대가 횡행하는 나쁜 근무 환경에 흔히 보이는 것들이다.

1. 생산적인 환경: 괴롭힘에 능한 상사는 종종 겉으로 보기에는 대단히 효율적으로 보이는 직장 분위기를 연출해 낸다. 맡겨진 일은 모두 완수해 내고, 모두가 납기를 철저히 지키며, 팀의 화합도 나무랄 데 없어 보인다. 그리고 규칙을 어기는 이는 즉각 쫓겨난다. 실제로 건강한 팀이 더 성과가 좋기 때문에, 이러한 팀이 효율적이라는 가정은 문제가 있다. 모든 사람이 개방적이고 성장할 만한 환경에서 일한다면, 더 큰 성과를 이룰 수 있지 않을까? 두 번째 문제는, 이런 환경은 문제가 생기면 해결하기보다 감추는 데 더 능하다는 것이다. 그렇게 되면, 더 심각하고 치명적인 결과가 반드시 따라온다(구체적인 사례를 이 장에서 다시 다룰 것이다).

2. 따돌림이 아첨의 수단이 된다. 아랫사람을 괴롭히는 상사들은 윗사람의 환심을 사는 데 뛰어나다. 의사 결정권자의 눈에는 그들이 '지성과 매력을 겸비한 일꾼'으로 보이겠지만, 아랫사람이 보기에는 정반대다. 그들은 한번 표적으로 찍은 사람을 윗사람들 앞에서 철저히 무너뜨리기 시작한다. 맥락 없는 행동 공개 지적, 거짓 업무 성과

보고, 뜬소문 유포로, 표적이 된 사람의 평가가 천천히 나빠지기 시작한다. 이는 괴롭힘에 능한 상사가 팀에서 누군가를 내보내고 싶을 때 매우 유리한 바탕이 된다. 이미 모든 근거를 마련한 것이기 때문이다.

● 나쁜 행동

나쁜 리더들은 팀 내의 자기 사람과 눈 밖에 난 사람을 확실히 구분한다. 그리고 자기편에게 특전을 몰아 준다. 그들에게 이사는 든든하고 친근하며 격려를 아끼지 않는 존재다. 그들은 승승장구한다. 그런 환경에서는 정실 인사가 판을 친다. 나쁜 리더들은 주변을 지지자들로 채운 다음, 윗사람에게 아첨하는 데 많은 시간을 할애한다(예를 들면, 부하의 아이디어를 가로채는 것을 들 수 있다).

이렇게 되면, 나쁜 리더는 생산적인 일은 전혀 하지 않고 다른 사람을 이용해 괴롭힘을 정당화하는 정보만 윗선에 올라가도록 하는 환경을 조성한다. 제시한 사례에서는, 부사장에게 직접 말하든 내부 고발자를 통하든 불만을 제기하는 사람의 말이 별로 심각하게 받아들여지지 않았다. 부사장은 이런 식으로 말했다. "그래, 그 사람들 참 무능했군." 이는 사실이 아니다. 이 사례의 인물들은 대단히 유능한 사람들이다. "일반적으로, 가장 유능한 사람이 표적이 됩니다. 나쁜 리더는 자신이 무능하다는 것을 알기 때문에 그런 사람을 위협으로 느끼는 것입니다."

"정말 무서운 일은 가장 유능해서 표적이 된 당사자야말로 자신이 표적이 된 사실도 깨닫지 못하는 것입니다." 그 이유는 다음과 같다.

1. **사내의 인기 사원:** 평생 한 번도 나쁜 점수를 받아본 적이 없다. 그래서 나쁜 평가를 받으면 자신감이 무너진다. 그리고 누군가가 자신을 통제하기 위해 고의로 자신에 관한 거짓말을 지어내거나, 자신에게 거짓말하는 상황을 경험해 본 적이 없다.

2. **경험 부족:** 이런 상황을 알아차리는 경험을 해 본 적이 없다. 직장 생활 초기부터(혹은 나중에라도) 높은 성과를 올린 사람들은 긍정적이고 건설적이며 자신을 지지해 주는 환경 속에서 일해 왔을 가능성이 크다. 그들은 나쁜 환경이나 리더를 경험하거나 그에 대처할 만한 정서적, 심리적 수단을 갖추지 못했을 수 있다. 지금까지 그럴 필요가 없었기 때문이다.

3. **사회적 표적으로 인한 고립:** 사람은 사회적 신호와 상호 작용을 근거로, 주변 환경과 자신의 역할을 파악한다. 갑자기 괴롭힘의 표적이 되거나 고립당하는 상황에 처하면, 사내 정치에 대처할 정보를 전혀 얻을 수 없다. 그들은 모욕이나 무시, 협박을 헤쳐 나갈 경험이 턱없이 부족하다. 지금 경험하는 행동이 자기 능력이나 안목, 대인

관계와 전혀 동떨어진 것이므로 어떤 상황이 벌어지고 있는지 파악하기가 어렵다. 근본 원인(자신이 표적이 되었다는 사실)을 모를 가능성이 크다. 그들은 어쩌다 일이 이 지경이 되었는지 어리둥절해하며, 다른 사람들에게 고민을 털어놓을 때는 분명히 속으로 이런 생각을 하고 있을 것이다.

- '회의 초반부터 이사가 모욕적인 발언을 하면 어떡하지?'
- '잠깐, 그가 방금 생각해 냈다고 한 것, 원래 내 아이디어였잖아?'
- '월요일에 나한테 맡긴다던 프로젝트, 금요일에 다른 사람한테 줘 버리네?'
- '직원들이 왜 말하다가 멈췄지? 회의에 초대는 또 왜 안 한 거야?'
- '농담일 거야. 실수겠지. 나는 그런 말 한 적 없는데, 물어봐야겠 군.' 이런 생각의 반복.

이런 모든 요인 때문에 점점 자신감을 잃고 의견이 묵살당하면서도, 도대체 무슨 일이 일어나고 있는지 감을 잡을 수 없다. 그러나 함께 일하는 다른 사람들은 모두 상황을 정확히 이해하기 때문에 아무도 나서지 않는다. 그들은 모든 것을 다 알지는 못하더라도 의식적으로든 무의식적으로든 나쁜 리더에게 순응하기 시작한다. 이미 패턴과 결과를 다 알고 있기 때문이다.

● 장벽 제거

그렇다면, 누군가가 그런 환경에 들어가서 사태의 진상을 파악하는 방법은 없을까? 어떻게 하면 조사 담당자가 문제의 핵심에 접근하여, 신뢰를 구축하고 영향을 미칠 만한 증거를 획득할 수 있을까? 사람들의 입을 다물게 하려고 그토록 큰 노력과 자원이(회사 자원이든, 개인적 자원이든) 투입되었다면, 어떻게 다른 사람이 이를 진단하고 파악하여 문제를 개선할 수 있을까?

현장 조사에 임한 담당자는 '철저한 익명성을 보장해야' 했다. 그녀는 먼저, '자신이 전적으로 신뢰할 만한' 인사 담당 부사장을 찾아가서 이렇게 말했다. "조직에서 제가 만나 봐야 할 분들의 명단을 부탁드립니다. 그 이사님의 직속 팀원들을 다 만나보고 싶습니다. 물론 철저히 익명성을 보장하겠습니다. 결과를 요약해서 제공해 드리겠습니다. 다만, 신원이 드러날 만한 내용은 제외하겠습니다. 그분들은 저와 만난 사실을 귀하에게 밝힐 필요가 없습니다. 그분들 외에 그 이사님이 매일 만나는 분들이 누군지도 따로 알려 주십시오. 성함과 전화번호를 포함해서 직접 손으로 작성해 주십시오. 그리고 제가 누구를 만났는지, 명단에 누가 올랐는지 부사장님께(또는 다른 누구에게든) 절대 밝히시면 안 됩니다. 저는 부사장님께 말씀드릴 때 숫자나 그룹으로만 표현하겠습니다. 예를 들면, 초급 관리자 몇 명, 이사는 몇 명, 그리고 작업 그룹 A, B, 이런 식입니다. 보고 드릴 때는 사전 동의를 얻은 문항에 근거해서 주제별로 말씀드리겠습니다."

사람들이 말한 내용을 예로 들면, 다음과 같다.

"월요일과 화요일은 이사님에게 아무 말도 하면 안 됩니다. 아주 난리를 피우시니까요. 정말 아무 이유도 없이 그냥 화만 내십니다."

"월요일에 분명히 보고한 내용인데, 금요일이 되면 언제 그랬냐는 듯이 모른 척합니다. 진짜 모르는 것 같기도 해요."

"목요일은 조금 낫습니다. 금요일은 확실히 뭐든 보고해도 되는 날이지요."

"아는 거라곤 아무것도 없으면서 자기 공으로 가로챕니다. 그러다가 직접 설명하거나 막상 실행하려다 보면 사고가 터지지요."

"회의 석상에서 사람들을 몰아붙인 다음에 아주 창피를 줍니다. 사무실을 드나드는 여성들에게 무례하고 성적인 발언도 서슴지 않습니다. 참고로, 그 여성들도 교육 수준이 뛰어난 엔지니어들입니다."

"사람들에게 소리 지르고, 무례하고, 성미가 급한 양반이지요."

"그 사람만 직원을 괴롭히는 게 아닙니다. 그와 똑같이 행동하는 몇몇 사람이 있는데, 다 그가 키워 놓은 사람들입니다."

"그는 신뢰를 저버리고 비밀을 흘리는 사람입니다. 이 사람 흉보는 이야기를 저 사람에게 하는 식입니다."

그의 행동에 문제가 있다는 것이 거의 모든 영역에서 드러났다. "정실 인사의 모든 문제가 골고루 들어 있었습니다. 그는 친구를 고용했는데, 이건 명백한 이해 충돌 혐의죠."(조사도 없었고 증거도 드러나지 않았지만, 강력한 의혹의 여지가 있었다.) "그는 다른 회사 출신이었는데, 또 다른 회사의 컨설턴트에게 일감을 맡기면서 제대로 된 입찰이나 구매 절차도 거치지 않았습니다." 그가 책임져야 할 모든 일에는 잘못된 것투성이였다. 사소한 실수나 한 분야의 실책이 아니라 그가 맡은 분야는 어디에나 고질적이고 치명적인 잘못이 차고 넘쳤다.

그러나 상향식 매력 공세에 눈이 가려진 부사장은 항의와 이에 따른 조사 시행이, 단지 불만을 품은 한 직원에 관한 문제라는 생각을 떨쳐 내지 못했다. 고위 경영층이 보기에 해당 이사는 분명히 잘해내고 있었고, '사장으로부터 부사장 자리를 제안받기 일보 직전에 와 있는 사람'이었다. 모든 부정적인 정보는 고위층이 오랫동안 지켜봐 온 내용과는 완전히 반대되는 것이었다. 그는 승진을 눈앞에 두고 있었다. 비록 나중에 철회되기는 했지만, 그렇다고 조직이 그 이사를 제거할 준비가 된 것은 전혀 아니었다.

● 문제를 인정하다

부사장은 마침내 뭔가 해결해야 할 문제가 있다는 점을 인정했다. 직원 괴롭힘 문제를 둘러싼 장문의 보고서 외에도 두 가지 결정적인 요소가 더 있었다.

1. 6개월 전 크리스마스 파티가 있던 날, 그 이사는 심하게 취한 상태로 화장실에서 한 직원에게 살해 협박을 했다. 그런 사건이 있었는데도 조직은 그를 해고는커녕 근신 조치도 내리지 않았다. '그 자리는 업무 장소가 아니라 파티였다'는 것이 이유였다. 사교 모임에서 술에 취하는 것이 정유 업계의 문화와 그리 어긋난다고 볼 수는 없었으므로, 그저 "어, 그날 좀 많이 취했네"라는 식으로 그의 행동을 더 문제 삼지 않고 대충 넘어갔다.

2. 그의 행동이 얼마나 파괴적이고 비생산적인지 알 수 있는 증거는 너무나 많았다. 물론 그런 행동으로 손해를 보는 것이야 여느 부서나 마찬가지겠지만, '그는 안전 담당 부서를 책임지는 사람'이었다. 안전 담당 부서 내 직원들이 다소 비중 낮은 안전 문제를 그에게 거론하는 것을 꺼린다는 정황은 뚜렷했다. 이사의 반응이 두려웠기 때문이다. "그는 메신저를 저격하는 사람이었습니다."

이런 행동이 가져올 결과를 무시하기가 너무 어려웠다. "공장 문을 닫아야 할 정도의 문제가 될 수도 있었습니다." 그의 행동을 어떻게든 조치해야 한다는 주장에는 명분이 뚜렷했다. 사람들은 '자신의 행동이 바뀌지 않을 때 찾아올 결과가 변화의 요구보다 더 커야 비로소 바뀐다.'

이 사례에서 벌어진 나쁜 행동에 약물과 알코올이 깊이 자리하고 있다는 것도 또 하나의 분명한 문제점이었다. 주초에는 별로 눈에 띄지 않다가 후반으로 갈수록 현저해진다는 것은 약물 남용을 의심할 수 있는 뚜렷한 신호였다. 비록 한 가지 원인에 불과하지만, 약물과 알코올 문제는 나쁜 행동과 같이 나타날 수 있다. "여담이지만, 제가 15년 동안 조사 업무를 하면서 접한 모든 성적 학대 사건에는 항상 약물이나 알코올이 끼어 있었습니다."

● 해결책을 찾다

부사장은 이미 사람들의 불만과 이사의 행동에 관해 그와 진술하고 광범위하게 대화한 적이 있었는데, 그때도 문제는 역시 알코올이었다. "저는 알코올 문제에 관한 의혹을 보고서에 담지는 않았습니다만, 부사장에게 넌지시 알리기는 했습니다."

부사장과는 아주 분명하고 빈틈없이 대화해야만 했다. "단도직입적으로 말할 수밖에 없었습니다. 그 이사가 분명히 괴롭힘 행위를 저질렀고, 그와 함께 일하는 사람 중 상당수의 진술이 이미 확보되었습니다. 그저 고과를 박하게 받거나, 의견을 무시당하거나, 아이디어를 도용당해서 한두 명이 불만을 품은 상황이 아니었죠." 이사의 행동이 몰고 올 결과를 강조하며 논점을 강력하게 주장해야 했다. 누군가를 죽이겠다고 협박하는 것도 나쁜 행동이지만, 사람들을 언제 잘릴지 모를 두려움에 가둬 놓은 채, 경종을 울렸다가는 이 큰 공장을 폐쇄할지도 모른다고 협박하는 것 역시 나쁜 행동이다.

신뢰는 전진에 큰 역할을 한다. 조사 과정과 담당자를 향한 신뢰는 부사장이 결정을 내리는 데 큰 영향을 미쳤다. "책임 있는 자리에 있는 부사장으로서는 조사관이 객관적이고 철두철미하다는 것을 확신해야만 바꿔야 할 행동을 알 수 있었습니다. 그에게 뚜렷하고 포괄적인 시야가 없었다면, 그 이사를 강력하게 압박할 수 없었을 것이고, 결국 아무것도 이룰 수 없었을 겁니다."

그 이사에게는 감성 지능을 중심으로 상담과 리더십 코칭을 받도록 권고했고, 약물 중독 분야의 특정 전문가도 소개해 주면서 상담받도록 했다. 아울러 6개월에서 1년 사이에 그의 행동과 직장 환경을 대상으로, 익명으로 진행되는 '분위기 점검'도 받아 보도록 권고했다. '분위기 점검'에는 조사관이 사용했던 내용과 똑같은 설문이 사용되었다. 그리고 해당 이사의 리더십과 행동이 주변 사람들에게 어떤 영향을 미치고 있는지 살펴보며, 후속 평가를 진행할 것이라고 알려 주었다.

"그는 행동과 리더십 스타일을 모두 바꾸었고, 약물과 알코올 상담도 받았습니다." 이 사례에서 중재와 그에 따른 행동 변화는 모두 성공적이었다. "인사 담당 부사장은 이 모든 일이 기적과 같다고 했습니다. 나중에 회사가 리더들을 대상으로 감성 지능 교육을 주최했을 때도, 그 이사가 앞장서서 자기 행동에 책임지는 자세로 다양한 리더십 스타일의 필요성을 몸소 홍보했습니다."

이 사례는 나쁜 리더가 저절로 생기는 것이 아님을 보여 준다. 나쁜 행동이 기세등등해지거나 아무런 견제도 받지 않는 데는(심지어 권장되기도 한다) 수많은 요소가 함께 작용한다. 여기에는 이 책에서 언급한 여러 가지 내용이 뚜렷이 드러난다.

- 썩은 사과와 나쁜 통(2장): 개인의 행동이 전혀 억제되지 않는 문제, 더 높은 상사가 오히려 그런 환경을 방조하는 문제, 그리고 기타 약물 남용 같은 문제들은 그저 참고 넘어갈 일이 아니라 조직 문화의 일부로서 다른 요인을 악화하는 역할을 한다.

- 밝은 성격의 어두운 면(6장): 외부에서 보면 매우 생산적인 팀이다. 고위 경영층의 눈으로는 훌륭한 관리자로 보인다. 그들은 해고된 사람들을 오히려 썩은 사과로 보이게 만든다.

- 어두운 면, 성공하는 성격과 그 이유(8장): 그들에게는 정실 인사도 도움이 되지만, 그보다는 윗사람에게 아첨하는 태도가 더 큰 역할을 한다.

- 리더가 실패하는 이유와 경고 신호(11장): 리더에게서 큰 경고가 감지

될 때, 특히 안전 관리 부서에서 문제가 외면된다면 더 말할 나위가 없다. 실패가 미칠 영향이 너무나 크다.

- B 성격군의 특징 및 행동(13장): 견제받지 않은 공격성, 괴롭힘, 남용, 차별 등이 만연한 상태. 다른 요소도 작용한다는 것을 보여 주는 좋은 사례로, 여기서는 약물 남용과 관련한 것을 소개했다. 문제를 제대로 파악하고 대처하는 것이 중요하다.

- 독성 삼각형(21장): 나쁜 리더와 위협적인 환경, 공모자의 세 요소로 설명할 수 있다.

23장 나쁜 리더십의 적용 사례

맺음말

이 책을 쓴 2020년은 힘겨운 시기이기도 했지만, 한편으로는 온라인 행동과 디지털 의사소통의 심리를 밝히는 엄청난 기회의 시간이기도 했다. 우리 삶의 현실과 디지털 환경이 급격한 변화를 맞이하면서 사람들이 디지털 환경에서 보이는 사고와 행동, 의사소통, 그리고 일을 이해하는 것이 얼마나 중요한지 알 수 있게 되었다.

나는 2018년부터 2019년까지 원격 근무와 하이브리드 업무 연구 결과를 2020년 1월에 백서로 출간하면서, "원격 근무는 이제 '미래가 아니라 현재의 업무 양식'이다"라는 문구를 쓴 적이 있다(맥레이, 사와츠키, 2020년). 2020년이 되어 그 말대로 얼마나 빨리, 또 얼마나 완벽하게 실현되었는지 보게 되니, 그저 놀라울 뿐이다.

2021년에는 이 책의 주제와 직결되는 더욱 놀랍고 새로운 일들이 일어났고, 그 배후에 자리한 트렌드와 주제를 살펴볼 수 있는 시간과 장소가 확보되기를 간절히 소망했다.

전 세계의 이목을 사로잡은 가장 흥미로운 사건 중에는 게임스톱GameStop이라는 회사와 레딧에 등장한, 월 스트리트 베츠Wall Street Bets, WSB라는 온라인 커뮤니티를 중심으로 일어난 소셜 미디어 소동이 있었다. 이 사건은 지켜보는 사람들의 관점에 따라 단순히 초보 투자자들이 밈에 몰려든 사건으로 볼 수도 있지만, 괴짜 소매 투자자들이 헤지 펀드의 탐욕에 맞설 진지한 기회로 인식한 사건, 또는 말썽꾼들이 금융 시장을 조작하려고 든 사건 등으로 다양하게 볼 수 있을 것이다. 어쨌든 넷플릭스는 즉각 흐름을 포착한 후 이 스토리에 흥미와 오락을 배가해 주리라는 마음으로, 다큐멘터리 한 편을 후원 제작했다.

게임스톱 관련 일련의 사건이 이 책에 등장하는 수많은 세력을 대변하는 훌륭한 사례인 이유는 몇 가지가 있다.

첫째, 소셜 미디어에 모인 사용자는 업계와 규제 당국에 새로운 문제를 던져 주는 강력한 세력이 될 수 있기 때문이다. 이것은 너무 당연한 말이다. 소수의 헤지 펀드가 공모하여 주가 조작에 나서거나 일론 머스크 같은 유명 인사가 자신의 지위를 이용하여 전통적인 금융 시장뿐만 아니라 암호 화폐 같은 신시장에 영향을 미칠 수도 있다. 그러다가 적발되더라도 아주 적은 수수료만 무는 솜방망이 처벌을 받을 때도 있다(머스크와 미국 증권 거래 위원회 사건의 그 솜방망이 처벌 수준은 2,000만 달러였다, SEC, 2018년).

그러나 규제 당국과 업계는 수천 명의, 아니 수십만 명의 소매 투자자들이 똑같은 유행과 밈을 추종하는 데 대해 어떻게 반응할 수 있을까? 그들이 과연 전 세계에 흩어진 수십만 명의 사람들을 끌어모아 상원 위원회에서 증언하게 한 다음, "의원 나리, 저는 그저 주식이 좋았을 뿐인데요?"라고 반응할 수 있단 말인가?

둘째, 일단 수십억 달러가 개입된 다음에도 이런 트렌드 중 일부가 얼마나 독창적이고 유기적으로 착실히 뿌리내릴 수 있느냐에 관해 상당한 회의론이 제기될 것이 분명하기 때문이다. 게임스톱에 관해 과연 표적 봇이나 허위 정보, 선전 선동 등이 생겨날 수 있을까? 소셜 미디어에서 가짜 정보나 선전 선동을 얼마나 싸고 효과적으로 일으킬 수 있는지 러시아가 이미 보여 줬는데, 헤지 펀드 매니저나 부유한 투자자, 기타 기관들이라고 그러지 말라는 법이 있을까?

이 책에서 러시아 정부가 조직하거나 의뢰한 몇몇 사이버 작전을 다룬 바 있다. 러시아는 디지털 정보 작전이나 선전 활동을 펼칠 때, 독립적인 보안 업체와 비정부 기관에 크게 의존해 작전을 펼친다. 다른 사람도 그들처럼 똑같은 사람들을 고용해서 주가나 자산 가격을 밀어 올리는 일을 맡길 수 있을까? 물론이다. 평판을 깎아내리거나 또 다른 자산 가격을 끌어내리는 작전은 어떨까? 역시 너무 쉬운 일이다. 게임스톱 주식을 사고파는 독립적인 소매 투자자도 물론 있겠지만, 이런 행동은 영향력 작전의 주요 표적이 될 것이 거의 틀림없다.

2016년이 정치 캠페인에 소셜 미디어가 대규모로 개입하는 시기적 분수령이었다면, 다음 몇 년간에는 소셜 미디어 캠페인이 금융 시장을 겨냥하는 일대 전기가 마련될 것이다. 그렇다고 온라인 프로파간다와 허위 정보가 투기적 자산 거품의 유일한 이유라거나 투자자들의 행동에 영향을 미치는 유일한 요소라는 말은 결코 아니지만, 이들이 영향을 미친다는 것은 분명한 사실이다.

이것이 바로 소셜 미디어 속 여러 사회적 시스템 내에 작용하는 사회, 심리적 요인을 이해해야 하는 이유다. 그런 영향은 이런 시스템 내에서 핵심 특징으로 존재한다. 그들은 애당초 행동에 영향을 미치도록 고안된 것이다. 사용자의 관심과 구매자의 의사 결정이 바로 상품이다.

우리는 지금도 의사소통과 업무에서, 그리고 대인 관계와 공동체를 구성하는 과정에서 디지털 기술에 어떤 역할을 맡길지를 결정하고 있다. 이것은 그저 가만히 앉아 지켜볼 일이 아니다. 우리가 특정 소셜 미디어 플랫폼이나 디지털 수단에서 손을 뗀다고 해서 이런 흐름에 영향을 받지 않으리라고 생각해서는 안 된다. 우리는 다른 사람과의 관계를 통해 자신을 이해한다. 최소한 어느 정도는 그렇다. 온라인에서 바람직하지 못한 행동을 본다고 해도 그것을 모두 없앨 수는 없다. 그러나 우리는 현실 세계에서 그랬던 것처럼 당장 눈앞의 소셜 네트워크와 온라인 커뮤니티에 긍정적인 영향을 미칠 수는 있다. 어떤 것을 선택하고 배제할지 좀 더 신중하고 사려 깊은 태도로 생각해 볼 수 있다.

이 책의 세 가지 핵심 주제를 다시 돌아보고 친구와 동료, 그리고 나에게 미치는 영향이 무엇인지 생각해 보라. 나는 온라인이나 오프라인에서 어떤 행동을 바꾸고 싶은가?

| 핵심 주제 |

1. 온라인에서 드러나는 행동은 오프라인에서 보이는 특징의 연장이다. 사람의 행동은 다양한 환경에 영향을 받지만, 그 바탕에 자리한 심리적 과정은 놀랍도록 유사하다. 온라인 행동은 보편적인 행동의 연장이다. 온라인 공간에서나 현실 세계에서나 우리 행동은 근본적으로 차이가 없다.

2. 사람은 더 나은 존재가 될 수 있다. 내부의 힘(성격 등)과 외부의 힘(사회적 환경 등)을 이해하면, 행동을 바꾸고 자신을 개선하며 주변 사람에게 긍정적 영향을 미칠 수 있다.

3. 업무는 개선될 수 있다. 사회적 환경은 사람과 업무, 생산성, 그리고 안녕에 지대한 영향을 미친다. 환경을 개선하기 위해 적극적으로 노력함으로써 사람들에게 최선을 다할 수 있고, 그들로부터 최선의 결과를 얻을 수 있다.

참고 문헌

Abalakina-Papp, M., Stephan, W. G., Craig, T., Gregory, W. L. (1999). Beliefs in conspiracies. Political Psychology, 20(3), 637-647. https://doi.org/10.1111/0162-895X.00160

Adeane, A. (12 October 2020) QAnon and the rabbit hole election. [Audio Podcast]. BBC World Service. https://www.bbc.co.uk/programmes/w3cszvsc

Almond, D., & Du, X. (2020). Later bedtimes predict President Trump's performance. Economic Letters, 197 , https://doi.org/10.1016/j.econlet.2020.109590

Alwan, N. A., Burgess, R. A., Ashworth, S., Beale, R., Bhadeilia, N., Bogaert, et al. (2020). Scientific consensus on the COVID-19 pandemic: We need to act now. The Lancet, 396 (10260). https://www.thelancet.com/journals/lancet/article/PIIS0140-6736(20)32153-X/fulltext.

American Psychiatric Association [APA]. (2013). Diagnostic and Statistical Manual of Mental Disorders, Fifth Edition. (DSM-5). London: American Psychiatric Publishing.

Amos, H. (2012). From Russia with likes: Kremlin to launch Facebook-style social network. The Guardian.

Amro, A. (2020). The life of Ghosn: Fugitive tycoon to star in documentary and a mini-series. Japan Today. https://japantoday.com/category/entertainment/The-life-of-Ghosn-Fugitive-tycoon-to-star-in-documentaryand-a-mini-series.

Andrews, E. L. (1999). Nissan looms large for Renault's 'Cost Killer'. The New York Times.

Armstrong, M. (2017). Armstrong's handbook of performance management: An evidence-based guide to delivering high performance. London: Kogan Page.

Asmolov, G. (2010). Russia: Blogger Navalny tries to prove that fighting the regime is fun. Global Voices Online. https://globalvoices.org/2010/10/27/russia-blogger-alexey-navalny-on-fi ghting-regime/ (Accessed 28 July 2020).

Atroszko, P. A., Demetrovics, Z., & Griffiths, M. D. (2020). Work addiction, obsessive-compulsive personality disorder, burn-out, and global burden of disease: Implications from the ICD-11. International Journal of Environmental Research in Public Health, 17(2).

Autocar (2020). Who is Carlos Ghosn and why is this saga going to run and run? Accessed 10 February 2020 from: https://www.autocar.co.uk/carnews/industry/who-carlos-ghosn-and-why-saga-going-run-and-run.

Bandura, A. (1977). Social learning theory. Upper Saddly River, USA: Prentice-Hall.

Barrick, M. R., Mount, M. K., & Judge, T. A. (2001). Personality and performance at the beginning of the next millennium: What do we know and where do we go next? International Journal of Selection and Assessment, 9 (1-2), 9-30.

Barsade, S., (2002). The Ripple Effect: Emotional contagion and its influence on group behaviour. Administrative Science Quarterly, 47 (4), 644-675.

Barsade, S. (2020). The contagion we can control. Harvard Business Review. https://hbr.org/2020/03/the-contagion-we-can-control

Barton, H. (2016). Persuasion and compliance in cyberspace. In I. Connolly, M. Palmer, H. Barton, & G. Kirwan. An introduction to Cyberpsychology. (pp. 111-123).

BBC. (2018). Twitter bot purge prompts backlash. https://www.bbc.com/news/technology-43144717

BBC. (2020). MPs and peers demand Russia interference inquiry. https://www.bbc.co.uk/news/uk-politics-54725758.

Beardsley, E. (2010). Fake TV game show 'tortures' man, shocks France.

NPR. https://www.npr.org/templates/story/story.php?storyId=124838091 &t=1591892639058

Beck, A. T., Davis, D. D., & Freeman, A. (Eds.). (2016). Cognitive Therapy of Personality Disorders (3 rd Ed.). London: Guilford Press.

Berger, J., & Milkman, K. L. (2012). What makes online content go viral? Journal of Marketing Research, 49 (2), https://doi.org/10.1509/jmr.10.0353

Bertua, C., Anderson, N. and Salgado, J. F. (2011). 'The predictive validity of cognitive ability tests: A UK meta-analysis'. Organizational Psychology, 78(3), 387-409.

Bloomberg (n.d.). Free Speech Systems LLC. Accessed on 01/10/2020 from: https://www.bloomberg.com/profi le/company/0897673D:US

Bloomberg News. (1999). World Business Briefing: Asia; Betting on a turnaround. In the New York Times. https://www.nytimes.com/1999/11/09/business/world-business-briefi ng-asia-betting-on-aturnaround.html

Borgesius, F. J. Z., Trilling. D., Möller, J., Bod ó , B., de Vreese, C. H., & Helberger, N. (2016). Should we worry about fi lter bubbles? Internet Policy Review, 5 (1), 1-16.

Boyd, R. L., Spangher, A., Fourney, A., Nushi, B., Ranade, G., Pennebaker, J. W., Horvitz, E. (2018). Characterizing the Internet Research Agency's social media operations during the 2016 US Presidential election using linguistic analysis. Retrieved 29 July 2020 from https://psyarxiv.com/ajh2q/

Bradsher, K. (2020). To slow virus, China bars entry to almost all foreigners. The New York Times.

Brooks, S. K., Webster, R. K., Smith, L. E., Woodland, L., Wessely, S., Greenberg, N., Rubin, G. J. (2020) The psychological impact of quarantine and how to reduce it: Rapid review of the evidence. The Lancet, 395 (10227), 912-920.

Cappelli, P. (2019). How to calculate the cost of turnover-carefully. Human

Resource Executive. https://hrexecutive.com/how-to-calculatethe-cost-of-turnover-carefully/

Carvill, M., & MacRae, I. (2020). Myths of social media: Dismiss the misconceptions and use social media effectively for business. London: Kogan Page.

Cheetham, M., Pedroni, A. F., Antley, A., Slater, M., Jancke, L. (2009). Virtual Milgram: Empathetic concern or personal distress? Evidence from functional MRI and dispositional measures. Frontiers in Human Neuroscience: https://doi.org/10.3389/neuro.09.029.2009

Chen, A. (2015). The Agency. The New York Times magazine. https://www.nytimes.com/2015/06/07/magazine/the-agency.html

Chozick, A. & Rich, M. (2018). The rise and fall of Carlos Ghosn. The New York Times. https://www.nytimes.com/2018/12/30/business/carlos-ghosnnissan.html

Coaston, J. (2018). YouTube, Facebook and Apple's ban on Alex Jones, explained. Vox. https://www.vox.com/2018/8/6/17655658/alex-jonesfacebook-youtube-conspiracy-theories.

Connolly, I., Palmer, M., Barton, H., & Kirwan, G. (Eds.). (2016). An Introduction to Cyberpsychology. Oxford: Routledge.

Coolidge, F. L., & Segal, D. L. (2007). Was Saddam Hussein like Adolf Hitler? A personality disorder investigation. Military Psychology, 19 (4), 289-299. Costa, P., McCrae, R. R. (1990). Personality disorders and the five-factor model of personality. Journal of Personality Disorders, 4 (4), 362-371.

Costa, P. and McCrae, R. (1992). 'Four ways five factors are basic'. Personality and Individual Differences, 13, 357-372.

Darwin, H., Neave, N., & Holmes, J. (2011). Belief in conspiracy theories. The role of paranormal belief, paranoid ideation and schizotypy. Personality and Individual Differences, 50 (8), 1289-1293. https://doi.org/10.1016/

j.paid.2011.02.027

Deary, I. J., Penke, L. and Johnson, W. (2010). 'The neuroscience of human intelligence differences'. Nature Reviews Neuroscience, 11, 201-211.

de Ribera, O. S., Kavish, N., Katz, I. M., & Boutwell, B. B. (2019). Untangling intelligence, sociopathy, antisocial personality disorders, and conduct problems: A meta-analytic review. European Journal of Personality, 33, 529-564.

Desjardines, J. (2018). How Google retains more than 90 per cent of market share. Business Insider. https://www.businessinsider.com/how-google-retains-more-than-90-of-market-share-2018-4?r=US&IR=T.

Dodes, L. (2019). Sociopathy. In B. Lee (Ed.). The dangerous case of Donald Trump: 37 psychiatrists and mental health experts assess a president. New York: St. Martin's Press.

Dolinski, D., Grzyb, T., Folwarcznym, M., Grzybala, P., Krzyszycha, K., Martynowska, K., & Trojanowski, J. (2017). Would you deliver an electric shock in 2015? Obedience in the experimental paradigm developed by Stanley Milgram in the 50 years following the original studies. Social Psychological and Personality Science, 8 (8), 1-7.

Dooley, B. (2020). With Nissan's Carlos Ghosn gone, Greg Kelly faces trial alone. New York Times.

Dragan, L. (2016). Let's talk about fake Amazon reviews: How we spot the fakes. New York Times: Wirecutter. https://www.nytimes.com/wirecutter/blog/lets-talk-about-amazon-reviews/

Eggert, M., A. (2013). Deception in selection: Interviewees and the psychology of deceit. London: Gower Pub Co.

Elmer, T., Mepham, K., & Stadtfeld, C. (2020). Students under lockdown: Comparisons of students' social networks and mental health before and during the COVID-19 crisis in Switzerland. PLOS ONE. https://doi.org/10.1371/journal.pone.0236337

Enrich, D. (2019). Deutsche Bank and Trump: $2 billion in loans and a wary board. The New York Times.

Flaxman, S., Goel, S., & Rao, J. M. (2016). Filter bubbles, echo chambers, and online news consumption. Public Opinion Quarterly, 80, 298-320.

Flood, C.. The Online Workplace. In I. Connolly, M. Palmer, H. Barton, & G. Kirwan (Eds.). An Introduction to Cyberpsychology. London: Routledge.

Follath, E., von Ilsemann, S. Kraske, M., Leick, R., & Mascolo, G., von Rohr, M. Sparl, G., Wolf, M., & Zand, B. (2006). Torture in the name of freedom. (C. Sultan, Trans.). The New York Times. https://www.nytimes.com/2006/02/20/international/europe/torture-in-the-name-offreedom.html

Fournier, J. C. (2015) Assessment of Personality Disorders. In A. T. Beck, D. D. Davis, & A. Freeman (Eds.). Cognitive Therapy of Personality Disorders. Third Edition. London: The Guilford Press.

Fournier, J. C. (2016). Assessment of Personality Pathology. In A. T. Beck, D. D. Davis, & A. Freeman (Eds.), Cognitive Therapy of Personality Disorders (3rd. Ed.). London: Guilford Press.

Friedersdorf, C. (2018). YouTube extremism and the long tail. The Atlantic.

Furnham, A. (2005). Self-estimated intelligence, psychometric intelligence and personality. Psychologia, 48, 182-192.

Gabriel, M., Critelli, J. W., & Ee, J. S. (1994). Narcissistic illusions in self-evaluations of intelligence and attractiveness. Journal of Personality and Individual Differences, 62 (1), 143-155.

Gilchrist, K. (2020). Ex-Nissan boss Carl Ghosn launches business programme to revive Lebanon's struggling economy. CNBC. https://www.cnbc.com/2020/09/30/nissans-ex-chairman-carlos-ghosnlaunches-business-program-in-lebanon.html

Gladwell, M. (2009). Outliers: The story of success. Penguin.

Gonzalez-Franco, M., Slater, M., Birney, M.E., Swapp, D., Haslam, S.A., Reicher, S.D. (2018) Participant concerns for the Learner in a Virtual Reality replication of the Milgram obedience study. PLOS ONE 13(12). https://doi.org/10.1371/journal.pone.0209704

Greenberg, A. (2019). Sandworm: A new era of cyberwar and the hunt for the Kremlin's most dangerous hackers. London: Penguin Random House.

Greenwood, J. (2018). How would people behave in Milgram's experiment today? Behavioural Scientist. https://behaviouralscientist.org/how-wouldpeople-behave-in-milgrams-experiment-today/

Gunitsky, S. (2015). Corrupting the cyber-commons: Social media as a tool of autocratic stability. Perspectives on Politics, 13 (1), 52-54.

Gunitsky, S. (2020). Democracies can't blame Putin for their disinformation problem. Foreign Policy. https://foreignpolicy.com/2020/04/21/democracies-disinformation-russia-china-homegrown/

Harris, S. (2020). Why Canada has shut its international borders to most travellers during COVID-19. CBC.

Hasell, A. (2020). Shared emotion: The social amplification of partisan news on Twitter. Digital Journalism, DOI: 10.1080/21670811.2020.1831937

Hawk, S. T., van den Eijnden, R. J. J. M., van Lissa, C. J., & ter Bogt, T. F. M. (2019). Narcissistic adolescents' attention-seeking following social rejection: Links with social media disclosure, problematic social media use, and smartphone stress.

Hawkley, L. C., Cole, S. W., Capitanio, J. P., Norman, G. J., & Cacioppo, J. T. (2013). Effects of social isolation on Glucocoritcoid regulation in social mammals. Hormones and behaviour, 62 (3), 314-323.

Hern, A. (2017). Netflix's biggest competitor? Sleep. The Guardian. https://www.theguardian.com/technology/2017/apr/18/netfl ixcompetitor-sleep-uber-facebook

참고 문헌

Hicks, J. P. (1989). Michelin to acquire Uniroyal Goodrich. New York Times.

Hine, G. E., Onaolapo, J., Cristofara, E. D., Kourtellis, N., Leontiadis, I., Samaras, R., Stringhini, G., & Blackburn, J. (2017). Kek, Cucks, and God Emperor Trump: A measurement study of 4chan's Politically Incorrect forum and its effects on the Web. Proceedings of the Eleventh International Conference on web and social media. https://arxiv.org/pdf/1610.03452.pdf

Hinton, E. A., Li, D. C., Allen, A. G., Gourley, S. L. (2019). Social isolation in adolescence disrupts cortical development and goal-dependent decision-making in adulthood, despite social reintegration. ENEURO.0318-19.2019; DOI: 10.1523/ENEURO.0318-19.2019.

Hogan. R. (2006). Personality and the fate of the organization. Hillsdale, NJ: Erlbaum.

Holt-Lunstad J, Smith T.B., Baker, M., Harris, T., Stephenson, D. Loneliness and Social Isolation as Risk Factors for Mortality: A Meta-Analytic Review. Perspectives on Psychological Science. 2015;10(2):227-237. doi: 10.1177/1745691614568352.

Hotopf, M., John, A., Kontopantelis, E., Webb, R., Wessely, S., McManus, S., & Abel, K. M. (2020). Mental health before and during the COVID-19 pandemic: A longitudinal probability sample of the UK population. The Lancet Psychiatry, 7 (10), 883-892. DOI: https://doi.org/10.1016/S2215-0366(20)30308-4

Howard, P. N., Ganesh, B., Liotsiou, D., Kelly, J., & Francois, C. (2019). The IRA, social media and political polarization in the United States 2012-2018. Computational Propaganda Research Project, Oxford University.

Huang, G., & Li, K. (2016). The effect of anonymity on conformity to group norms in online contexts: A meta-analysis. International Journal of Communication, 10, 398-415.

Huff, C. (2004). Where personality goes awry. Monitor on Psychology, 35(3). https://www.apa.org/monitor/mar04/awry

Hughes, A., & Wojcik, S. (2019). 10 facts about Americans and Twitter. Pew Research Center. https://www.pewresearch.org/fact-tank/2019/08/02/10-facts-about-americans-and-twitter/

Ikegami, (JJ), J., & Maznevski, M. (2020). Revisiting Carlos Ghosn's global leadership style: Making sense of his fall from power. Advances in Global Leadership, 12(3), 3-21.

Intelligence and Security Committee of Parliament [ISCP]. (2020). Russia.

Iyengar, S., & Hahn, K. S. (2009). Red media, blue media: Evidence of ideological selectivity in media use. Journal of Communication, 59, 19-39.

John, O. & S, C. (2007). The importance of being valid: Reliability and the process of construct validation. In R. W. Robins, R. C. Fraley, & R. F. Kreuger (Eds.). Handbook of research methods in personality psychology. Cambridge: Cambridge University Press.

Juan-Torres, M., Dixon, T., Kimaram, A. (2020). Britain's Choice: Common ground and division in 2020s Britain. More in Common. https://www.britainschoice.uk/media/wqin4k4x/britain-s-choice-full-report-2020.pdf

Kiesha, P., Liu, Y., Russell, T. W., Kucharaski, A. J., Egoo, R. M., & Davies, N., et al. (2020). The effect of control strategies to reduce social mixing on outcomes of the COVID-19 epidemic in Wuhan, China: A modelling study. The Lancet, DOI: https://doi.org/10.1016/S2468-2667(20)30073-6.

Koopmann, A., Georgiadou, E., Kiefer, F., & Hillemacher, T. (2020). Did the General Population in Germany Drink More Alcohol during the COVID-19 Pandemic Lockdown?, Alcohol and Alcoholism, 55 (6), 698-699, https://doi.org/10.1093/alcalc/agaa058.

Kramer, A. D. I., Guillory, J. E., & Hancock, J. T. (2014). Experimental evidence of massive-scale emotional contagion through social networks. Proceedings of the National Academy of Sciences of the United States of America, 24 , 8788-8790.

Lanier, J. (2018). How the Internet failed and how to recreate it. University of California, C Santa Cruz. https://www.youtube.com/watch?v=KNOlqzMd2Zw.

Lazarsfeld, P. F., Berelson, B., & Gaudet, H. (1944). The People's Choice: How the voter makes up his mind in a Presidential campaign. New York: Columbia University Press.

Lee, B. (Ed.). (2019). The dangerous case of Donald Trump: 37 psychiatrists and mental health experts assess a President. New York: St. Martins Press.

Lee, P. (2016). Learning from Tay's introduction. Official Microsoft Blog. https://blogs.microsoft.com/blog/2016/03/25/learning-tays-introduction/

Lewis, P. (2017). Our minds can be hijacked: The tech insiders who fear a smartphone dystopia. The Guardian.

Livesley, W. J. (2003). Practical management of personality disorder. London: The Guilford Press.

Lukianoff, G., & Haidt, J. (2018). The coddling of the American mind: How good intentions and bad ideas are setting up a generation for failure. London: Allen Lane.

Ma, G., Fan, H., Sen, C., Wang, W. (2016). Genetic and neuroimaging features of personality disorders: State of the Art. Neuroscience Bulletin, 32 (3); 286-306.

MacFarquhar, N. (2018). Inside the Russian troll factory: Zombies and a breakneck pace. The New York Times.

MacKinnon, A., (2020). 4 Key takeaways from the British report on Russian interference. Foreign Policy.

MacLean, E. L. (2013). Reducing employee turnover in the Big Four public accounting firms. CMC Senior Theses. 745. https://scholarship.claremont.edu/cmc_theses/745.

Macnamara, B. N., & Maitra, M., (2019). The role of deliberate practice in expert performance: Revisiting Ericsson, Krampe & Tesch-Römer (1993). Royal Society Open Science, 6(8). https://doi.org/10.1098/rsos.190327

MacRae, I. (2015). High Potential Traits Inventory: Leadership Capacity Report Testing Manual. High Potential Psychology.

MacRae, I. (2020a). Now more than ever HR must translate culture into digital spaces. People Management Magazine (CIPD).

MacRae, I., & Furnham, A. (2017). Motivation and performance: A guide to motivating a diverse workforce. London: Kogan Page.

MacRae, I., & Furnham, A. (2018). High Potential: How to spot, manage and develop talented people at work. London: Bloomsbury.

MacRae, I., Sawatzky, R. (2020a). What makes a high potential remote worker? HR Magazine. https://www.hrmagazine.co.uk/article-details/what-makes-a-high-potential-remote-worker

MacRae, I., & Sawatzky, R. (2020b). Remote Working: Personality and performance research results.

Magnavita, J. J., & Anchin, J. C. (2014). Unifying Psychotherapy: Principles, methods, and evidence from clinical sciences. New York: Springer Publishing Company.

Martin, E. A., Bailey, D. H., Cicero, D. C., Kerns, J. G. (2015). Social networking profile correlates of schizotypy. Psychiatry Research, 200(0), 641-646.

Maslow, A. (1954). Motivation and personality. New York: Harper.

McCain, J. L., & Campbell, W. K. (2019). Narcissism and social media use: A meta-analytic review. Psychology of Popular Media Culture, 7 (3), 308-327.

Messing, S., & Westwood J. S. (2012). Selective exposure in the age of social media: Endorsements trump partisan source affiliation when selecting news online. Communication Research, 80, 298-320.

Milgram, S. (2019). Obedience to authority: An experimental view. New York, NY: Harper Perennial; Reprint Edition.

Millikin, J. P., & Fu, D. (2005). The global leadership of Carlos Ghosn at Nissan. Thunderbird International Business Review, 47 (1), 121-137.

Mills, A., Longoria, J., & Gnanasambandan, S. (28 May 2020). Rabbit Hole: Seven: 'Where we go one' [Audio podcast]. The New York Times. Retrieved from: https://www.nytimes.com/2020/05/28/podcasts/rabbithole-qanon-conspiracy-theory-virus.html

Mitchell, A. Jurkowitz, M., Oliphant, J. B., & Shearer, E. (2020). Americans who mainly get their news on social media are less engaged, less knowledgeable. Pew Research Center. https://www.journalism.org/2020/07/30/americans-who-mainly-get-their-news-on-social-mediaare-less-engaged-less-knowledgeable/

Montero, D. (2017). Alex Jones settles Chobani lawsuit and retracts comments about refugees in Twin Falls, Idago. LA Times. https://www.latimes.com/nation/la-na-chobani-alex-jones-20170517-story.html

Morey, L. C., Gunderson, J., Quigley, B. D., & Lyons, M. (2000). Dimensions and categories: The 'Big Five' factors and the DSM personality disorders. Assessment, 7 (3), 203-2016.

Moulding, R., Nix-Carnell, S., Schnabel, A., Nadeljkovic, M., Burnside, E. E., Lentini, A. F., & Mehzabin, N. (2016). Better the devil you know than a world you don't? Intolerance of uncertainty and worldview explanations for belief in conspiracy theories.

Mueller, R. (2019). Report on the investigation into Russian interference in the 2016 Presidential election. US Department of Justice.

Muench, F. (2014). The new Skinner Box: Web and mobile analytics. Psychology Today.

Mullen, B., Migdal, M. J., & Rozell, D. (2013). Self-awareness, deindividuation, and social identity: Unravelling theoretical paradoxes by fulfilling empirical lacunae. Personality and Social Psychology, 29 (9), 1071-1081.

Müller, J., H ö sel, V., & Tellier, A. (2020). Filter bubbles, echo chambers, and reinforcement: Tracing populism in election data. Physics and Society.

Navarro, J. (2018). The end of detecting deception. Psychology Today. https://www.psychologytoday.com/gb/blog/spycatcher/201807/the-enddetecting-deception

Nicas, J. (2020). Why can't the social networks stop fake accounts? New York Times.

Novotney, A. (2019). The risks of social isolation. Monitor on Psychology, 50 (5).

Oldham, J. M., & Morris, L. B. (1995). New Personality self-portrait: Why you think, work, love and act the way you do. London: Bantam Books.

Overholser, J. (1996). The Dependent Personality and interpersonal problems. The Journal of Nervous and Mental Disease, 184 (1), 8-16.

Owen, D., & Davidson, J. (2008). Hubris syndrome: An acquired personality disorder? A study of US Presidents and UK Prime Ministers over the last 100 years. Brain, 132 (5), 1396-1406.

Owen, D. (2012). The Hubris Syndrome: Bush, Blair and the intoxication of power. (New Edition). York: Meuthen.

Padilla, A., Hogan, R., & Kaiser, R. B. (2007). The toxic triangle: Destructive leaders, susceptible followers, and conducive environments. The Leadership Quarterly, 18, 174-194.

Painter, R. W. (2016). It is possible for Trump to be a good President. New York Times.

Papasavva, A., Zannettou, S., De Cristofaro, E., Stringhini, G., Blackburn, J. (2020). Raiders of the Lost Kek: 3.5 years of augmented 4chan posts from the Politically

Incorrect board. 14th International AAAI Conference on Web and Social Media (ICWSM 2020).

Parkin, S. (2018). Has dopamine got us hooked on tech? The Guardian.

Parks-Leduc, L., & Guay, R. P. (2009). Personality, values, and motivation. Personality and Individual Differences, 47 (7), 675-684. DOI: 10.1016/j.paid.2009.06.002

Patricof, A., Harris, T., & Forhoohar, R. (2019). The future of regulating Big Tech: Facebook, YouTube, and beyond. [Panel Discussion]. Vanity Fair. https://www.vanityfair.com/video/watch/the-future-of-regulating-bigtech-facebook-youtube-and-beyond

Paulhus, D. L. (2012). Overclaiming on personality questionnaires. In M. Ziegler, C. MacCann, & R. D. Roberts (Eds.), New perspectives on faking in personality assessment (p. 151-164). Oxford University Press.

Peter, L, J., & Hull, R. (1969). The Peter Principle: Why things always go wrong. Morrow.

Pfeifer, J. H., Iacoboni, M., Mazziotta, J. C., Dapretto, M. (2008). Mirroring others' emotions relates to empathy and interpersonal competence in children. Neuroimage, 39 (4). doi: 10.1016/j.neuroimage.2007.10.032

Polyanskaya, A., Krivov, A., & Lomko, I. (2003). Big Brother's Virtual Eye. Vestnik, 9(320).

Qin, A., & Wang, V. (2020). Wuhan, centre of Coronavirus outbreak, is being cut off by Chinese authorities. The New York Times.

Rady, M. (2020). The Hapsburgs: The rise and fall of a world power. London: Allen Lane.

Rahmani, F., Hemmati, A., Cohen, S., & Meloy, J. R. (2019). The interplay between antisocial and obsessive-compulsive personality characteristics in cult-like religious groups: A psychodynamic decoding of the DSM-5. International

Journal of Applied Psychoanalytic Studies, 16, 258-273.

Rakshasa, A. M., & Tong, M. T. (2020). Making 'good' choices: Social isolation in mice exacerbates the effects of chronic stress on decisionmaking. Frontiers in Behavioural Neuroscience. https://doi.org/10.3389/fnbeh.2020.00081

Ravenscraft, E. (2019). Facebook notifications are out of control: Here's how to tame them. The New York Times.

Raymond, N., Shepardson, D. (2020). US arrests two men wanted by Japan over ex-Nissan boss Carlos Ghosn's escape. Reuters. https://www.reuters.com/article/us-nissan-ghosn-idUSKBN22W1XD

Rebello, K., Schwieter, C., Schliebs, M., Joynes-Burgess, K., Elswah, M., Bright, J., & Howard, P. N. (2020). COVID-19 news and information from state-backed outlets targeting French, German and Spanish-speaking social media users. Oxford Internet Institute.

Robson, D. (2019). The Intelligence Trap: Why people do stupid things and how to make wiser decisions. London: Hodder & Stoughton.

Robson, D. (2020). The reasons why people become incompetent at work. BBC.

Roose, K. (2019). YouTube product chief on online radicalization and algorithmic rabbit holes. The New York Times.

Roose, K. (2020). What is QAnon, the viral pro-Trump conspiracy theory? The New York Times.

Rossi, R., Socci, V., Talevi, D., Mensi, S., Niolu, C., Pacitti, F., Di Marco, A., Rossi, A., Siracusano, A., & Di Lorenzo, G. (2020). COVID-19 pandemic and lockdown measures impact on mental health among the general population in Italy. Frontiers in Psychiatry. https://doi.org/10.3389/fpsyt.2020.00790

Sachse, R. & Kramer, U. (2018). Clarification-oriented psychotherapy of Dependent Personality Disorder. Journal of Contemporary Psychotherapy. https://link.springer.com/article/10.1007/s10879-018-9397-8

참고 문헌

Sample, I. (2019). Blow to the 10,000-hour rule as study finds practice doesn't always make perfect. The Guardian.

Select Committee on Intelligence: United States Senate. (2020). Russian active measures campaign and interference in the 2016 U. S. election. Volume 2: Russia's use of social media with additional views. Report Number 116-XX. https://www.intelligence.senate.gov/sites/default/fi les/documents/Report_Volume2.pdf

U.S. Securities and Exchange Commission [SEC]. Elon Musk settles SEC fraud charges: Tesla charged with and resolves securities law charge. [Press Release]. https://www.sec.gov/news/press-release/2018-226

Shaer, M. (2014). What emotion goes viral the fastest? Smithsonian Magazine. https://www.smithsonianmag.com/science-nature/whatemotion-goes-viral-fastest-180950182/

Slater, M., Antley, A., Davison, A., Swapp, D., Guger, C., Barker, C., et al. (2006) A Virtual Reprise of the Stanley Milgram Obedience Experiments. PLOS ONE 1(1). https://doi.org/10.1371/journal.pone.0000039

Smith, R. E. (2019). Rage Inside the Machine: The prejudice of algorithms, and how to stop the Internet making bigots of us all. London: Bloomsbury.

Stengel, R. (2020). Domestic disinformation is a greater menace than foreign disinformation. Time. https://time.com/5860215/domesticdisinformation-growing-menace-america/

Sternisko, A., Cichocka, A., & Van Bavel, J. J. (2020). The dark side of social movements: Social identity, non-conformity, and the lure of conspiracy theories. Current Opinion in Psychology, 35, 1-6.

Subotnik, R. F., Olszewski-Kubilius, and Worrell, F. C. (2011). Rethinking giftedness and gifted education: A proposed direction forward based on psychological science. Psychological Science, 12(1), 3-54.

Sunstein, C., & Vermuele, A. (2009). Conspiracy Theories: Causes and cures.

Journal of Political Philosophy, 17 (2), 202-227. Torgersen, S. Lygren, S., Oien, P. A., Onstad, S., Edvarsen, J., Tambs, K., Kringlen, E. (2000). A twin study of personality disorders. Comparative Psychiatry, 41 (6), 416-425.

Treglown, L., Cuppello, S., Darby, J., Bendriem, S., Mackintosh, S., Ballaigues, M., MacRae, I., & Furnham, A. (2020). What makes a leader? An investigation into the relationship between leader emergence and effectiveness. Psychology, 11 (9). Trump, M. L. (2020). Too much and never enough: How my family created the world's most dangerous man. London: Simon & Schuster. Tsang, A, (2020). Nissan sues Carlos Ghosn for $90 million. New York Times.

Van Praet, D. (2019). Emotional contagion drives social media. Psychology Today. https://www.psychologytoday.com/gb/blog/unconsciousbranding/201909/emotional-contagion-drives-social-media.

Vincent, J. (2016). Twitter taught Microsoft's AI chatbot to be a racist asshole in less than a day. The Verge. https://www.theverge.com/2016/3/24/11297050/tay-microsoft-chatbot-racist. Wagner, K. (2019). Facebook bans Alex Jones, Milo Yiannopoulus, other far-right figures. Bloomberg. https://www.bloomberg.com/news/articles/2019-05-02/facebook-bans-alex-jones-yiannopoulos-other-farright-figures

Ward, C., Polglase, K., Shukla, S., Mezzofi ore, G., & Lister, T. (2020). Russian election meddling is back - via Ghana and Nigeria - and in your feeds. CNN. https://edition.cnn.com/2020/03/12/world/russia-ghanatroll-farms-2020-ward/index.html.

Watson, D., Stasik, S. M., Ro, E., & Clark, L. A. (2013). Integrating Normal and Pathological Personality. Assessment, 20(3), 312-326. doi:10.1177/1073191113485810.

Wheaton, M. G., & Ward, H. E. (2020). Intolerance of uncertainty and obsessive-compulsive personality disorder. Personality Disorders: Theory, Research, and Treatment, 11 (5), 357-364. https://doi.org/10.1037/per0000396.

Wiggins, J. S., & Pincus, A. (1989). Conceptions of personality disorders and dimensions of personality. Psychological Assessment 1 (4), 305-316.

Wojcik, S., Hughes, A., & Remy, E. (2019). About one in five adult Twitter users in the US follow Donald Trump. Pew Research Center. https://www.pewresearch. org/fact-tank/2019/07/15/about-one-in-five-adulttwitter-users-in-the-u-s-follow-trump/

World Health Organization. Mental Health in the Workplace. World Health Organization; Geneva, Switzerland: 2019. (accessed on 20 June 2020). Available online: https://wwwwhoint/mental_health/in_the_workplace/en/.

World Health Organization [WHO]. (2020). Archived: WHO Timeline-COVID-19.

Zannettou, S., Caulfield, T., De Cristofaro, E., Kourtellis, N., Leontiadis, I., Sirivianos, M., Stringhini, G., Blackburn, J. The web centipede: understanding how web communities infl uence each other through the lens of mainstream and alternative news sources. (2017). 17th ACM Internet Measurement Conference (IMC 2017).

Zannettou, S., Caulfield, T., Blackburn, J., De Cristofaro, E., Sirivianos, M., Stringhini, G., & Suarez-Tangil, G. (2018). On the Origins of Memes by Means of Fringe Web Communities. In ACM Internet Measurement Conference.

Zannettou, S., Caufield, T., Bradlyn, B., Cristofaro, E., Stringhini, G., & Blackburn, J. (2020). Characterizing the use of images in state-sponsored information warfare operations by Russian trolls on Twitter. 14th International AAAI Conference on Web and Social Media (ICWSM 2020). Retrieved on 29 July 2020. https://arxiv.org/pdf/1901.05997.pdf

Zheng, Y. (2008). Technological Empowerment: The Internet, State and Society in China. Stanford, CA: Stanford University Press.

Zimbardo, P. (1969). The human choice: Individuation, reason, and order v. deindividuation, impulse and chaos. Nebraska Symposium on Motivation, 17 237-307.

Zimbardo, P. (2007). The Lucifer Effect: Understanding how good people turn evil. New York: Random House.

d@rk social

다크 소셜

가상 공간에서 드러나는 인간의 성격과 행동

초판 1쇄 인쇄 ㅣ 2023년 4월 19일
초판 1쇄 발행 ㅣ 2023년 5월 5일

지은이 ㅣ 이안 맥레이
옮긴이 ㅣ 김동규

발행인 ㅣ 고석현
발행처 ㅣ ㈜한올엠앤씨
등 록 ㅣ 2011년 5월 14일

주 소 ㅣ 경기도 파주시 심학산로12, 4층
전 화 ㅣ 031-839-6805(마케팅), 031-839-6814(편집)
팩 스 ㅣ 031-839-6828
이메일 ㅣ booksonwed@gmail.com
ISBN ㅣ 978-89-86022-72-8 03300

* 밖에서 만든 사람들
  편 집 ㅣ 최민석
  디자인 ㅣ 디자인 스튜디오41